国家社科基金项目"社会治理创新与农村公益文化服务能力提升研究"
（项目编号：16BKS045）

河南省高等学校哲学社会科学应用研究重大项目"新时代农村公益文化服务能力提升策略研究"（项目编号：2020-YYZD-11）

信阳师范学院学术著作出版基金

资助出版

门献敏　著

社会治理创新视阈下
农村公益文化服务能力提升研究

中国社会科学出版社

图书在版编目(CIP)数据

社会治理创新视阈下农村公益文化服务能力提升研究／门献敏著 .—北京：中国社会科学出版社，2019.11
 ISBN 978 – 7 – 5203 – 5781 – 4

Ⅰ.①社… Ⅱ.①门… Ⅲ.①农村文化—公共管理—文化工作—研究—中国 Ⅳ.①G12

中国版本图书馆 CIP 数据核字（2019）第 286342 号

出 版 人	赵剑英
责任编辑	王莎莎
责任校对	张爱华
责任印制	张雪娇

出 版	中国社会科学出版社
社 址	北京鼓楼西大街甲 158 号
邮 编	100720
网 址	http://www.csspw.cn
发 行 部	010 – 84083685
门 市 部	010 – 84029450
经 销	新华书店及其他书店
印刷装订	北京市十月印刷有限公司
版 次	2019 年 11 月第 1 版
印 次	2019 年 11 月第 1 次印刷
开 本	787×1092 1/16
印 张	15.75
插 页	2
字 数	260 千字
定 价	89.00 元

凡购买中国社会科学出版社图书，如有质量问题请与本社营销中心联系调换
电话：010 – 84083683
版权所有　侵权必究

前　言

一

农村公益文化服务能力提升是农村文化建设庞大系统工程中的重要组成部分。国外关于农村文化建设的研究起步较早，其研究大致可分为三个阶段：20世纪50—60年代，主要是强调文化的社会意识形态属性，集中表现为社会主义文化与资本主义文化的对垒，如美国著名学者杜赞奇的作品《文化、权力与国家：1900—1942年的华北农村》、弗里曼的《中国乡村：社会主义国家》等；1991年后，主要是强调发展农村文化事业，注重文化感官的享受与满足，集中体现为对文化的渗透性与工具性作用发挥的研究，如黄宗智的《长江三角洲的小农家庭与乡村发展》、朴振焕的《韩国新村运动——20世纪70年代韩国农村现代化之路》等；进入21世纪后，主要是强调以政府善治为主，由政府组织与非政府组织、非营利机构等共同承担完成文化事务管理的责任，政府非常重视市场在文化资源体系中的基本性作用，强调要合力推动文化事业发展，如莱斯特·萨拉蒙的《政府向社会组织购买公共服务研究：全球与中国经验分析》、吉姆·麦圭根的《重新思考文化政策》等。

自马克思主义理论传入中国，国内学界对农村文化问题的研究渐成热点，其研究大致可分为如下五个阶段：新民主主义时期的农村文化研究，主要以救亡与启蒙并重、为战争服务的实用性文化、人民大众文化，突出文化的革命属性，强调根据地文化服务革命战争和阶级斗争的功能，如毛泽东的《新民主主义论》、赵树理的《小二黑结婚》《李有才板话》等；革命的主流文化（1949—1978）研究，主要以革命事迹或英雄人物为研究对象，突出文化的阶级属性，强调文化服务政治的功能，如田柯的《战斗在昆仑山下的文艺轻骑队》、平毓珍的《农村文化战线上争夺青年的斗争》等；改革开放初期的农村文化（1978—1992）研究，主要以思想文化解放为契机，倡导文化的多元性与选择性，强调文化的大众化服务功能，如王郁昭的《积极搞好农村文化工作改革》、黄俊兰的《农村文化阵地的迎春花》等；改革开放深化时期的农村文化（1992—2012）研究，注重对农民精神文化需求的满足，关于农村文化建设的载体与路径研究成果大量涌现，如翁惠文的《农村文化建设的实践操作问题》、于凤仙的《建好乡镇图书馆促进农村经济文化发展》等；新时代的农村文化（2012至今）研究，主要体现在统筹城乡一体化进程中的农村公益文化建设研究，强调弘扬社会主义先进文化，深化文化体制改革，注重文化事业、文化产业协调发展，如张小莉的《农村公共文化服务参与：式微与重构》、王美文的《新农村文化内生机制中非政府组织功能与角色探究》等。

　　简言之，社会治理不是一个新概念，创新社会治理却是一个新课题。随着公共服务型政府建设的提出，如何创新社会治理，提升农村公益文化服务能力显得尤为迫切。纵观国内外相关研究成果，相对于较为成熟的农村经济、政治、社会而言，其研究尚存在着如下缺憾：一是对农村公益文化建设研究偏重于经验研究与定性分析，对农村公益文化建设运行的内在逻辑与制度环境之间的关系还缺乏理论探讨；二是缺乏多视野、多角度的综合研究，尤其是没有将其置于社会治理创新视野下进行系统研究，缺乏对社会治理创新与农村公益文化服务能力提升的关联性研究，忽视了相关制度的耦合问题；三是以理论推演为主，侧重于对策研究，缺乏对农村公益文化服务能力影响因素及其作用机理的提炼。因此，基于完善政府治理体系与提高政府治理能力的实际，从马克思主义国家治理能力的宏观层面研究农村公益文化服务能力建设背景及目标设置，建构社会治理与公益文化服务能力之间良性互动的逻辑关系，进而提出社会治理创新视阈下农村公益文化服务能力提升的政策建议，是本书研究的终极目标。

二

随着党和国家对农村公益文化建设的日益重视，农村公益文化服务能力提升无论是在基础设施建设上，还是在人才培养上都做了大量的工作，虽然，这在某种程度上可以满足农民群众对基础性公益文化迫切需求，但是，与广大农民群众对文化多样性、多层面、宽领域的要求相比仍然有一定的差距。作为一个庞大的系统性工程，全面提升农村公益文化服务的能力牵涉方方面面。笔者通过深入调研，对不同区域的社会治理与农村公益文化服务能力的指数进行全面系统的比较分析，认为我国农村公益文化服务能力存在的问题及其原因有以下几方面。

第一，重视力度不够，推动力不足。农村部分领导干部对提升农村公益性文化服务能力的重要性认识不到位，只抓经济建设，而忽略文化的建设，认为只要经济水平提高了，农村文化建设就无关紧要，甚至认为在农村搞文化建设是不可取的，不会有很大的收益，还会影响经济的发展，是与经济建设相"对立的"。

第二，地区差异大，发展不平衡。农村公益文化服务能力的提升与当地经济发展水平的高低有很大的关系，经济基础较发达的地区对公益性文化产品和公益性服务的需求量比较大，发展公益性文化事业的愿望比较强烈；经济基础较薄弱的地区对公共文化产品的需求量比较小，相应地对公益性文化事业的关注程度相对要低很多。不同地区经济发展水平的差异，导致了公益性文化服务体系的建设水平的差距进一步拉大，所以就造成了农村公益性文化发展不平衡。

第三，基础设施缺乏，建设水平较低。我国长期以来，由于城乡二元制的客观存在，忽视了农村的建设和发展，所以就造成了有关农村公益性文化建设的政策不完善，资金投入较少，客观上导致了农村公益性文化基础设施建设长期落后于城市水平、管理模式不先进，而且对现有的文化基础设施缺乏行之有效的管理，对当地的文化资源开发利用程度较低，农村公益性文化在内容上比较匮乏，形式上较单一，缺乏核心的实质竞争力，所以就很难对当地的农民群众产生较大的吸引力。

第四，"建""管"协调力不足，功效发挥效果不佳。随着时代的快速发展，农村的经济水平较之前有了很大程度的提高，但是，由于人们对公益性文化事业的认识不到位，政府领导部门的监管不完善，就造成人们对进行农村公益文化建设的积极性不高，由于"建"与"管"的关系没很好地处理，"只建不管"的现象在农村常常出现，且一直没有很好地加以解决，所以就无法发挥它应有的功能和作用。

第五，服务管理体系不完善，针对性与实效性较差。农村公益性文化服务体系存在着多头管理、相互牵制、落实不到位的状况，服务体系不健全，发展不平衡，整体水平落后，导致服务质量不高，效率低下。

第六，责任目标意识缺乏，自主创新能力不足。在农村基层文化部门工作的部分人员的主动积极性不高，对公益性文化事业的精神内涵缺乏深刻的认识，工作仅仅停留在表面，只是应付日常工作的完成，没有把公益性文化建设作为自己追求的美好职业来看待，缺乏终身学习意识，没有达到知识更新与时代同步、工作创新与时代需求一致的要求。

第七，大量劳动力的外移，形成文化建设"空洞"。贫困地区农村青壮年人员外出务工经商，导致大量有文化有素质的人才外移，形成农村公益文化服务能力提升的人才断层与"空洞"。

三

西方学界对"治理"（Governance）问题的关注，开始于20世纪六七十年代席卷西方国家的政府财政危机，以及公民对政府服务的普遍不满，因而这一时期对"治理"问题的研究主要针对政府治理能力的研究。我国对社会治理问题的研究相对起步较晚，20世纪90年代中后期国内才开始关注对社会治理相关问题的研究。1995年，刘军宁在《Governance——现代"治道"新概念》一文中率先将西方的治理思想引入中国。进入21世纪，随着我国社会的急剧转型，各种社会问题的不断显现，社会治理随之逐渐受到重视，学界对治理问题的相关研究才逐渐多起来。习近平总书记在党的十九大报告中明确指出，要满足广大人民群众对过上美好生活的强烈愿望和美好期待，不仅要满足人民群众对物质的强烈需求，还要为广大人民群众提供丰富多样、可供自己选择的精神食粮；不仅要全面深化文化体制的改革，健全公益性文化管理的体制，还要努力改变经济效益优先的原则，把构建社会效益放在首位，努力健全社会效益和经济效益相统一的制度标准，完善公共文化服务体系制度，做到实实在在为农民办实事。要加大农村文化惠民工程的建设，为广大的农村群众提供种类多样，丰富多彩的群众性文化活动，着力提高广大农民群众的获得感和幸福感。全面提升农村公益文化服务的能力不仅仅是一项健全和保障农民群众基本文化权益的宏大民心工程，它还涉及当地的经济发展状况、政治政策实施情况，以及社会环境的影响等诸多因素，是一项错综复杂的、系统性的、关系到民生福祉的庞大工程。

近年来，由于政府对新农村建设和发展的高度重视，我国的农村公益文化服务能力建设出现了喜人的情况，不少地方农民群众的公共文化基本的服务和需求，在一定程度上得到了的满足。但是，由于历史问题过多，社会情况比较复杂多样，加之体制机制改革在实施层面上有一定的滞后，农村的公益文化服务水平与农民的多样性需求之间还存在一定的偏差，还有很大的努力空间。

在党的第十九次全国代表大会上，以习近平同志为核心的党中央正式提出了实施乡村振兴的伟大战略，为新时代农村农业的发展描绘了美好蓝图。为了全面落实党的方针政策，贯彻好十九大会议精神，改善广大农村地区的乡村面貌，提高广大农村群众的生活质量，促进我国城乡一体化进程的快速发展，必须切实解决好我国农村的发展问题，改变我国农村落后的现状。这就要求各级党组织和广大社会成员为之不懈奋斗，在政策层面上，通过完善和创新社会治理的制度和措施，积极推进农村公益文化事业的蓬勃快速发展。在国家治理体系和治理能力现代化的现实背景下，农村公益文化服务能力的提升应以马克思主义为指导，以社会学、经济学、管理学、统计学、历史学、教育学等为主干学科，运用相关研究方法，针对学界普遍存在的运用社会治理创新研究在提升农村公益文化服务能力中存在的理论深度挖掘不足、关联性不够、操作性不强的缺憾，通过学理分析与实证研究相结合的方式，重新认识社会治理创新在提升农村公益文化服务能力中的价值和意义，透视我国农村公益文化服务能力建设中存在的突出问题及其多种制约因素。笔者在此基础上，以马克思主义社会治理创新理论为指导，通过坚持科学的基本指导原则，既注重理论上的分析，又关注实践中农村公益文化能力建设；既注重文本资料的收集与分析，又重视现实中存在的问题，从而使理论研究更具有科学性与合理性，为研究农村公益文化服务能力提升提供有力的价值原则和实施有力的路径保障。

四

随着公共服务型政府建设的提出，如何创新社会治理，提升农村公益文化服务能力显得尤为迫切。国外发达国家或地区的"乡村文化建设"运动起步较早。美国、加拿大、德国、法国、日本、韩国和瑞士等发达国家的社区文化发展大都为工业化与城市化的产物，进入20世纪80年代以来，其社会管理已呈现出新的发展趋势，主要表现为推行"小政府、大社会"的治理模式，创新政府社会治理职能，注重社区公益文化服务能力的提升。这些国家推进社区公共文化发展的有益经验，为我国的农村社会公益文化工程建设提供了重要的启示与有益借鉴。

美国、加拿大、德国、法国、日本、韩国和瑞士等发达国家的社区文化建设模式都强调市场在文化资源配置中的基础作用，主张政府与非政府组织、非营利机构等共同承担文化事务管理责任，合力推动社区公益文化事业发展。尽管我国的社区文化建设与国外社区文化建设有很多差异，但其有益经验对新时代我国农村公益文化服务能力提升具有重要的启示与借鉴作用，主要表现在以下几个方面：社区文化应注重提升居民素质，促进社会的和谐稳定；大力培育社区文化组织，积极推进社区文化发展；整合社区文化资源，创新社区文化建设运行机制；结合传统民族文化特色，打造社区文化品牌。

五

加强和创新社会治理，是党中央在新的历史背景下高瞻远瞩、紧跟时代发展作出的重大战略决策，为党和国家事业发展营造了良好的社会环境。农村公益文化服务能力是农村发展水平的重要标志，体现着农村社会治理水平的高低，应当以探求马克思主义社会治理视阈下农村公益文化服务能力建设为着力点和切入点，从创新发展理念、服务意识、投入机制、政策扶持机制、人才培育机制以及城乡统筹机制等方面设计科学路径。

第一，创新发展理念，为农村公益文化服务能力提升提供思想保障。先进的思想理念是正确行动的先导，领导的高度重视是农村公益文化服务能力快速提升的重要前提。各级政府负责农村公益性文化建设的领导班子，尤其是农村的基层干部人员，更应该时时刻刻站在推进新农村建设快速发展的战略高度，深刻认识到提升农村公益文化服务能力对广大农民群众的重要意义和新时代赋予的时代性和紧迫感。

第二，创新服务意识，为农村公益文化服务能力提升筑牢群众基础。党的宗旨是全心全意为人民服务，满足广大农民群众日益增长的精神文化的迫切需求，维护广大农民群众的基本文化权益，是农村公益文化服务能力提升的根本目的。农村公益文化服务能力提升应创新服务意识，最重要的还是看是否实现与维护了农民的基本文化权益。

第三，创新投入机制，为农村公益文化服务能力提升提供经济支撑。经济、政治与文化相互依存、共同发展、共同促进文化的服务能力，快速提升农村公益文化服务的能力不仅需要强大的经济来源作支撑，而且需要完善的制度保障。农村公益文化服务能力提升应创新投入机制，建立起政府、社会、个人等多元投资渠道，从根本上解决这个限制其快速发展的重大影响因素。

第四，创新政策扶持制度，为农村公益文化服务能力提升提供完善的制度保障措施。农村公益文化服务能力提升离不开政策制度的保驾护航。缘于全球化背景下文化发展的不确定性与农村公益文化建设的复杂性，必须创新政策扶持机制，营造文明健康的农村公益性文化建设的外部环境。

第五，创新培育机制，为农村公益文化服务能力提升提供强有力的人才保障。农村基层的一线文化人才团体是农村公益文化服务能力提升的先驱主导力量。创新培育机制，创新人才培养模式，充分发挥人才资源在基层社区文化建设中的先驱性和主导性的力量，培养培育知识型、技能型、创新型农民，增强农民的市场竞争能力，努力打造专业化、正规化、组织化的基层社区文化建设的宏大队伍团体，为农村公益文化服务能力提升提供人才支撑。

目　录

第一章　社会治理创新对农村公益文化服务能力提升的战略意义 ………………………………………………………………（1）
　第一节　农村公益文化的含义和内容 ………………………（1）
　第二节　农村公益文化的特征与功能 ………………………（4）
　第三节　新时代社会治理创新的核心要义 …………………（7）
　第四节　社会治理创新对农村公益文化服务能力提升的战略意义 ……………………………………………………（17）

第二章　新中国成立以来党对文化建设理论的探索与发展 …………………………………………………………（26）
　第一节　革命的主流文化（1949—1978）…………………（27）
　第二节　改革开放初期的文化（1978—1992）……………（32）
　第三节　改革开放深化时期的文化（1992—2002）………（39）
　第四节　全面建设小康社会时期的文化（2002—2012）…（44）
　第五节　新时代的文化建设（2012至今）…………………（58）
　第六节　新中国成立70多年党领导文化建设的基本经验 …………………………………………………………（74）

第三章　制约农村公益文化服务能力提升的主要问题及其成因 …………………………………………………………（84）
　第一节　农村公益文化服务能力建设成绩的简要回顾 …………………………………………………………（85）

第二节　社会治理中制约农村公益文化服务能力提升的
　　　　　　主要问题 ………………………………………………（92）
　　第三节　社会治理中制约农村公益文化服务能力提升主要
　　　　　　问题的成因分析…………………………………………（105）

第四章　农村公益文化服务能力提升的理论基础、指导思想
　　　　及战略原则 ……………………………………………（121）
　　第一节　农村公益文化服务能力提升工程的理论基础 ……（121）
　　第二节　农村公益文化服务能力提升工程的指导思想 ……（127）
　　第三节　农村公益文化服务能力提升工程的战略原则 ……（132）

第五章　国外关于公共文化建设的有益经验及其启示 ………（139）
　　第一节　国外关于公共文化建设的有益经验 ………………（139）
　　第二节　国外农村公共文化建设的有益经验对我国的
　　　　　　启示 ………………………………………………（143）

第六章　社会治理创新视阈下农村公益文化服务能力提升
　　　　的政策取向 ……………………………………………（148）
　　第一节　创新发展理念，为农村公益文化服务能力提升
　　　　　　工程提供思想保障 ………………………………（150）
　　第二节　创新服务意识，为农村公益文化服务能力提升
　　　　　　工程筑牢群众基础 ………………………………（153）
　　第三节　创新多元投资机制，为农村公益文化服务能力
　　　　　　提升工程提供经济支撑 …………………………（155）
　　第四节　创新政策扶持机制，为农村公益文化服务能力
　　　　　　提升工程提供制度保障 …………………………（158）
　　第五节　创新培育机制，为农村公益文化服务能力提升
　　　　　　工程提供人才保障 ………………………………（161）

第七章　社会治理创新提升农村公益文化服务能力的品牌
　　　　典型案例 ………………………………………………（165）
　　第一节　河北省邱县：用农民漫画解读社会主义核心
　　　　　　价值观 ……………………………………………（166）

第二节　吉林省松原市："种文化"模式推进农村文化
　　　　建设 …………………………………………………（174）
第三节　青岛市城阳区：打造"文化超市"——提高公共
　　　　文化服务能力 …………………………………………（182）
第四节　北京市延庆区：宣传文化组织员——农村文化
　　　　建设的排头兵 …………………………………………（190）
第五节　海南省屯昌县：让农民成为农村文化建设的
　　　　主角 ……………………………………………………（202）
第六节　大理州基层宣讲团：让党的创新理论"飞入寻常
　　　　百姓家" …………………………………………………（211）

附录一　2008—2015 年我国农村文化站和文艺馆数量 ………（217）

附录二　1999—2015 年我国农村居民文教娱乐支出变量 ……（218）

附录三　1999—2015 年我国农村居民生活消费支出比重 ……（219）

附录四　1999—2012 年我国有高中及高中以上文化程度的
　　　　农民比重 ………………………………………………（220）

附录五　2009—2014 年农村文化建设费占文化建设费的
　　　　比重变动趋势 …………………………………………（221）

附录六　2005—2014 年中国农村文化建设费的空间分布
　　　　情况 ……………………………………………………（222）

参考文献 ………………………………………………………………（223）

后　记 …………………………………………………………………（234）

第一章　社会治理创新对农村公益文化服务能力提升的战略意义

中华文明之根在农村，乡村文化是中国文化的源头。农村公益文化作为中国特色社会主义文化事业的重要组成部分，是落实乡村振兴战略与社会主义文化强国建设的重要内容。农村公益文化服务能力提升对于广大农民的思想意识、价值取向及行为习惯等方面影响巨大而深远，且愈来愈受到人们的高度重视与普遍关注。在新时代全社会日益重视社会治理创新与构建农村和谐社会的大背景下，广大农民群众对文化产品的需求体现在文化产品可以作为农民群众的娱乐方式上，对于农民群众这个大群体，也呈现出不同的特点，因此对因地制宜地开发文化产业提出了新的更高要求。可见必须制定科学精准的宏伟蓝图，框定马克思主义范畴下社会治理创新、农村公益文化的基本内涵，认真分析社会治理与农村公益文化服务能力的内在关联性，才能真正全身心、全方位、全员性地投入，进而深化理解和把握社会治理创新对于推进农村公益文化服务能力提升的重要作用。

第一节　农村公益文化的含义和内容

农村公益性文化建设作为一项服务农民、保障农民基本文化权益的惠民工程，涉及政治、经济、社会等诸多因素，是一项复杂的文化系统工程。农村公益文化建设既是农村物质文明建设的基本要求，同时也是新农村精神文明建设的重要内容，还是培育社会主义新型农民的重要途径。

一 农村公益文化的含义和内容

按照文化产品和服务的主要社会功能及其与市场的关系，文化大致可分为公益性文化和经营性文化两种。与经营性文化不同，公益文化是国家为了社会公益目的，由国家机关或社会兴办的面向全体公民的非营利性的文化事业组织及其场所和所开展的各项文化活动，其主旨是提供服务满足公民的精神文化需求，保障公民基本文化权益的实现。从字面上看，农村公益文化所涉及的内容很简单，区域范围限定在农村；文化内容只触及公益性文化。但在实践层面上，农村公益文化就远非农村和公益性文化这两项内容的简单相加，它是一项复杂的系统工程，涉及政治、经济、文化、心理、生态、社会等诸多方面，不仅需要农村内部，也需要农村外部各种因素的协调发展和共同运作；不仅需要宏观层面的规划指导，也需要微观层面的实践完善。只有各个层面的有效结合，才能更好、更全面、更充分地使广大农民群众在精神领域得到充分的满足，实现服务农村、服务农民的长远战略目标；才能从根本上有效地保护人民群众的根本文化权益，才能满足农民的精神文化需求。这种深切的人文关怀，也正是我们实施乡村振兴战略、建设美丽乡村所追求的终极目标之一。

二 农村公益文化服务能力的含义和内容

农村公益文化服务能力的含义非常丰富。从广义上看，农村公益文化服务能力提升是新农村建设乃至构建社会主义和谐社会的重要因素，需要将其置于整个经济社会发展的全局中去谋划，要从全社会经济、政治、文化和社会建设等方面进行宏观考虑，统筹布局；从狭义上看，农村公益文化服务能力提升是新农村建设的关键环节，要求农村子系统中各个因素的协调运行。因此，农村公益文化服务能力提升必须树立起长远目标和现实任务。一方面，要围绕新农村建设总体目标，明确规划农村公益文化发展的长期任务，正确制定公益性文化管理和服务的规章制度，积极组织实施公益性文化配套管理措施，寻求建立农村公益文化服务能力提升的长效机制；另一方面，要围绕农村公益文化服务能力提升这个基本目标，逐步完善农村公益文化基础设施，努力打造一批重点、示范性的文化工程及项目，积极筹建文化信息资源共享体系，建立农村公益文化站、文化大院、社区广播电视"村村通"工程、电影放映工程、"农家书屋"、农村民间文化保护工程等。

三 提升基层公益文化服务能力是新时代青年重要任务

新时代要有新理念、新气象、新作为。要把提升基层的公益文化服务能力作为新时代青年的重要任务之一，要积极号召广大青年干部投身于农村的伟大建设之中，加快乡村振兴战略的实施，用实干兴邦的精神去践行、去开拓、去创新符合中国特征的新路径、新征程、新视野，这不仅仅是一种远大的格局，更是一种难得的实现民族复兴大任的机遇。寻找新的农村发展路径，是我国实施乡村振兴战略格局的关键环节。农村公益文化建设，就要是重新激发乡村的内生动力，让乡村文化在现代文明体系当中找到自己的归属，得以重建和发展。它不是简单地回到从前，更不是推倒重来，再造一个完全不同的乡村，而是在继承传统基因库的基础上，满足广大农民的文化需求，保障农民的文化权益，重建新的乡村精气神，唤起农民的文化自觉和文化自信，培养新乡贤文化的继承者。这才是农村公益文化建设的价值旨归与内在逻辑要义。

第二节 农村公益文化的特征与功能

农村公益文化的发展现状是衡量一个地区发展状况的评价标准之一，也是当地文化底蕴开发利用情况的标尺，更是发展新时代文化强国战略必不可少的环节之一。农村公益文化除了具有文化的基本特点外，还有其自身独具的特性和功能。准确认识这些特性与功能，对于推进农村公益文化服务能力提升十分必要。

一 农村公益文化具有地域特色性与传承功能

乡村文化是在特定区域里面生成和发展起来的文化，因此具有浓郁的地域特性。一定地域特殊的气候、地貌、生态条件和特殊的民族风情风俗等，都会对乡村文化的生成、发展产生深远影响。一方水土养一方文化，各种地域环境造就了不同的特色文化。一个地方地域性越独特，其文化特色性也就愈加鲜明，而地域特色文化更是经过当地居民祖祖辈辈的创造、加工和发展传承至今的，它往往凝聚着人们的集体智慧和创造精神，成为能集中体现当地居民价值观念、情感因素和审美心理的文化精品。农村的农民在共同区域间进行生产和生活，必然会产生各种互动，发生种种社会联系，会逐渐形成某种共同的社会心理、语言与思维方式、生活方式及价值观念、习俗与风尚等，这些打上地域特色的共同体文化会潜移默化地代代沿袭、不断传承。文化的这种承上启下的传承功能，使得农村公益文化也必然地会承继其文化特色，并成为进一步传承、发展和繁荣农村公益文化建设的重要纽带。

二 农村公益文化具有认同归属性与凝聚功能

文化活动自古以来都不是单纯的娱乐，乡村文化就是乡村共同的文化认同。乡村文化是一个地区所在的人民群众都认同、接受、并深入人心的精神产品，它以一种大家都能接受的方式展现出来，大家都愿意以此为行为准则而形成风俗习惯。乡村文化让生活在同一空间的人们有了相同的归属感，并和他们一起分享了相似的情感，加强了人们之间的心灵交流、灵魂碰撞，强化这个区间所有群众的文化认同感和亲切的地域归属感，这成为推动乡村凝聚力与维系团结的重要途径。在任何一个乡村，只要文化基因、风俗习惯基本相近，人们都会承认自己是其中的一员而共享其文明。这种情感上的一致认同、心理上的共同归属，是乡村潜在而稳定的黏合剂，是维护乡村安定、和谐、进步的重要因素。农村公益文化在创造公共文化生活的同时，也同样产生了乡村共同情感和共同意识。因此，通过各种途径倡导积极向上的文化价值观念和文明生活方式，农村公益文化可以有效地培育农村农民的认同感、归属感，形成农民群众共建共治共享的强大向心力和凝聚力。

三　农村公益文化具有多元多样性与开放功能

随着我国新一轮改革开放进程的全面推进，农村公益文化在内容、体制、模式等方面均呈现出多元与多样性特点，本土文化与外来文化、传统文化与现代文化、高雅文化与通俗文化等各种文化相互交融。新时代文化发展的这种"百花齐放""竞相争艳"态势，会促使乡村居民逐渐以一种开放的心态，对不同的文化进行学习与整合，有助于他们尊重与学习社会大文化视野中的不同文化优势与特色，对国际视野中的国外文化资源也能进行借鉴与吸收。对多元文化的积极借鉴与整合，对新文化因素的不断吸收和利用，能有效推动农村公益文化多元与多样化的发展。农村公益文化的这种开放功能，会促使农村公益文化不断地自我更新，充满新鲜血液和内在活力。

四 农村公益文化具有群众参与性与导向功能

农村公益文化活动具有群众性，是农村农民群体参与的文化，而非特殊农民个体的文化。只有农民普遍参与的文化活动才能构成农村公益文化的主流，没有农民群体的积极自觉地共同参与，农村公益文化服务能力提升就是无本之木、无源之水。在农民参与农村公益文化活动的过程中，公益文化对农民的行为导向与价值选择有着重要影响，公益文化所包含的主导性行为方式和价值取向能够不断地引导和归并着农民个体的行为方式和价值取向，并使之逐渐趋向群体正向一致。这种导向功能主要通过两种方式体现出来：一是通过树立正确的价值观念和行为模式塑造正面的"参照群体"并予以褒扬；二是通过认定消极的"反面典型"对越轨行为予以惩处。这种一褒一贬、一正一反的导向机制会给农村农民群众的思想和行为选择予以正确的方向引导。

五 农村公益文化具有教化娱乐性与促动功能

乡村文化由其群体内在的价值观念、群体意识、群体精神、理想信念、道德规范等要素构成。乡村文化一经形成就被全体居民所认同，并对其成员产生深刻的影响。农村是农民文化娱乐的主要场所，公益文化可以为农村农民提供丰富的精神食粮，帮助农民树立正确的世界观、人生观、价值观，用科学精神武装自己，形成健康文明的生活方式，它把农村变成了一所没有围墙的大学。农村公益文化对农民心理、行为的影响和约束，主要是靠形成一种积极向上的良好风气和文化氛围来对农民进行教化和感染，使他们在潜移默化中受到教育。公益文化活动在发挥教育教化影响力的同时，也有效地满足了农民群众对精神文化、娱乐生活的需求，在一定程度上缓解了农民群众的生活压力、为广大农民群众提供休憩娱乐的场所和相应的精神支撑。综上所述，农民在休闲娱乐中也提高了思想道德素质和科学文化综合素质。这种以趣促动，以动促学的促动性功能是其他文化因素所无法替代的。

六　农村公益文化具有公益服务性与共享功能

公益性是公益文化最根本的特点。公益文化，就应该是公共利益的文化，或者说是公共的文化利益。简而言之，公益性是为公共谋利的行为举措。公益性文化与经营性文化二者最大的区别是，前者的根本目的是追求全体公民共建共享文化成果的社会效益，它的最终目的就是实现社会效益的最大化；后者的首要目的是获取相应的利润，以市场的需要为转移。国家进行公益文化建设的主要目的是为了建设一个有国家财政支持的全社会性的、普及广大农民群众的一个非营利性的社会公共服务体系，这个体系的作用就是超越各方利益的需求，为满足广大人民群众的文化精神需求而建设的，免费面向社会提供无差别的基础性文化服务产品和精神需求产品。这种公益性与服务性，体现了"全体公民共同享有、全社会普遍受益"的公益性原则和文化共享功能。农村公益文化公益服务性与共享功能的体现和发挥，就是在农村建立全覆盖的公共文化服务体系，实现农民对于文化资源的共享和共有，为农民群众参与和享受丰富多彩的文化生活创造良好条件和氛围。

第三节　新时代社会治理创新的核心要义

在中国社会进入新时代的今天，探索中国特色的社会治理创新之路既需要我们以自己的智慧进行深刻的逻辑思辨，对社会治理的相关理论、原则进行系统的省思与梳理，更需要我们以自己深切的情怀承接地气，直面鲜活的社会治理实践。进入新时代以来的农村社会治理创新工作，不仅仅是为了提高农村的社会治理水平，还是以一种新的社会治理理念在广泛吸收社会资源、资金、人才、管理的情况下，集中各方优势去攻克农村社会治理的落后局面，对社会的治理体系进行创新型的发展、积极吸收借鉴西方的社会治理模式，在结合我国现实情况的前提下，对我国现有的社会治理模式进行创新。在新时代的背景下，我们要坚持以人为本的原则，以改善我国的社会治理现状为切入点进行深入的分析，把感性认识在实践中转化为理性认识；用公平正义理念进行推动，实现从管理管控到服务治理的重大转变；用民主法治来促进，进而实现从控制维稳到协商维稳的有效转变。唯有如此，才能真正有效推进社会治理创新。

一 治理的内涵与特征

西方学界关注"治理"（Governance）问题始于20世纪六七十年代，这一时期席卷西方国家的政府财政危机以及公民对政府服务的普遍不满，主要是针对政府治理能力。"治理"最早是20世纪80年代末期由世界银行提出的一个概念。全球治理委员会对"治理"这个概念的定义如下：治理就是各种公共的或私人的个人和机构管理其共同事项的诸多方法的总和，是一个让相互冲突的或不同利益的双方得以缓解并采取一致行动的持续的过程。这既包含有权使人们服从的正式制度与规则，也包括各种人们认可或者认为符合其自身利益的非正式的系列制度安排。它主要体现以下四个特征：首先，治理不是一系列的规则，更不是一种活动，而是一个过程；其次，治理过程的基础并不是控制，而是协调；再次，治理既包括政府的公共部门，也涵盖一些私人部门；最后，治理不是一种一成不变的制度，而是一个持续的互动，而善治（good governance）就是其中最理想的治理状态。

二 社会治理的内涵与旨义

(一) 社会治理的内涵

社会治理，国之大事。中国对社会治理问题的研究起步相对较晚，20世纪90年代中后期，中国才开始关注社会治理的相关问题。所谓社会治理主要是指政治国家与社会力量在社会诸多领域的合作管理、社会自治。社会管理是包含在社会治理之中的两个不可或缺的方面之一，社会管理的重要基础是公共权力，社会自治的核心要义是公民权利。社会治理的两种基本模式就是社会管理和社会自治一起组成了社会治理的全部内容，它们是社会治理的关键所在、是社会治理的核心要义。社会稳定、农民安居乐业、良好的社会风尚、宜居的生态环境都是需要社会管理和社会自治的，二者都是社会发展不可缺少的重要部分。如果单纯地强调社会管理，就会造成公共权力的极度扩张，严重浪费权利资源，而且还可能损害公民的基本民主权利。反之，如果片面地强调社会自治不仅会造成社会秩序一片混乱，难以控制，还会严重影响社会的稳定和谐发展。关于社会治理，自1949年以来国家一直积极寻求各种方式，逐步从社会管理向社会治理迈进，但是在党的中央文件中却一直未明确提出过社会治理这一概念，将"社会管理"上升为"社会治理"，并将推进国家治理体系与治理能力现代化确定为全面深化改革的总体目标，是党的十八届三中全会通过的《全面深化改革若干重大问题的决定》最突出的亮点，这一次是从国家战略的高度提出这一概念，是对社会治理的高度重视，这个重大决定是国家执政理念的发展与治国方略方针的一次重大转变。关于社会治理的概念，我国学者主要是从党、政府、社会组织和个人这几个方面对其进行定义，例如陶希东等就认为社会治理主要是指在中国共产党的统筹和领导下，充分发挥政府、市场、社会三个领域的各自优势，通过共商共议、共建共享、共治自治等方式，有效化解制约社会和谐的诸多社会问题和矛盾，从而构建富有包容、公平、和谐的社会秩序的动态过程。①

由此我们可以发现，在我国，社会治理主要强调的是在党的统一领导下，政府、社会组织和公众的共同参与，共同发挥作用，解决各种社会问题。共享改革、发展和治理的成果，它是一个动态的发展过程，是要结合实际不断进行改进，创新治理方式，丰富治理路径，提高治理效果，实现治理目标，真正实现社会治理现代化，使社会治理取得更丰硕的成果。社会治理体系的创新和社会治理制度的完善，必将成为促进新时代国家治理体系与治理能力现代化的重要方式和主要手段。在社会治理创新的过程中，要重点把握与处理好道德重建与健全完善社会基础制度、民主建设与法治建设、公开透明与民主选举、简政放权与激发社会活力、对上负责与对下负责若干关系，通过优化创新社会治理结构来推进国家治理体系与治理能力现代化不断加速前行。

（二）社会管理与社会治理的联系与区别

从以上的分析中我们发现社会管理与社会治理并不是完全对立的，而是既有联系又相互区别的两个概念。

1. 联系

两者都强调采用一定的方式对社会中的公平分配、利益纠纷、社会秩序、社会突发问题等的解决，它们实质是注重对社会组织与个人的社会活动进行调节与管理，解决与人民生活息息相关，人们普遍关心的问题，帮助人们排忧解难，维护良好的社会秩序，促进各类社会问题的解决，不断提高人们生活的满意度和幸福感。

2. 区别

（1）主体不同。社会管理主要是政府的一元化行政管理，强调其对社会组织与公众的管理与控制，进行行政命令，强调其权威

---

① 陶希东等：《共建共享：论社会治理》，上海人民出版社2017年版，第8页。

性；社会治理则是政府、社会组织和公众共同对社会问题进行解决，尤其注重发挥社会组织和公众的积极性与主动性，强调公民自治，集众智，主体较为多元，真正体现社会主义国家人民当家作主、尊重人民的主体地位的优越性。

（2）实现形式不同。社会管理中政府处于主动地位，注重政府的硬性管理与控制，是一种自上而下的管理方式，形式比较单一，呈现出一种大包大揽与全面控制的状态，社会组织与公众在这个管理中则主要处于被动、服从与接受地位，可以说很少有话语权，发挥的作用也较小，同时在这个过程中政府作为单一的责任主体，管理方式较为死板单一，缺乏灵活性。而在社会治理的过程中，政府、社会组织和公众则是共同参与社会治理，提供公共服务，不断解决各类社会问题，三者之间在这个过程中地位平等，国家和政府主要进行顶层设计，其他主体积极参与，强调三者之间的协商与合作，共商共建共享，是一种上下联动较为民主的方式，同时三者共同作为责任主体，共同承担责任，强调三者之间作为一个共同体，利益与共，形式多样，在社会治理方式上不断创新，构建良性运转格局，促进社会问题的解决，推动国家和社会的进步。

三　新时代社会治理创新的核心要义

所谓社会治理体系创新，就是指为实现社会治理的远大目标，运用、吸收与创造各种社会治理资源，对传统治理体制、方式方法进行改革创新，建构符合时代要求的新社会治理体制模式的活动及过程。随着改革开放40多年的发展，社会生产力水平得到全面提升，我们已经基本解决了人民对"物质文化生活"的需要，正在向"两个一百年"的奋斗目标前进。要达成"全面建成小康社会""两个一百年"的奋斗目标，工作重点是全力推进社会治理体系的创新和社会治理能力的提高，党的十九大指出，我国进入了中国特色社会主义的新时代，随着社会主要矛盾的转变和新的发展战略的制定，我国的社会治理将会在新时代的全新背景下，在伟大的改革开放的潮流中以更加旺盛的生命力迎接新时代的重大转型，在习近平总书记以人民为中心思想的指引下，满足人民对"美好生活"的新向往、新需要已经成为社会主义新时代进行"全面深化改革"的核心议题及社会成员的价值追求。总的来说，在这一阶段，我国社会治理事业在稳步推进的过程中不断创新，国家坚持以人民为中心，社会治理的各方面取得了长足的进步与发展，社会治理的现代化水平不断提高。

（一）新时代意味着社会主要矛盾发生了新的变化

随着互联网和现代科学技术的发展，互联网在人们的日常生活中越来越普及，我国不断推动各方面的"互联网+"建设，进行农村4G网络全覆盖建设等，使得我国社会治理的智能化、科学化和现代化水平不断提高。习近平总书记在党的十九大报告中对新时代中国社会主要矛盾作了全新的论述，这为我们深化社会治理创新，努力解决广大人民群众对美好生活的需要与"不平衡不充分的发展"之间的矛盾提供了基本遵循。我们要强烈地认识到："新矛盾"不仅意味着"新责任"与"新目标"，更是中国全面深化改革需要迫切重点解决的"新问题"。人民群众是我们社会主义的主人，是我们努力奋进的重要支撑，人民群众对"美好生活的向往和需要"与"物质文化生活需要"是不同的，它主要集中体现在对建成"富强、民主、文明、和谐、美丽"的社会主义现代化强国宏伟目标的执着追求，总而言之，就是在努力实现社会主义现代化强国的历程中，逐步地满足人民群众在物质生活和精神世界的双重需要，即使人民群众拥有安全感、归属感、公平感、幸福感、获得感。政府部门通过网站、微博、公众号等公众平台发布消息，广大人民群众也可以通过这些平台反映问题，发表意见与建议，进行监督举报，一方面方便人们获取消息；另一方面拓宽了广大人民群众表达民意的渠道，使得政府部门能及时了解广大人民群众的心声，为广大人民群众排忧解难，方便了政府部门与人民群众之间的沟通交流，提高了政府的工作效率。同时在日常生活中人民可以通过在互联网上缴纳水电燃气费、预约就医，为广大人民群众的生活带来了极大的便利。因此，要真正实现人民群众对"美好生活"的新愿望和新需求，就必须深刻认识到新时代我国社会主要矛盾的新变化、新需求。唯有如此，才能真正加深人民群众对社会主义的信仰感、生活的满足感、自豪感，并严格按照习近平总书记"以人民为中心发展"思想的新要求，在不断推进社会经济又好又快发展的同时，又要促进社会和谐有序充分地发展，满足广大人民群众的各种社会需求，切实地解决好现代经济发展水平与社会发展水平之间的"不平衡"的矛盾，通过新时代社会治理体系的不断创新，消除当下存在的社会发展相对滞后与"社会发展不充分"的危机。

（二）社会治理创新是对社会发展的体制机制进行"适应性重构"

中国特色社会主义进入新时代，必须把社会治理创新上升到一个社会制度层面和社会管理层面。新时代经济社会发展的一个鲜明特点，就是经济持续快速发展、政治保持总体稳定、社会问题多发凸显，而社会问题之所以多发有其诸多因素的影响，其中一个重要因素就是现有的社会治理体制难以适应新时代经济社会快速而深刻的变化。伴随着我国各类社会组织不断发展壮大，迫切要求大力建立经济组织，同时对于一些非法的社会组织进行取缔，通过创新社会治理主体，不断推动党组织在一些社会组织中的建设，使得社会组织在党的领导下积极健康地发展，与党、政府、人民群众通力合作，发挥其在社会治理中的重要作用。

党的十八大以来在基层自治组织的建设上，我们坚持党的领导与基层自治组织建设相结合，同时不断加强基层党组织的廉政建设，进行"三严三实"教育实践活动，加强作风建设，加强反腐败斗争，社会治理取得了可喜成就。社会治理创新是适应新时代中国经济社会现代化、市场化、城市化的必然要求，建构共建共治共享的社会治理体制，其实质是对社会发展的体制机制进行"适应性重构"的过程，侧重从社会结构的深刻变化、社会组织方式的深刻变革、社会行为规范和价值理念的变化等几个方面形成能满足新时代要求的良好的社会运行机制，从而解决好广大人民群众对"美好生活需要"与"发展的不平衡、不充分"之间的矛盾，实现"以人民为中心的发展"。而要实现与满足人民群众"美好生活"的需要，政策层面和制度层面的创新是首要的保障，重点解决好"社会发展的不平衡、不充分"的问题，必须坚持党的领导与基层自治组织建设相结合，加强基层党组织的队伍建设，公开公正选拔一批高素质有能力的人才去基层工作，使得人民的利益得到更好的保障；在发挥基层群众自治组织作用时，城市居民委员会和农村村民委员会组织内部权责义务更加明确，不断推动和夯实基层党组织建设，使得广大农民更好地实现对本村民组各项社会事物管理权利；积极推进社会工作专业的发展，培养一批优秀的社工专业人才，发挥他们在社会治理和社会建设中的独特作用，满足人民群众的多样化需求，努力构建和谐社会。进而全面提高人民群众的生活水平，让广大人民群众体验更加美好的生活，享受到更加便利的基础设施，切实体会到社会主义社会的甜蜜与幸福。

（三）社会治理创新必须致力于推进社会发展环境建设

创新是民族社会进步之魂，是国家兴旺发达动力之源。进入新的时代，推进经济社会的高质量发展，必须明确社会治理创新的目标定位，致力于推进社会发展环境建设。

首先，需要确立基层社会治理体系创新的目标定位。从制度上全面落实社会良性运行与人民群众实现"美好生活"目标的体制机制，着重从科学认识现代社会治理体制建设、改革完善基层政府社会治理体制、大力发展基层社会自治与自我管理等方面推进社会发展环境建设。不管是理论上还是实践中，营造稳定、安全、秩序、和谐的社会发展环境与美好生活环境都是社会治理体系的核心内容。人与环境和谐相处，人民群众对"美好生活"的期待都必须扎根在优良的社会发展环境之上。因此，要全面推进社会治理创新，切实实现"以人民为中心"的发展理念，就必须优化全面社会环境建设。

其次，社会治理创新推进社会发展环境建设，具体来说主要集中体现在以下几个方面：一是要推进社会"法治环境"建设，努力营造出政府"依法行政"、人民"依法行为"的法治环境和人人懂法、敬法、守法的良好法治氛围，为广大人民群众过上"美好生活"提供基本有效的法治保障。二是要加强社会"诚信环境"建设，深化社会信任感，培养全社会彼此的信任感，坚决打击各种欺诈等不诚信行为，使"社会诚信"成为人民群众的自愿行动和实现"美好生活"的行为准则。三是要完善社会的"公正环境"建设，提升广大人民群众的"公共意识"，营造出优质良好的"心理健康"的氛围，共同推动"美好社会"建设的价值基础，在制度层面，完善各种社会制度和体系的建设，消除人民心中的顾虑；在社会层面，努力为人民群众营造良好的社会心理健康氛围。四是要推进社会的"福利环境"建设，要使广大人民群众共享经济发展的成果，在做大社会主义经济"蛋糕"的同时，也要注意合理分配好蛋糕，在政策层面要制定完善的社会福利制度，为广大的农民群众提供优质的公共服务，努力解决好人民群众就业难、看病难、农民的子女入学难的问题；要把经济的发展成果惠及每位农民群众，切实改善农民的生活环境和生活质量。五是要推进社会的"安全环境"建设，要为人民群众营造良好的卫生、食品的安全环境，把环境安全放到社会治理创新的突出位置，把"安全环境"建造成为实现"美好生活"现实的基础。

（四）新时代社会治理创新是具有全方位、深领域的深刻变革

新时代的社会治理创新，是一个全局性、战略性、价值性的重大措施，是一次提升全社会文明程度的全方位、深领域的深刻变革。我们要深刻理解"社会治理创新"的时代精神，要站在新时代、新目标、新任务、新方法的战略高度去全面领悟新时代的新要求。首先，在全面依法治国理念下我国社会治理也越来越强调法治化，通过加强立法，严格执法等方式，为社会治理提供法治保障，推动社会治理和国家治理朝着法治化的方向行进，推动社会治理和全面依法治国相结合，坚持依法治国与以德治国相结合，全面推动扫黑除恶工作开展，打造良好的社会治安环境，努力为广大人民群众提供良好的生活环境，使得广大人民群众的生命安全、财产安全能够得到很好的保障，形成良好的社会氛围和社会秩序，促进社会稳定，努力实现习近平总书记所提出的构建平安中国的目标，使得我们的社会治理不断迈上新的台阶，尽可能满足人们多样化的利益诉求，提升人民生活的满意度、安全感和幸福感。其次，从制度层面上，深入推进社会治理体系的建设，努力营造良好的法治、诚信、公正、福利、安全的良好社会氛围。综上所述，社会治理创新是国家治理体系创新的重要组成部分，现代社会治理创新需要全社会成员共同参与。

　　民生问题事关人心向背，事关我们党的前途命运。从根本上看，我们党是为了保护与增进人民的利益而执政的，党的事业与人民的利益具有高度契合、相互促进的辩证关系。我们党的前途命运如何，从根本上说取决于是否得到人民群众的广泛支持与拥护。广大人民的广泛支持和拥护是我们党之所以安身立命的根基。"皮之不存，毛将焉附。"如果不能得到人民群众的广泛支持和拥护，那就意味着我们党失去了民心，就会失去执政基础，就无法生存，更谈不上科学健康发展，其结果必然是失去自身的执政地位，被人民所抛弃。因此，广大人民群众的积极自觉参与、广泛加入、自主决策是社会治理创新的关键环节。要搞好社会治理体系的创新，必须要认真学习、贯彻落实习近平新时代中国特色社会主义思想，不忘初心,坚持人民当家作主的地位不动摇,形成在党和政府的正确领导下,全社会成员共同参与、齐心协力,为实现国家富强、人民幸福提供健全的制度体系。

第四节 社会治理创新对农村公益文化服务能力提升的战略意义

农村公益文化事业的健康发展,离不开新形势下的社会治理创新。经济建设、政治建设、文化建设、社会建设、生态文明建设与社会管理工作是社会发展的重要驱动力量,要把它们放在更高的位置上。① 党的十七届六中全会通过的《中共中央关于深化文化体制改革 推动社会主义文化大发展大繁荣若干重大问题的决定》强调:"我们要准确把握我国经济社会发展新要求,准确把握全国各族人民的精神生活状态,提高人民群众的幸福感、获得感,满足人民群众对美好生活的向往和追求,实现人民群众的美好愿望。"② 习近平总书记在党的十九大报告中强调:广大人民群众最关心、最直接、最现实的利益问题就是我们要为人民全力解决问题,民生问题无小事。我们要不断提高政府服务群众的能力,为广大群众过上美好生活而努力奋斗,政府需要维护社会治理环境、维持良好的社会秩序,使人民群众的获得感、幸福感、安全感变得更加充实、更有保障、更具有可持续性。农村公益文化是文化事业发展的重要组成部分,其服务能力提升是事关广大农民群众基本文化权益的大事情,它不仅是新时代实现乡村振兴战略的根本途径,也是践行"人民中心发展思想"、构建和谐新农村的迫切

---

① 参见胡锦涛《扎扎实实提高社会管理科学化水平 建设中国特色社会主义社会管理体系》,《人民日报》2010年2月20日第1版。
② 《中共中央关于深化文化体制改革 推动社会主义文化大发展大繁荣若干重大问题的决定》,人民出版社2011年版,第18页。

需要，具有重要的现实意义和长远的战略意义。

一 社会治理创新有助于创设农村公益文化服务能力提升的政策环境

任何一种文化，都是在本民族文化的根系上生长出来的。唯有积极汲取优秀的传统文化精华，方能创造出优秀的民族新文化。在人类漫长的历史长河中，中华民族之所以能够形成独具特色、灿烂辉煌的中华文化，很大程度上源自于对本民族文化的高度自信心与自豪感。一般说来，文化的高度认同不是凭空产生的，而是文化实力的集中体现。伴随着文化全球化的日益发展，各种文化思潮相互激荡与交融，传统文化中人们认可的价值理念、行为方式等受到了空前的冲击与挑战。只有高度认同民族优秀的传统文化，才能真正拥有坚守的从容，激起奋进的勇气，焕发出创新的活力，推动中华文化走向世界。正如习近平总书记指出的那样："站立在960万平方公里广袤土地上，吸吮中华民族漫长奋斗积累的文化养分，拥有13亿人民聚合的磅礴之力，我们走自己的道路，具有无比广阔的舞台，具有无比厚重的历史底蕴，具有无比强大的前进定力。中国人民应该有这个信心，每一个中国人应该有这个信心。"[①]

优秀的传统文化和新时代的民族精神一起构成我国现阶段公益文化的核心精华。我国历史源远流长，中华文化博大精深，继承我国优秀的传统文化、凝聚我国的民族力量、提升我国的民族精神，是我国长治久安的根基。中华文化源远流长，上下五千年，传统的农耕文化是我国文明史的开端，在某种程度上"中国的文化之根在农村"[②]。提升农村公益文化服务的能力是对我国传统文化的一种继

[①] 习近平：《共同的根共同的魂共同的梦共同书写中华民族发展新篇章》，《人民日报》2014年6月7日。

[②] 参见潘泽泉、卞冬梅《我国新农村社区公共文化的缺失与重建》，《郑州航空工业管理学院学报》2008年第4期。

承性创新和发展，是凝聚民族力量、提升民族精神的关键。我国传统的农村文化资源类型多样、品种繁多、它们在广阔的农村大地上经过风雨的洗礼，经过历史的沉淀、经过新时代青年人对传统文化的挖掘，它们变得历久而弥新，它们是现阶段新农村建设的精神支柱和延续基因。[①] 加强对农村公益性文化的社会治理，通过挖掘、整理、充分地利用好、传承好、实践好农村的传统文化资源，向世界人民展现出新时代农村的时代特征以及崭新的面貌，实现农村文化资源时代性与民族性的统一，必然要以农村公益文化为合理的切入点，扎实推进农村公益文化服务能力提升。

二 社会治理创新有助于营造农村公益文化服务能力提升的舆论环境

文化作为一个民族永葆生机活力的源泉，始终是党与人民不断克服困难、取得进步与走向胜利的重要动因，成为经济与社会发展的强大精神支柱。公益文化的独特作用主要体现在：以广大农民群众喜闻乐见的方式来传播社会主义的主要意识形态，来表达社会建设过程中取得的新成就。让广大农民群众身体力行地践行社会主义核心价值观的基本内容，以价值观的核心理念为引领，努力提高人民群众思想意识和知识文化素养。

进入新时代，我们必须以马克思主义为科学指导思想，深入贯彻落实习近平新时代中国特色社会主义思想，为实现中华民族的伟大复兴而努力奋斗。公益文化建设的重要价值凸显了社会主义制度的主要特征。我国社会主义主流意识形态和价值观念的传播形式多样，主要表现为，报纸期刊、图书馆、博物馆、文化馆等基础公共文化服务设施。农村公益文化的舆论引导作用相对于

---

① 参见李晟赟《乡土社区文化——中国现代社区文化建设之根》，《石河子大学学报》2009 年第 3 期。

政府的号召、组织的说教灌输而言，更具有广泛性与日常性。唯有加强农村基层社会治理创新，紧紧围绕共享发展的系列成果，坚持以农民群众为本，办好实事，通过建设乡镇基层综合文化服务中心，加强农村公共体育基础建设，推进国家公共文化服务示范区创建工作才能在增进民生福祉上实现新突破、新跨越，全面优化农村公益文化服务供给水平，全面提升农村基本公益文化服务能力。因此，社会治理创新有助于营造农村公益文化服务能力提升的舆论环境，通过通俗易懂的文化产品和多样化的文化服务不断满足农民群众的精神需求。

三 社会治理创新有助于确立农村公益文化服务能力提升的民生理念

农村公益文化服务功能的发挥离不开社会力量的广泛参与和公众的大力支持。我国广大农村地区的稳定有序发展是党和国家一直牵挂的事情，唯有把党的路线、方针、政策完全落实到位，才能促进农村经济社会的高质量发展。总体而言，加大力度综合治理是农村社会和谐稳定发展的硬性条件。除此之外，也需要加大农村文化体系建设的软性条件。广大农民群众对政府的管理和领导是否认同，是否接受，对改革开放以来经济发展成果所带来的获得感是否深有感触是决定农村文化建设能否最大程度实现其公益性价值的关键。为此，笔者认为，政府应当进一步创新执政理念，加大扶持力度，出台优惠政策，调动社会一切力量提高兴办农村公益文化事业的积极性，强化社会参与和自我约束能力，为农村基层社会公益文化事业发展提供必要的外部支撑。地方各级部门应当根据自身实际，制定有利于促进农村公益文化发展的科学规划，鼓励社会组织积极开展相关公益文化活动，参与农村公益文化服务，应坚持"政府扶持、非营利运作、社会参与"的方针，优化政府与社会组织之间的沟通、协调与合作机制，发挥导向作用，增强社会组织的荣誉感,"积极探索农村社会组织在服务中发展和在发展中服务的科学路径,提升农村社会公共服务水平,将组织成员是否满意作为工作开展的出发点与落脚点"①,为提升农村社会组织公共服务能力营造和谐有序的外部环境。

全面提升农村公益文化的服务能力,笔者认为,政府应加强对农民进行相应的文化知识普及和价值观的引领,帮助广大农民群众实现文化权益,还可以通过各种通俗易懂的文化娱乐展现方式来提高农民的文化修养,提升农民的文化素质,把社会主义核心价值的内容渗透到人民的日常生活中,让人民感受社会主义主流意识形态影响,达到深入民心、内化入心的深远效果。社会治理创新有助于确立农村公益文化服务能力提升的民生理念,有利于满足人民群众的精神文化需求。我们要切实解决好广大农民群众在文化需求方面的问题,敢于直接面对农民群众精神层面的贫瘠现状,实现农民群众的最迫切的需求,可以在很大程度上改变农民群众的娱乐休闲方式,提高农民群众的知识文学素养。这样不仅可以提高中国共产党在广大农村的执政基础,而且对有效推进我国农村民主化进程具有重大而深远的历史意义。

四 社会治理创新有助于催生农村公益文化服务能力提升的内在驱动力

基层的社会矛盾运动构成了社会治理创新的内在驱动力,一个相对成熟的基层社会治理体系,对于加强社会建设与提高基层社会服务水平具有不可替代的作用。就一定意义而言,在当代社会,各国之间综合国力的较量归根到底属于文化软实力的竞争,文化不仅是一个国家的灵魂,也一个民族的精神纽带,是最旺盛

---

① 贾义保、陆影:《社会管理视角下农村干群关系研究》,《山东社会科学》2013年第5期。

的生产力。① 农村的公益文化产品不管是从精神层次上面说，还是物质方面讲，它都蕴含着巨大的文化影响力。社会治理创新的过程，是一种持续的制度创新与机制创新的过程。这种突破传统的自上而下的以依赖外力为主的制度创新和机制创新，在强调政府责任的同时，着眼于社会内生力量的发展，着眼于社会服务与治理领域的公众参与，着眼于社会协同治理的运行机制，使社会的服务主体、服务资源更加丰富多元，资源配置更加协调优化，实现社会组织资源供给明显改善，推进农村基层社会治理更加具有持续性的活力。

作为世界上最大的农业农村大国之一，我国的农业人口是一个不可忽视的重要力量，在社会治理创新中，政府通过购买服务，构建需求导向型的公共文化服务，实现合作治理的新方式，对于激发公益文化在农村经济的发展中的作用具有重要意义：其一，理论创新是一个国家、一个民族实现科技创新的先驱，在现代以知识经济创新为主要内容的社会中，必须依靠理论创新带动科技的迅猛发展；其二，生产力的进步和改革创新的前提是新技术在理论上的飞跃式发展，只有加大各个领导部门对农村公益文化建设的高度重视，在建设的过程中加强监督管理部门的监管，从根本上杜绝一切不利的事情发生，从最根本上切实保障人民群众的文化权益才能有效地调动人们的积极性、创造性，为深入推进农村地区文化产品的发展奠定良好的群众基础，为我国广大农村地区的发展提供有力的保障。因此，相对于宏观层面的社会治理，农村基层社会治理与具体的社会需求有着深厚的联系，从"包容性发展"理念的确立、基层社会治理主体结构优化、合作治理机制的构建等几个方面实现社会治理的创新，建构基层政府与社会合作的基层社会治理体系，实

---

① 参见周正刚《论文化力的构成及其在综合国力中的地位和作用》，《常德师范学院学报》（社会科学版）2003年第3期。

现社会管理互动性、服务性、专业性与社会自主水平提升等效应，成为催生农村公益文化服务能力提升的内在驱动力。

五 社会治理创新有助于实现农村公益文化服务能力提升的目标追求

为了保障广大农民群众受到实实在在的文化熏陶，切实提高广大农民群众的人文素养，必须深入贯彻落实党的方针路线和实施策略，坚持中国共产党的领导毫不动摇。广大农民群众的工作岗位、工作环境、工作性质、社会地位虽然有很大的不同，但他们都有平等地、无偿地享有知识，获取审美、文化、享受健康娱乐的基本文化权利。社会文明进步的重要标志之一，就是保障公民的基本文化权益不受损害。它不仅为保障人民群众不断增长的文化权益指明了前进的方向和基本遵循的原则，在某种程度上还对调节社会分配起到很重要的作用。

在生活节奏加快的现代社会中，人们的精神长期处于紧绷状态，心理压力过大，对丰富的物质占有并不能缓解人们内心的紧张状态。当代人们仅仅关注于如何提高自己的经济地位，满足于对物质层面的需求，却忽视了人们的精神文化需求，殊不知精神文化需要才是人们最迫切的需求。在我国，由于城乡二元结构长期存在，加之市场经济条件下社会的深刻变革及社会行动者交往范围的扩大，人们之间的熟悉程度在下降，人与人交往的不确定性逐渐增加，城乡之间的文化发展有很大的差距，社会经济发达的城市中心文化氛围较浓厚，偏远的农村地区精神文化比较单一贫乏，广大农民群众的文化权益常常被边缘化。因此，完善社会治理体系创新，乡镇政权要强化政策执行者的利他和互惠理念，深度关注农村的发展，真情关怀农民群众自身的发展，贯彻落实以人为本的战略要求，相关部门及其工作人员要积极引导和动员广大群众积极投入乡村振兴之中，积极培育村民的利他观念，促使乡村社会形成互利合作的环境，在维护既有的互惠规范的基础上，引导村民建立现代意义上的乡规民约，约束和规范村民行动，让广大群众在互帮互助中增加村民的收入，降低农业发展和创业的风险，并切实通过提供力所能及的服务，真正提高农村公益文化服务能力。

六 社会治理创新有助于满足农村公益文化服务能力提升的动力需求

众所周知，社会治理是对全社会的综合治理，也是全社会共同参与的协同治理。在农村社会治理创新中，农民群众既是社会治理和服务的对象，也是社会治理和服务的智慧源泉。只有让农民群众真正参与到基层社会治理之中，才能培养出对社会的热爱，培养他们对社会的责任感，提升对政府的认同。一般地说，思想道德建设和教育科学文化建设共同构成社会主义精神文明建设的全部内容。应该说，公益文化不仅仅是指政府出资建设或成立的供广大人民群众共同使用的精神文化基础设施或精神文化产品，也是我国进行社会主义精神文化建设不可或缺的重要环节。进入新的时代，我国农村社会结构正发生着日益深刻变化，加之我国农村社会组织的发育尚不健全，农民的社会参与渠道不够畅通，农民本身参与意识不强，这些都给我国农村民主政治参与带来很大影响。如何通过创新社会治理，以农村社会组织的健康发展促进我国现代民主政治建设，已成为当代社会转型期急需解决的一大重要课题。

农村公益文化作为服务大众的文化事业应该贴近人民的生活，把文化融入社区文化建设中，不仅可以充实老年人的生活，提高人们的文化素养，也可以营造良好的社会环境，缓解社会矛盾，规范生产秩序。与此同时，农村公益文化的力量在农村的作用是不可估量的，我们要重视对农村文化资源的深入挖掘与创新运用，使原来的文化遗址、印有传统文化的建筑或手工艺产品都充分发挥它的当代价值，在原来的基础上进行开发利用，或者进行修缮和维护。在继承的基础上进行发展，在发展的过程中又起到保护作用。在社会治理创新的大背景下，政府应当积极帮助"返乡精英"建立与其他治理精英、政府部门等的沟通网络，以增加他们的统筹资本来源，并对他们参与乡村建设给予一定的支持，强化他们治理乡村的能力，要调节好农村社会各方面的利益关系，提高人民的精神觉悟和文化需求，还必须时刻注意培育和增强乡村治理主体的资本运作能力，这不仅有助于将分散的资源进行有效整合，而且有助于降低个体发展的风险。唯有如此，才能促进农村精神文明建设以及和谐乡村的稳定发展，打造良好的农村生态文化环境，为广大人民群众提供优质高效的公益文化服务，改善人民的生产、生活方式，满足人们的精神文化需求，又可大力开发其经济效益，用经济产业的发展去推动文化事业的发展。因此，社会治理创新已成为农村公益文化服务能力提升的必然选择。

第二章　新中国成立以来党对文化建设理论的探索与发展

马克思主义认为，人们会根据具体的经济、社会环境衍生出不同的思想和文化成果，经济基础决定思想文化的建设，同时思想文化建设也反作用于经济基础的发展。先进优秀的思想文化是蕴涵丰富力量的宝藏，在人民群众的发掘下，会转化成巨大的物质力量。但是，如果糟粕落后的文化被扩大传播，甚至被别有用心的人所利用，将会阻碍社会进步的发展。一个民族的进步需要理论自觉、文化自信；一个社会的活力需要先进的价值观、开放发展的思想。国家的灵魂所在与民族的文化息息相关。① 新中国的成立与社会主义制度的确立，实现了中国最广泛最深刻的社会历史变革，为当代中国文化建设与发展奠定了根本的政治前提与制度保障。自新中国成立之日起，作为执政党的中国共产党十分重视文化建设，始终能够响应人民的呼唤与时代的召唤，高举民族伟大精神的火炬，承继五四新文化运动的民主科学精神，弘扬革命文化的优秀传统，吹响时代前进的号角，将文化事业根植于民族优秀传统文化的深厚土壤，通过丰富多样的载体形式讴歌生活，凝聚力量，鼓舞人心并昭示未来，在对实践和规律不懈和反复的

---

① 参见《习近平在纪念马克思诞辰200周年大会上的讲话》，《人民日报》2018年5月5日第2版。

认识和探索中，不断适应时代发展的新要求。从总体上来看，在新中国70多年的发展历程中，中国共产党始终以马克思主义文化建设思想为指导，坚持与时俱进、理论联系实际，在长期的摸索发展中，对不同时期的文化建设进行了理论上的丰富，完善了文化的理论、纲领、计划和方略等多方面内容，形成了较为完备的文化战略体系，为推动我国社会的发展与进步、民族的繁荣与昌盛，满足广大人民的精神文化需求、促进人的全面发展作出了重要贡献。站在新的历史方位上，不断总结新中国成立70多年的宝贵经验，系统梳理与深刻认识革命的主流文化（1949—1978）、改革开放初期的文化（1978—1992）、改革开放深化时期的文化（1992—2002）、全面建设小康社会时期的文化（2002—2012）与新时代的文化建设（2012至今）五个不同重要阶段的文化建设历史演进过程及其基本经验，对于提升我国农村公益文化服务能力具有重要的指导意义。

第一节 革命的主流文化（1949—1978）

70多年前，在中国共产党的领导下，各族人民经过艰苦卓绝的奋斗，推翻了帝国主义、官僚资本主义、封建主义"三座大山"的统治，缔造了中华人民共和国。在新中国成立之初的社会主义革命建设历史进程中，以毛泽东为代表的第一代中央领导集体认真总结并继承新民主主义文化，高度重视新中国的文化建设事业，主张指导全局的战略思想需要贯穿革命战争、社会改造，同时也要兼顾经济建设与文化建设，并按照新民主主义文化思想走好文化事业建设的每一步，对各个发展阶段的建设任务战略进行规划，形成了系统的文化建设的重要思想，为中国革命建设事业的推动提供了不可或缺的重要保证。

一 认真总结并继承新民主主义文化

毛泽东着重从文化地位、文化纲领、文化方针三个方面对新民主主义文化事业进行战略上的建设指导。首先，在文化地位方面，毛泽东同意马克思的想法，在政治经济文化三者地位的关系上，文化是一定政治经济的反映，文化会对一定的政治经济起到影响作用；经济是三者的基础，政治是经济的集中体现。[①] 同时，毛泽东还补充道，在新时期产生的新的文化，它在意识形态领域是新政治、新经济的反映，可以为新的政治经济提供帮助，推动它们的快速发展。[②] 文化的地位是不能忽视的，在政治斗争和经济斗争严重的时期，文化既能体现当时的时代特点，又可以为二者的斗争提供指导帮助。一个国家和社会的发展进步离不开文化的发展。[③] 毛泽东认为文化与政治、经济同样重要，在国家的建设发展中三者缺一不可，所以新民主主义文化的建设在国家发展的战略布局中占据重要地位和作用。其次，在文化纲领方面，毛泽东以新民主主义的政治和经济纲领作为基础，认识到文化的作用以及重要地位，提出了新民主主义的文化纲领，为文化建设的发展提供理论上的指导。他指出，新民主主义的政治、经济、文化三者是不能分开的，在新民主主义建设时期，政治经济文化只有结合发挥合力才能推动新民主主义共和国的发展，造就我们的新中国。并且，新的社会和国家不仅要重视新政治、新经济的发展，同时要建设新文化，让文化的发展推动政治经济的发展。[④] 由此可见，毛泽东对新民主主义的社会

---

① 参见毛泽东《新民主主义论》，《毛泽东选集》第2卷，人民出版社1991年版，第663—664页。

② 同上书，第695页。

③ 参见毛泽东《关于陕甘宁边区的文化教育问题》，《毛泽东文集》第3卷，人民出版社1996年版，第109—110页。

④ 参见毛泽东《新民主主义论》，《毛泽东选集》第2卷，人民出版社1991年版，第663页。

政治、经济、文化纲领作出了详细的阐释，同时创造性地提出了三位一体的思想，将三者的作用结合起来研究，并将文化建设的地位放在和政治经济建设同等的地位上。最后，在文化方针方面，毛泽东对新民主主义的文化作了科学阐述。他指出，新民主主义文化，是区别于过去旧文化的新文化，是反帝反封建的思想武器，无产阶级应该领导人民大众建设民族的、科学的、大众的文化，这也是新民主主义文化的具体特点。[①] 人民大众反帝反封建的文化就是新民主主义的文化，是符合当前时代要求和人民需要的文化，是中华民族的新文化。[②] 这在为新民主主义文化下了一个科学合理的定义，在丰富其内涵的同时，也为新民主主义文化建设的道路指明了方向，制定了发展战略。上述毛泽东关于文化建设的思想虽然只是针对建设新民主主义共和国时期提出的，具有一定的时代特殊性，但为我党全面认识与制定社会主义时期的文化建设战略提供了重要思路与启迪。

二 呈现革命文化繁荣景象，涌现大批优秀作品

新中国刚刚成立，百废待兴，文化建设也步入了一个新的建设时期，毛泽东就未来的文化发展提出过自己的一些想法，他认为，在经济发展到一定程度时，必然伴随着文化建设的高潮期。而中国将一改之前不文明的时代，发展到较高的文化高度，以新的姿态屹立在世界舞台上。[③] 以"除旧布新"为主题的新文化建设运动是我党从1949年到1956年一直坚持的新文化建设的发展战略。1954年9月，毛泽东在第一届全国人大一次会议的开幕词中指出，要将文

[①] 参见毛泽东《新民主主义论》，《毛泽东选集》第2卷，人民出版社1991年版，第706页。

[②] 同上书，第708—709页。

[③] 毛泽东：《中国人从此站立起来了》，《毛泽东文集》第5卷，人民出版社1996年版，第345页。

化建设放在五年计划中,改变经济文化落后的局面,在一定时间内达到工业化水平高、现代文化程度高的中国①。1956年我国基本上完成社会主义改造,社会主义建设时期正式揭开序幕,毛泽东向全党、全国人民发出新的号召,希望全国各族人民可以团结起来,迎接新的困难,要向自然界发出挑战,大力发展经济与文化,为建设新的国家贡献自己的力量。②这一时期的主流文化以革命为鲜明特征,文化作品无论是在反映生活的广度、深度上,还是在创作的数量、质量上,都有较大的发展和提高,涌现大批优秀作品呈现革命文化繁荣景象。在文学创作上,无论是叙事诗《阿诗玛》《格萨尔王传》或是小说《三里湾》《红旗谱》,还是散文《茶花赋》《长江三日》等都是文化审美含量高、深入人心的经典作品,它们当时受到广大人民的喜爱,至今依然脍炙人口。在戏剧创作演出上,不少地方剧种有了较好发展。值得一提的是文化部实行剧目开放这一决定,以1956年6月召开的首次全国戏曲剧目工作会议为起点,全国各地发动大量力量在挖掘传统剧目上,并重新系统整理加工这些剧目,使之焕发出崭新的生机活力。在电影创作上,涌现出《上甘岭》《英雄儿女》《冰山上的来客》等大量优秀作品,仅至"文化大革命"前夕,我国先后摄制影片超过600部、纪录片约1000部、新闻片约1800部、科教片640余部、美术片近130部。在音乐创作上,涌现出《我们走在大路上》《歌唱祖国》《唱支山歌给党听》《我为祖国献石油》等一大批爱祖国爱中国共产党的优秀歌曲,特别是《东方红》和《长征组歌》成为划时代的大型音乐舞蹈史诗佳作。《江姐》《刘三姐》《红珊瑚》《洪湖赤卫队》等歌剧堪为中国歌剧艺术史上的华美乐章。在舞蹈艺术创作上,涌现出《红绸舞》

---

① 参见毛泽东《为建设一个伟大的社会主义国家而奋斗》,《毛泽东文集》第6卷,人民出版社1999年版,第350页。

② 参见毛泽东《关于正确处理人民内部矛盾的问题》,《毛泽东文集》第7卷,人民出版社1999年版,第216页。

《红色娘子军》《鱼美人》《小刀会》《荷花舞》等众多群众喜爱的佳品。在美术作品创作上，艺术家们服务人民，反映社会生活，形成了精神内涵深远、形式丰富多彩的鲜明特色，《征服黄河》《开国大典》《洪荒风雪》《蛙声十里出山泉》《祖国万岁》等成为这一时期的精品。

三 确立社会主义文化建设相关战略原则

在中国革命建设时期，以毛泽东为代表的第一代党中央领导集体对社会主义文化建设的思想理论进行了系统性的阐释，具有创造性，同时也为社会主义文化建设指明了方向、明确了基本原则。一是指出要重视社会主义文化建设的作用与地位，要看到其在提升与巩固社会主义政权中的重大意义，无产阶级要先于资产阶级去占领思想文化阵地，强调必须坚持马克思主义的科学指导地位；二是指出要看到思想道德建设的重要性，时刻谨记"思想政治工作是一切工作的生命线"，强调必须加强思想道德建设；三是指出文化要坚持"百花齐放，百家争鸣""古为今用，洋为中用"的基本方针，强调文化建设必须要以人民为中心，服务于人民，服务于社会主义；四是指出要重视文化教育事业并与社会主义教育相一致，强调必须要扩充思想，形成专业优良的知识分子队伍等。

新中国成立以来，党在文化建设与发展战略方面进行了长时间的探索，在这一过程中取得了许多理论成果。毛泽东是伟大的战略家，他提出的有关文化建设的许多思想，给我们文化发展战略研究留下了宝贵的精神财富，至今仍具有不可比拟的作用。他提出的政治、经济、文化三位一体的思想，发展具有民族的、大众的、科学的特点的文化，以及重视文化事业建设、促进文化繁荣发展的一系列指导原则，是中国文化建设必须要依据的思想基础，新时代中国特色社会主义文化建设要结合时代的特点与需要，并在前期成果的基础上创新发展，这有利于党全面认识和科学把握新社会主义文化发展战略。

第二节 改革开放初期的文化（1978—1992）

以党的十一届三中全会为起点，社会主义事业开始真正进入新的发展时期，文化战线经过拨乱反正，正本清源，挣脱"两个凡是"的精神枷锁，大胆解放思想，积极进行改革开放，广大文化工作者投身到火热的新时期文化艺术实践之中，不断探索与钻研、丰富与发展我党的文化发展战略思想，获得了丰硕的成果。在此时期，党和国家工作重心实现了从"以阶级斗争为纲"到"以经济建设为中心"的历史性转折，改革开放引领我国的文化建设事业迈上繁荣发展的新征程。深入考察这一生动辉煌的发展演进过程，科学认知该时期以邓小平为核心的党中央领导集体对文化发展战略的不懈探索及其取得的系列成果，对于提升国家文化软实力，推动社会主义的文化大发展、大繁荣无疑具有重要现实指导意义。

一 改革开放初期文化（1978—1992）内涵

改革开放初期的文化（1978—1992）具有特定的内涵，主要体现在以邓小平为核心的中央领导集体对社会主义文化建设战略的不解探索，其标志性的文化建设思想主要体现在如下几个方面：其一，1977年8月，邓小平在科学和教育工作座谈会上强调，科学与教育是现代化建设不能忽视的两个方面，这也是第一次在现代化建设中提到科学与教育，强调实现现代化必须着重抓好科学与教育，实施科教兴国战略。其二，1979年9月，叶剑英在国庆三十周年庆祝大会上的讲话中第一次提出实现社会主义国家现代化，社会主义精神文明的建设应该提上日程，这是实现社会主义现代化的重要目标。其三，1979年10月，在中国文艺工作者第四次代表大会上，邓小平对文艺工作者进行了表彰与勉励，同时提出了新时期社会主义文艺的主要任务,提出物质文明的发展与精神文明的发展是分不开的,社会主义精神文明的高度发展与物质文明的高度发展不能割裂开来,明确了要兼顾建设物质文明和精神文明的思想。其四,1982年7月,邓小平在军委座谈会的讲话中指出:社会主义精神文明的建设就是对中国各族人民的精神文明建设,使各族人民都有理想、讲道德、有文化、守纪律,从根本上确定了社会主义精神文明的主要任务与方向。其五,在同年9月,邓小平在党的十二大报告中把社会主义精神文明的建设提升到一个极其高的地位,首次提出社会主义精神文明是社会主义的重要特征,体现了社会主义制度的优越性,建设社会主义精神文明对建设社会主义具有极其重大的意义与作用。其六,1986年9月,在党的十二届六中全会通过的《关于社会主义精神文明建设指导方针的决议》中,明确提出了在社会主义现代化的建设中社会主义精神文明的地位举足轻重,同时分析了精神文明建设与以经济建设为中心、经济体制改革和政治体制改革三者之间的辩证关系。其七,1987年10月,在党的十三大上提出了党在社会主义初级阶段基本路线,要实现把我国建设成为富强、民主、文明的社会主义现代化国家的目标,同时将精神文明融入经济富强、政治民主,实现政治经济文化共同发展,推动我国的现代化建设。其八,在1992年初邓小平视察南方工作时提到,要正视社会主义事业在建设过程中遇到的挫折与问题,积极总结经验教训,强调要坚持两手抓、两手都要硬的方针,中国特色社会主义离不开两个文明的共同发展。以邓小平为核心的党中央领导集体在大力推进改革开放与社会主义现代化建设的过程中,获得了大量有关文化建设的有益经验,并进一步进行了科学性的总结,确定了"为人民大众服务,为政治服务"的文化方向,并将"社会主义精神文明"这一范畴首次在文化建设领域提出,强调文化建设要坚持"面向现代化、面向世界、面向未来"的战略方针,文化建设要体现时代性,适应世界的发展,同时面向未来,这是对毛泽东文化建设思想内容的丰富与拓展，也为我国的社会主义文化建设建构了基本的框架。

二 描绘文化建设的战略目标

20世纪70年代末以后，以邓小平为核心的党中央领导集体始终重视文化建设在社会主义现代化建设中的重要作用，在构建社会主义现代化宏伟蓝图中，强调文化建设是不可缺少的重要内容。叶剑英在国庆三十周年讲话中，提出高度的物质文明是社会发展的基础，但同时不能忽视教育科学文化水平与健康水平的提升，社会的进步发展依旧需要崇高的革命理想与道德风尚在全民族人民心中树立，人民大众需要丰富多彩的文化生活，需要精神文明的建设，同时这也是实现社会主义现代化的需要。[①] 与此同时，他多次强调精神文明、物质文明和民主法制在地位上必须是平等的，是同样重要的，都是实现社会主义现代化所要完成的目标。邓小平指出：建设社会主义国家需要高度的物质文明与精神文明，二者缺一不可。精神文明在内涵上不仅包括教育科学文化，同时也包括崇高的革命理想与道德风尚，包括共产主义的理想信念、纪律原则、革命立场等。[②] 这些思想都是中国特色社会主义建设道路上的指明灯，是新时期国家文化发展战略实施需要依据的思想基础与根本准则。同时，党的十三大明确提出了党在社会主义初级阶段的基本路线，提出要把我国建设成为富强、民主、文明的社会主义现代化国家。以邓小平为代表的中国共产党人关于社会主义精神文明理论的探索与发展，形成了相对全面系统的社会主义文化建设思想。邓小平关于社会主义精神文明的丰富内涵，在建设社会主义精神文明方面进行

---

① 参见叶剑英《在庆祝中华人民共和国成立三十周年大会上的讲话》，中共中央文献研究室编：《三中全会以来重要文献选编》上，人民出版社1982年版，第234页。
② 邓小平：《贯彻调整方针，保证安定团结》，《邓小平文选》第2卷，人民出版社1994年版，第367页。

了系统的理论阐释，重视社会主义精神文明与经济富强、政治民主在建设中国特色社会主义中的同等地位，并将三者结合起来，实现三位一体，将努力培养有理想、有道德、有文化、有纪律的社会主义"四有"新人作为文化建设的根本目标，切实提升中华民族整体的道德素养与文化素质。

三 规定文化建设的策略方针

在新时期社会主义文化建设中，以邓小平为核心的中央领导集体坚持"两手抓、两手都要硬"的重要战略方针。自1979年底，邓小平就开始多次提到"两手抓"的重要战略思想，主要内容是：坚持一手抓物质文明建设，一手抓精神文明建设；坚持一手抓建设，一手抓法制；坚持一手抓经济发展，一手抓社会稳定；坚持一手抓改革开放，一手抓打击各种犯罪活动；坚持一手抓改革开放，一手抓惩治腐败；坚持一手抓繁荣，一手抓清理各种精神污染，等等。他强调，要坚持两手抓，兼顾改革开放和打击经济犯罪，同时重视思想政治工作的作用。[①] 邓小平"两手抓"的重要战略思想，是马克思主义辩证法的实际应用，体现了政治经济在现代化建设中的辩证关系，体现了马克思主义理论中两点论在社会主义现代化建设中的灵活应用，将马克思主义理论与中国具体实际相结合，具有科学性与进步性，是中国特色社会主义建设时期重要的方法论依据。

四 擘画文化建设总体布局

在改革开放的初期，邓小平十分重视文化建设在实现社会主义现代化目标中的重要地位，将社会主义文化建设放在其是推动社

---

① 参见邓小平《在接见首都戒严部队军以上干部时的讲话》，《邓小平文选》第3卷，人民出版社1993年版，第306页。

主义现代化建设不能缺失的重要一环的战略高度。他强调，高度的物质文明是社会发展的基础，但全民族的发展同样也离不开科学文化的进步，人民需要丰富多彩的文化生活，国家繁荣需要建设高度的社会主义精神文明。① 全党始终坚持邓小平的战略思想，将文化建设作为今后工作的重中之重。不仅明确了文化建设的重要地位，并将其作为社会主义社会优越性的重要代表，纳入战略布局的重要内容，对我国现代化建设总体布局提出了新要求：坚持以经济建设为中心，坚定不移进行经济体制改革与政治体制改革，坚定不移加强精神文明建设，加快这几方面的配合和促进作用。由此可见，将文化建设作为社会主义发展战略的重要任务，是党在新时期从战略布局的总体高度，在充分认识文化建设重要战略地位的基础上做出的重要决定，显现出社会主义社会全面发展的本质要求，将文化与政治、经济置于同等重要的战略地位，相互促进，共同发展，有利于从宏观层面增强国家的综合实力，对于全面推进中国特色社会主义现代化建设具有重要的战略意义。

五　阐释文化建设战略保彰作用

邓小平指出，文化建设一方面为我国社会主义现代化建设提供支持；另一方面为我国社会主义现代化建设沿着正确方向发展提供了强有力的思想保障。他强调，提高广大劳动者的政治觉悟和科学文化水平，有利于使其在生产中创造出比资本主义更高的劳动生产率。② 推进社会主义文化建设，提升人们的政治觉悟和科学文化水平，对于激发建设社会主义的劳动热情，对于增强建设社会主义的创新能力都有着不言而喻的重要作用。加快文化建设发展，能够在

---

① 邓小平：《在中国文学艺术工作者第四次代表大会上的祝词》，《邓小平文选》第2卷，人民出版社1994年版，第208页。
② 参见邓小平《在全国科学大会开幕式上的讲话》，《邓小平文选》第2卷，人民出版社1994年版，第88页。

提升广大劳动者自身价值的同时，进一步推动我国社会主义现代化的迅速发展，不断提高国家综合实力，加速发展进程。1979年10月，邓小平在第四次全国文代会上的祝词中提出了我国新时期文学艺术的基本任务，指出文艺为人民服务、为社会主义服务的方向，指出"人民需要艺术，艺术更需要人民"，旗帜鲜明地明确了文艺与时代、文艺与人民、文艺与政治的关系，这一论断使得全社会文化创造涌现出空前的热情，创造出一大批具有时代特色的文化作品，文化园地展现出前所未有的生机和活力。邓小平还谈道，光靠物质条件，我们的革命和建设都不可能胜利。只有加强精神文明的建设，物质文明的建设才会少受破坏，少走弯路。[①] 由此看来，只有大力加强社会主义文化建设，才能确保社会主义现代化建设的正确方向，利用社会主义文化建设推动物质文明和精神文明建设，使三者并驾齐驱，在全社会形成有利于社会主义现代化建设的舆论力量、理论氛围和价值观念，使社会主义现代化建设氛围拥有稳固的发展基础。

六 规划文化建设战略路径

文化建设战略路径是"重在建设"，是邓小平文化建设思想的进一步发展。自1980年开始，邓小平将社会主义的文化建设的重点放到落实上，强调文化建设贵在落实。1986年他提出精神文明建设也要将"建设"作为发展的重点，要在建设上下功夫，不仅要加强社会发展的建设，更要注重教育方面的精神文明建设，将建设落在实处，真正能够打动人、影响人。1983年10月1日，邓小平在为北京景山学校题词时指出："教育要面向现代化、面向世界、面向未来。"体现了中国共产党人关于新时期文化发展的战略思维，

---

① 参见邓小平《在中国共产党全国代表会议上的讲话》，《邓小平文选》第3卷，人民出版社1993年版，第144页。

也为整个新时期文化发展指明了方向,提供了一个广阔的时空视野。因此,党的十五大正式确立"三个面向"的战略思想,将"三个面向"确定为社会主义初级阶段文化建设的战略方针。"三个面向"的方针不仅扭转了新中国成立以来对中西文化关系上的错误认识,更促进了新时期中国文化建设和发展,找准了适合新时期中国文化建设发展的道路。邓小平在"三个面向"的基础上创造性地为新时期文化建设规划了一系列战略路径:第一,文化建设必须坚持以马克思主义、毛泽东思想为指导,继承弘扬中华优秀传统文化,辩证地吸纳世界文明成果,继承适合中国文化建设的优秀国外文明,摒弃与中国不相适应的国外文化,创造出具有中国特色的社会主义文化。第二,必须坚持依靠教育和法制两个手段,强调唯有把两者有机结合起来,从内在和外在双层方面落实社会主义文化建设精神,才能实现建设社会主义文化强国的目的。第三,必须坚持建构起与社会主义市场经济体制相适应的教育科学文化体制,以促进教育科学文化的发展。第四,必须坚持文化建设关键在端正党风的思想。端正党风是端正社会风气的关键。① 将转变党风和社会风气作为文化建设的重点,促使党风和社会风气向好的方向发展,迈出文化建设的第一步,从而扩展全局,落实到文化建设的各个方面。第五,必须坚持中国共产党的领导。邓小平强调,要加强党的指导地位,将党建设成为国家物质文明和精神文明发展的坚强核心,不断提升和增强党的威信。在此基础之上,这就要求从中央到地方,各级党委负责人都要努力做到重视社会文化建设问题,关注整个思想战线的发展,善于发现思想建设中出现的问题,并及时解决这些问题。另一方面,全党在发展经济建设的同时,也要兼顾精神文明的建设,加强党的思想工作,从思想上建党,以党的建设促进社会

---

① 参见邓小平《在中国共产党全国代表会议上的讲话》,《邓小平文选》第3卷,人民出版社1993年版,第144页。

文化建设。

第三节　改革开放深化时期的文化（1992—2002）

进入改革开放深化时期（1992—2002），以江泽民为核心的党中央领导集体，开始探索社会主义文化建设的新发展，继续坚持实事求是的思想路线，创造性地继承和发展马列主义、毛泽东思想、邓小平理论，进一步发现和解决中国现代化进程中的文化建设问题，在落实邓小平文化建设方针的基础上，发展邓小平有关文化建设的思想内容，由此，"三个代表"重要思想应运而生。江泽民"三个代表"重要思想不仅涵盖了经济、政治、文化等各个领域，并且比较系统完备地概述了中国特色社会主义文化的具体内涵和主要特性，包括时代性、科学性、创造性等，阐释了中国社会主义文化的独特之处，指明促进文化与经济、政治协调发展，是加强社会主义文化建设的指导思想。其中，"中国共产党始终代表着中国先进文化的前进方向"这一重要论述，不仅明确了我国社会主义文化的前进方向，并且指明了中国共产党在文化建设中的重要地位，使我国文化建设在现代化建设总体格局中有了清晰的战略定位，为推进精神文明建设与文化建设提供了重要指导。

一　文化是综合国力的重要标志

1997年9月，江泽民在党的十五大报告中指出，中国特色社会主义文化是综合国力的重要标志，凝聚了全国各族人民的重要力量。① 2001年12月，江泽民在中国文艺界联合会第七次全国代表大会、中国作协第六次全国代表大会上的讲话中进一步强调，文化软

---

① 江泽民：《高举邓小平理论伟大旗帜，把建设有中国特色社会主义事业全面推向二十一世纪》，《江泽民文选》第2卷，人民出版社2006年版，第33页。

实力在当今国家综合国力竞争中具有重要作用,现阶段国家之间的竞争已经不仅局限于经济、科技、国防等方面,文化软实力的竞争正日益显现。我们应在继承和发展本民族文化的同时,积极借鉴和吸收世界其他民族的优秀文化成果,结合时代特点,与时俱进,发展具有中国特色的社会主义文化,大力弘扬中华民族优秀传统文化,提高国家文化软实力。① 江泽民指出,全党必须深刻意识到文化建设的重要性,将文化建设作为国家建设的重要任务,在不断增强国家政治、经济建设的同时,加大对文化建设的力度,集中力量搞好文化建设。可以看出,江泽民关于文化是综合国力的重要论述,不仅丰富和发展了邓小平文化建设战略地位思想,而且进一步深化了对文化建设这一重要战略地位的认识。

二 描绘社会主义全面发展战略蓝图

1989年9月,江泽民在庆祝新中国成立四十周年大会上,初步描绘了社会主义全面发展的战略蓝图:"社会主义不仅要实现经济繁荣,而且要实现社会的全面进步。坚持社会主义物质文明和精神文明一起抓,是我们的基本方针。"② 1991年7月,江泽民在庆祝建党七十周年的讲话中,从理论与实践的高度进一步指出,社会主义现代化的实现,必须通过国家政治、经济、文化的共同发展,加强社会主义制度的完善和发展,从而实现社会的全面发展,建设全面发展的现代化社会。③ 在这一讲话中,江泽民首次确立了"建设有中国特色社会主义经济、政治、文化"三位一体的全面发展目标。随后,在2001年7月庆祝建党八十周年的讲话中,江泽民同志

---

① 江泽民:《文艺是民族精神的火炬》,《江泽民文选》第3卷,人民出版社2006年版,第398—399页。

② 江泽民:《在庆祝中华人民共和国成立四十周年大会上的讲话》,《十三大以来重要文献选编》中册,人民出版社1991年版,第626页。

③ 江泽民:《当代中国共产党人的庄严使命》,《江泽民文选》第1卷,人民出版社2006年版,第152—153页。

指出，社会主义社会是全面发展、全面进步的社会。全党必须明确把握物质文明和精神文明的深刻内涵，辩证地看待二者之间的关系，认识到二者之间相辅相成、协调发展的必要性，在推进物质文明发展的同时，进一步加强社会主义精神文明的建设，发动广大群众积极参与，集中精力推动社会主义社会的建设。① 与此同时，江泽民同志还确立了中国特色社会主义全面发展的根本指向，即实现人的自由全面发展。他强调一方面要不断改善人民物质生活水平；另一方面更要努力提高人们的道德素养与文化素质，以科学的理论武装人，以高尚的精神塑造人，以正确的舆论引导人，以优秀的作品鼓舞人，培育"四有"新人，实现人的自由全面发展。江泽民同志有关社会主义全面发展的战略思想，明确指出了社会主义社会的本质要求与目标取向，是对邓小平"三位一体"战略目标及其"两手抓，两手都要硬"战略方针的继承与发展，为全面建设小康社会确立了更加明晰的奋斗目标。

三　确立建设有中国特色社会主义文化纲领

1991年7月，江泽民在庆祝建党七十周年讲话中，明确阐释了"有中国特色社会主义文化"这一基本概念，并确立了建设"有中国特色社会主义文化"的战略目标和基本要求。他在党的十五大报告中完整提出了建设有中国特色社会主义的文化纲领，培养有理想、有道德、有文化、有纪律的"四有"公民，以马克思主义为指导，建设具有中国特色社会主义的文化。② 可以看出，这一基本纲领是对前人文化建设思想的继承和发展，将毛泽东思想与邓小平理论辩证结合，结合中国现阶段国情和时代特色，确立

---

① 江泽民：《在庆祝中国共产党成立八十周年大会上的讲话》，《江泽民文选》第3卷，人民出版社2006年版，第276页。
② 江泽民：《高举邓小平理论伟大旗帜，把建设有中国特色社会主义事业全面推向二十一世纪》，《江泽民文选》第2卷，人民出版社2006年版，第17—18页。

了具有中国特色的社会主义文化建设新思想,明确了社会主义初级阶段的战略任务,指明了这一阶段文化建设的发展方向,并进一步确定了中国特色社会主义文化建设的最终目标,在文化建设发展的新时期作出了重要贡献。

四 制定"科教兴国"发展战略

"科教兴国"发展战略是以江泽民同志为核心的党中央领导集体,在继承和发展邓小平理论的基础上,认真分析与科学总结近代以来特别是当代世界的经济、社会与科技发展的基本趋势和经验,充分研判未来科技特别是高新技术对综合国力、社会经济结构、人民生活与现代化进程的深刻影响,结合国情,为实现我国社会主义现代化"三步走"的宏伟目标而提出的重大战略。在1992年10月党的十四大报告中,江泽民强调,只有提高科技水平和劳动者素质,才能使得经济建设得到进一步发展。并于1995年5月首次提出了"科教兴国"的发展战略。他强调科学技术是第一生产力,坚持教育为本,将教育发展提到社会建设的重要发展地位,以提高青年创新创造能力作为学校教育的重要任务。加强核心技术创新,把握核心技术,掌握商业贸易话语权,以提高科技进步和劳动者素质作为经济发展的新途径、新方法,将科学技术转化为生产力,并以此带动国家经济发展。提高全民族的科技文化素质,加强经济发展人才队伍建设,加速实现国家繁荣强盛。① 此后,江泽民在一些重大会议中反复强调了"科教兴国"的重要战略地位,并进一步明确了科教事业发展的目的、原则与任务等,强调发展教育与科学是文化建设事业的基础,一定要把教育与科技置于优先发展的战略地位,并强调进一步提升劳动者的综合素质必须通过发展教育与科技,只

---

① 参见江泽民《实施科教兴国战略》,《江泽民文选》第1卷,人民出版社2006年版,第428页。

有发展教育与科技才能推动物质文明、精神文明建设。

五 提出"以德治国"基本方略

"以德治国"的科学发展方略是以江泽民同志为核心的党中央领导集体在我国社会经济步入新的发展战略时期提出来的,它是在认真总结国内外治国理政经验的基础上作出的正确决策,也是对马克思列宁主义、毛泽东思想与邓小平理论的重大创新与发展。2001年1月,江泽民首次提出了"以德治国"的基本方略。他强调,我们要坚持中国特色社会文化建设与社会主义法制建设两手抓。不仅要坚持加强法制建设,不断完善法律法规,不断规范执法方式,坚持依法治国。而且要坚持道德建设,坚持马克思主义的指导地位,加强意识形态工作,坚持以德治国。为了促进国家的兴旺发达,广大人民安居乐业,坚持物质文明与精神文明同样重要的原则,我们应始终坚持法制建设与道德建设相统一的原则,坚持依法治国与以德治国相统一的原则。① 党的十六大报告指出,依法治国和以德治国相辅相成。要建立与社会主义市场经济相适应、与中华民族传统美德相承接的社会主义思想道德体系。② 江泽民提出的"以德治国"与"依法治国"相统一的重大战略思想,不仅是对中华民族优秀治国文化的传统、邓小平"教育和法制是文化建设重要手段"思想的丰富与发展,也是我们党治国的基本方略,为加强文化建设特别是思想道德建设提供了科学的指导原则。

六 确立社会主义文化建设的基本原则

毛泽东和邓小平在不同的历史时期,都不同程度地阐释了中国

---

① 参见江泽民《大力弘扬不懈奋斗的精神》,《江泽民文选》第 3 卷,人民出版社 2006 年版,第 200 页。

② 参见江泽民《全面建设小康社会,开创中国特色社会主义事业新局面》,《江泽民文选》第 3 卷,人民出版社 2006 年版,第 560 页。

特色社会主义文化建设的发展方向和基本原则。以江泽民同志为核心的党中央领导集体，在初步了解我国文化建设情况的基础上，分析了新时期国家文化建设的主要问题和现实特征，对文化建设的基本原则进行了创新与发展。江泽民坚持以马克思列宁主义、毛泽东思想与邓小平理论为理论指导，增加了以"三个代表"重要思想引领社会主义文化建设的重要内容，强调改革开放新时期文化建设应弘扬主旋律，倡导多样性，贯彻坚持"二为"方向与"双百"方针；在继承弘扬中华民族文化优秀传统文化的同时，积极借鉴汲取世界各民族优秀文化，虚心学习与发展一切与国家文化建设发展相适应的优秀文化，并在内容和形式上不断创新，形成具有中国特色的社会主义文化；坚持文化先进性与广泛性相统一的要求，不断增强文化创新，加强文化普及，提高全民族文化素养，推进我国文化建设迈向新征程。

第四节　全面建设小康社会时期的文化（2002—2012）

文化的繁荣是全面建设小康社会的题中应有之义，也是其重要内容与奋斗目标。党的十六大以来，社会主义的先进文化建设受到了以胡锦涛同志为核心的党中央的高度重视，在对国内外形势的科学判断下，在对世界文化发展新趋势的全面把握下，在对国家现阶段发展情况分析下，在对国家社会主义文化建设进程深刻分析下的基础上，全面提升对中国特色社会主义文化建设基本规律的认识，提出了与时代相适应、与发展相吻合的文化发展观。胡锦涛强调，应在解放和发展现代文化生产力的同时，不断增强社会主义先进文化的生命力、吸引力。胡锦涛结合时代发展的新要求，提出了能够提升国家文化软实力，促进国家全面发展的新思想，丰富并发展了马克思主义学说，拓宽了社会主义文化建设研究的领域。胡锦涛深刻指出，只有加强社会主义文化建设，才能更好地全面建设小康社会，才能实现中华民族的伟大复兴。文化建设同政治文明建设、经济建设具有同等重要的战略地位，作为中国特色社会主义事业总布局的重要组成部分，是实现中华民族伟大复兴战略目标的关键步骤。因此，必须在全面贯彻落实党的"五位一体"总体建设布局的同时，更加注重对文化建设的积极推动和发展。可以说，胡锦涛关于文化建设的思想是对党的历代中央领导集体思想的继承与发展，是在全面建设小康社会的大背景下所作出的理论概括，是与时俱进的产物，不仅深入践行了科学发展观的要求，为全面建成小康社会提供了有效方向指南，也促进了我国的文化体制的改革，为我国的文化大发展、大繁荣奠定了良好的基础条件。

一 以科学发展观引领文化大发展

2003年7月28日以胡锦涛同志为核心的党中央在深刻把握我国基本国情的情况下，在继承邓小平理论，"三个代表"重要思想的前提下，把握时代发展的大趋势、大潮流，创造性地提出了科学发展观这一重大的具有历史性的战略思想。胡锦涛在讲话中深刻表明了要坚持以人为本的战略思想，为整个社会的发展投入更多的人文关怀，让社会更有人情的温度。我们要深入贯彻落实全面、协调、可持续的发展观，由此带动社会的可持续性发展，拉动社会的需求，促进社会中每一个人的全面发展。此外还要统筹城乡发展、区域发展、人和自然的和谐相处共同发展。要在社会主义的进程中深入推进科学发展观的落实，为促进社会主义各项事业的协调全面发展而共同努力奋斗。科学发展观要坚持的四大原则是：以人为本、全面发展、协调发展、可持续发展。深入贯彻落实科学发展观不仅有利于促进我国经济、政治、文化、社会的全面发展，还有利于营造良好的社会风尚，有利于提高社会文明的发展程度和整个社会的发展质量和人民的生活水平。此外，贯彻落实科学发展观对文化的繁荣与发展具有不可估量的作用。在经济全球化的背景下，各国之间的竞争主要体现在以综合国力为主要内容的较量上，其中文化软实力的分量被大大提高了，所以文化的建设和发展是社会发展中的重要动力源泉。文化发展的指导思想必须坚持科学发展观的引领作用，以科学发展观为指导思想，端正正确的文化发展心态，加快我国文化事业和文化产业的发展，增强我国的文化软实力，提高我国的国际竞争力。文化发展的大格局要坚持以科学发展观为引领，这一时期以胡锦涛同志为核心的党中央领导集体对文化发展战略思想的突出贡献在于明确了文化发展的大方向，指明了文化发展的新道路，确定了新的文化发展新观念。1993年党的十四届三中全会上，我国正式提出了要从计划经济的体制下解放出来，建立与我国社会主义制度相适应的市场经济体制，市场经济并不是资本主义制度所特有的，是要根据实际情况而确定的。建设社会主义市场经济就要建设与之相对应的社会主义新的文化发展观。① 2006年9月《国家"十一五"时期文化发展规划纲要》指出：我们要深入贯彻落实科学发展观，切实把广大农民群众的文化利益作为发展的目标，把人民群众的需求作为文化发展的出发点和落脚点。我们要冲破一切文化发展的束缚，认清文化建设发展的新方向、新目标、新格局。不断释放文化发展的新动力，树立新的文化发展观，促进文化与社会主义市场经济的协调发展。② 深入贯彻落实胡锦涛提出的科学发展观，就是要把全力维护广大农民群众的利益，把文化的建设发展落实到实处，一直把人民作为文化建设的受益者和发展的主体地位。

---

① 参见中共中央文献研究室编《十六大以来重要文献选编》（上册），中央文献出版社2005年版，第541页。
② 同上。

新的文化发展观与科学发展观相契合，是建设和谐社会的顺应，是关于文化发展方针、文化发展的战略地位、文化发展的前进方向和内在的迸发力以及文化发展的布局与目标的总体看法及其根本观点。以胡锦涛同志为核心的党中央领导集体在推进文化发展战略指导思想时，最主要的贡献在于坚持用科学发展观对文化事业的统领，树立新的文化发展观，发挥文化发展观的实际作用。具体而言，就是要求我们坚持以人为本、全面协调可持续的科学发展观，胡锦涛在中国作协第七次全国代表大会和中国文联第八次全国代表大会上的讲话中明确指出，在经济全球化潮流不可逆的当代社会中，文化建设在全国的建设中具有不可忽视的重要作用，文化战略地位的重要性凸显，不仅意味着我们要加快文化发展的步伐，还要强调文化发展的内在质量和由此产生的辐射作用。我们要掌握文化发展的主导权，抢占新的文化制高点，才能在激烈的国际竞争中取得一席之位。怎样突破我国文化发展的束缚，准确定位我国文化发展的历史状况，找到文化发展新的增长点，增强我国的文化软实力，提高我国的国际竞争力，是我们现阶段迫切需要解决的重要难题。[1] 我们必须毫不动摇地逐步探索我国文化发展的新的前进方向，必须坚持马克思主义的指导思想，坚持党的领导地位毫不动摇，坚持社会主义所特有的先进文化前进方向；深入挖掘文化发展的强大动力，促进社会主义精神文明建设与文化建设一起抓，以适应社会主义经济的发展要求。大力解放与发展文化生产力，拓展对文化发展思路的认识，坚持一手抓民营性文化产业、一手抓公益性文化事业，努力做到两手抓两手都要强。坚持以广大人民群众的利益为出发点，以人民群众愿意接受的形式创造更多的文化精神产品，满足人民对美好生活的新向往、新需求。坚持以实现每个人全面而自由

---

[1] 参见中共中央文献研究室编《十六大以来重要文献选编》（上册），中央文献出版社 2005 年版，第 762—763 页。

的发展为宗旨，为实现社会主义强国提供可靠的人才资源和文艺创作的精神源头，为实现中华民族伟大复兴提供强大的精神动力与智力支撑。

二 以深化体制改革解放发展文化生产力

正如我们所看到的一样，在经济速度飞速猛进的当代世界中，文化的作用越来越突出了，各国综合实力的较量主要集中在文化建设的领域。文化产品作为重要的部分，其影响力越大，吸引力越强，越有利于国家综合国力的提高。所以，深化文化体制改革，推动文化事业发展与繁荣日益受到世界各国的高度重视。胡锦涛同志强调：加快推进我国的文化建设不仅要完善相应的文化体系制度建设，还要贯彻落实党的指导思想，用科学发展观去指导文化建设，促进文化事业和文化产业的共同繁荣和发展。这不仅是关系到广大人民群众的利益能否落到实处；关系到全面建设小康社会的目标能否如期实现；关系到中国特色社会主义事业的总体战略方针；还关系到实现中华民族伟大复兴的进程。[①]《中共中央关于深化文化体制改革 推动社会主义文化大发展大繁荣若干重大问题的决定》在2011年10月明确指出了文化体制改革的重要意义与路径发展问题，为推进体制改革解放发展文化生产力指明了道路方向、提供了基本行为上的依据。

党的十六届四中全会指出：要全面深化文化体制改革，彻底解放和发展文化建设的生产力。这是首次以党中央的名义在相关文件中正式提出"解放和发展文化生产力"的命题，它说明我们党开始系统深入地研究文化发展与文化体制改革，并获得了相对成熟的认识。文化创新是继科技创新之后又一新的概念。建设创新型国家当

---

① 参见《胡锦涛在中共中央政治局第二十二次集体学习时讲话》，《人民日报》2010年7月24日。

然离不开文化创新,文化创新的路径有很多,但文化创新最基本的要求就是要立足于社会实践,要在社会实践的基础上继承前人的优秀成果,以适应时代的新需求、新要求。文化创新的形式是多种多样的,我们要在尊重不同民族文化较大差异的基础上,进行相互的文化交流和借鉴,共同促进人类文化的繁荣与发展。文化既是民族的,又是世界的,必须要坚持文化体制改革,大力发展文化生产力。中共中央、国务院在《关于深化文化体制改革的若干意见》中深刻提出,文化体制改革的总体目标是:将改革作为动力,发展作为主题,以体制机制的创新作为重点,以公有制为主体、多种所有制共同发展的文化产业格局和自由、平等、开放、有序的现代文化体系。因此,增强文化的发展活力,必须坚持与时俱进、推进文化创新,只有在继承优秀传统文化的基础上进行创新才能展现文化深厚的底蕴,我们要学会批判地继承传统文化,在当代社会中,我们的文化是一脉相承的,具有五千年的历史底蕴,我们既不要完全照搬西方的发展模式,也不要停留在原地不动。传统文化只有与新时代的新元素、新理念相结合,并立足于社会实践,才能更好地继承和发扬。只有不断扬弃与创新,先进文化才能展现出无穷的生机与活力,中国的文化才能更加熠熠生辉。胡锦涛同志指出:"结合时代发展的新要求,结合我国文化建设的历史经验和教训,在实践中不断推动文化体制的改革与创新,不断解放和发展文化创新的内在生产力和充足的创新力量,为文化的繁荣提供足够的人才保障和资金保障,这才是文化发展首要解决的重大问题,也是繁荣文化必须经过的路径。"① 文化建设的核心就是要加大对文化创新的研发力度,可以在形式上、内容上、方法上等方面进行创新,要激发全民族的文化创造活力,为广大的文学艺术家提供良好的创作环境,尽

---

① 参见中共中央文献研究室编《十七大以来重要文献选编》(上册),中央文献出版社2009年版,第28页。

可能地创作出切合广大人民群众利益、反映广大人民群众智慧结晶的文艺作品。让高高在上的作家到基层去体会，去领悟人民群众的生活状态和水平，领略淳朴的乡风民俗，感受人民群众智慧的深邃，使之创造出贴近民情的文化作品。胡锦涛同志在党的十八大报告中明确指出：加快建设社会主义文化强国的步伐，最关键就是要增强全民族的文化创造力、激发人民群众的创作激情。[①] 必须紧跟时代前进的潮流，以当下正在做的事情为中心，既要以积极的心态去继承传统文化的精华部分，又要主动吸收外来文化的优秀成果。走在世界科技文化发展的前列，抢占世界文化高地，以开放意识、历史眼光、包容精神与平和心态，创造出既富有优秀民族传统又具有鲜明时代特质，既扎根中国大地又面向世界，既立足现实又着眼未来的先进文化。

三　以建设社会主义先进文化增强党的执政能力

文化建设作为我国"五位一体"战略布局中的重要组成部分，它不仅是整个社会文明程度的重要尺度标志，还是我国现阶段的重要任务之一。它与经济建设、政治建设、社会建设、生态文明建设一起构成了中国特色社会主义的总体战略布局。历史实践充分证明，文化是经济社会发展的不竭动力和源泉。文化建设作为"五位一体"总体布局之一，在中国特色社会主义事业中发挥着巨大的作用。文化作为一种精神力量，能够起到陶冶情操的功能。文化对人的影响是潜移默化、深远持久的，具体表现在文化影响人们的交往方式和行为，不同地区的人们受不同文化的感染，所产生的作用是不一样的。文化能够丰富人们的精神世界，能够塑造人们心灵。文化建设有为社会主义建设提供坚强的思想保障、强大的精神动力等

---

① 参见《坚定不移沿着中国特色社会主义道路前进 为全面建成小康社会而奋斗》，《人民日报》2012 年 11 月 9 日。

重要职能。大力促进先进文化的发展可以增强我国的文化自信和文化自觉，充分彰显社会主义强大优越性。建设好中国特色的社会主义文化需要立足于人民群众的立场之上，满足人民群众的精神文化需求，构建社会主义先进文化的前进方向，促进整个社会的文明进步。换句话说，假如我们不重视社会主义先进文化的建设和发展，不坚持先进文化的建设方向，就无法提高我国的文化软实力、就不能增强我国的综合实力。如果没有先进的文化理念的指导，人民的精神世界就无法得到满足，就没有国家富强、人民安居乐业，就不会有人民幸福生活与民族复兴的强大合力。如果没有主流价值舆论的引领，就无法确立国家、民族与社会的浩然正气。文化的繁荣和发展不仅关系到社会主义的文化建设，更关系到人民群众迫切需要的精神文化需求和对美好生活的向往需求，文化不仅能为经济的生产力提供强大的精神动力和智力支持，还能陶冶人们的精神世界，把世界变得更加美好。① 胡锦涛同志在重要讲话中多次谈到，要始终坚持中国特色社会主义先进的文化方向丝毫不动摇，要不断用社会主义文化丰富广大人民群众的精神世界，增强广大人民群众的精神力量，一起抵御外来文化以及各种腐朽落后的思想观念对我国社会的渗透和侵蚀。

党的十六大以来，以胡锦涛同志为代表的党中央一直深入推进中国特色社会主义文化建设的伟大事业，既承继前人又不断创新，从历史中汲取经验，从实践中探寻规律，坚持社会主义先进文化的前进方向，解放思想、与时俱进，继续深化了对文化建设基本规律的认识，在原来的基础上丰富和发展了马克思主义的文化建设理论。进入新的历史时期，我们必须努力建设社会主义先进文化，使它尽可能地接近和达到世界先进文化水平，使它更能提升我国的文

---

① 参见中共中央文献研究室编《十六大以来重要文献选编》（上册），中央文献出版社2005年版，第366页。

化软实力和综合国力,使中国以更加雄伟的姿态屹立于世界民族之林。我们要以更加宽容、开放的胸怀去拥抱世界,去吸收借鉴国外世界各民族的优秀文化成果,在结合我国的基本国情,坚持立足于社会主义实践的基础上创造更丰富、更具有中国风格的文化作品,以满足人民群众的精神文化需求。正如胡锦涛同志在庆祝中国共产党九十周年大会上所描述的那样,"我们要努力发展具有社会主义特色的中华文化,坚持文化的传播与发展,推动中华文化打开国门,走向世界,让更多的世界友人感受中华文化的博大精深,领略中华文明的源远流长。形成与我国国际地位相匹配的文化软实力和国际竞争力,提高党的执政能力。"① 站在新时期的历史坐标上,党的十六届四中全会制定了加强党的执政能力建设的五大重要任务,其中之一就是要不断加强我国建设社会主义先进文化的能力。具体而言,我们要努力建设社会主义文化、着力提升建设先进文化的能力,具体步骤体现在以下五个方面:第一,坚持走中国特色社会主义道路,不断提升我国的综合国力;第二,社会主义文化的建设和发展要与我国经济发展水平相匹配,要符合市场经济的基本要求,促进文化经济相辅相成、共同发展的局面;第三,坚持党的路线方针毫不动摇,不断激发文化产业和文化事业的创造力、吸引力;第四,传承、吸收、弘扬中外一切优秀文化成果,坚持以我为主,为我所用的基本原则;第五,积极推动我国的文化产业走出国门、走向世界,不断提升文化交流互动的综合能力。

四 以和谐文化建设构筑社会主义核心价值体系

中国共产党人在新的历史时期,根据时代新的需求,创造性地提出了要构建社会主义和谐社会的重大战略思想。社会主义和谐社

---

① 参见《在庆祝中国共产党成立90周年大会上的讲话》,《人民日报》2011年7月2日。

会的重要组成部分就是和谐文化。和谐文化的内涵,"是指一种以和谐为思想导向和价值取向,以倡导、阐释、研究、传播、实施、奉行和谐理念为主要内容的文化形态、文化现象和文化形状。它主要包括价值体系、思想观念、行为规范、社会风尚、文化产品、制度体制等多种存在方式。"建设和谐文化是中国特色社会主义文化建设的关键任务。2006年10月,党的十六届六中全会通过的《中共中央关于构建社会主义和谐社会若干重大问题的决定》明确指出,建设和谐文化是我国近阶段的重要战略目标,是建设社会主义和谐社会的关键步骤。建设社会主义和谐文化的根本就是要践行社会主义核心价值体系。社会主义核心价值体系主要包括四个方面的内容,即马克思主义指导思想、中国特色社会主义共同理想、以爱国主义为核心的民族精神和以改革开放为核心的时代精神以及社会主义荣辱观。胡锦涛同志在多个重大场合多次明确指出建设和谐文化与构建社会主义和谐社会的辩证关系:和谐文化不仅是和谐社会的重要组成部分,也是现代社会发展所必需的一种文化现象,它能满足人们对精神文化产品的需求,也是构建社会主义核心价值体系的迫切需求,要大力宣扬以"八荣八耻"为主要内容的社会主义荣辱观,使之成为构建社会主义和谐社会的精神纽带。[1] 胡锦涛多次强调:我国现阶段的主要任务就是要大力发展社会主义和谐文化,为构建社会主义和谐社会奠定良好的基础。[2] 建设社会主义和谐文化就是要坚持马克思主义的指导地位,在科学发展观的指导下,既要承继中华优秀文化遗产,又要积极吸纳其他国家与民族的优质文化成果,充分激发人民的主动性和创造性,加强对公民进行思想道德教育,为构建社会主义和谐社会奠定良好群众基础和精神根基。

---

[1] 参见中共中央文献研究室编《十六大以来重要文献选编》(下册),中央文献出版社2008年版,第753页。

[2] 同上。

建设社会主义和谐文化，就必须深入贯彻落实社会主义的核心价值体系的基本内容。应当看到，当代中国面临的意识形态领域的斗争形势依然十分严峻，我们要坚持马克思主义的指导地位，用社会主义意识形态的思潮来引领人们的价值观，增强社会主义文化的吸引力和感染力。只有加强社会主义核心价值体系的建设，才能让广大的人民群众具有更多的民族认同感和归属感，才能共同守护我们的精神家园。① 在推进中国特色社会主义宏大实践中我们党结合实际，创造性地提出了社会主义核心价值观，在国家层面提倡富强、民主、文明、和谐，在社会层面提倡自由、平等、公正、法治，在个人层面提倡爱国、敬业、诚信、友善，这就使得我们每一个人在实践中知道自己该做什么、怎么做。综上所述，我们所建设的和谐文化，为社会主义核心价值体系建设提供了很好的支撑，也为我们社会主义文化建设丰富了内容，集中体现了我们社会主义国家人民对先进文化的追求，体现了我们中华文化的独特魅力。

五　以提升文化软实力推动社会主义文化大发展大繁荣

文化软实力是综合国力的重要组成部分，它集中体现了一个国家文化总体实力与在世界上的地位。文化软实力，对内它可以起到凝聚人心，激发人们的创造力和向心力，团结广大人民群众的作用；对外可以表现出自己独特的吸引力和辐射力，吸引世界人民的眼球，展现自己的独特魅力。受世界多极化和经济全球化的影响，人们的思想认识发生了深刻的变化，文化的竞争取代经济与军事实力的竞争成为综合国力强弱评定的重要因素，文化软实力在国际竞争中的地位与作用越来越突出。我们在国际竞争中一方面要注意提升经济、军事和科技等硬实力，同时要注意不断推动文化创新创

---

① 参见中共中央文献研究室编《十七大以来重要文献选编》（上册），中央文献出版社2009年版，第26页。

造，提升文化软实力，这样才能在日益激烈的国际竞争中立于不败之地。这就需要我们能够充分认识并全面重视文化建设对于我们的国家繁荣富强的重要作用。胡锦涛同志指出，现在文化的作用越来越突出，地位越来越重要，我们要努力抢占文化发展的制高点，掌握文化发展的主导权，才能在激烈的国际竞争中取得一席之位。他同时强调我们要努力找准我国文化发展的方向，提升我们国家的文化软实力是我国刻不容缓需要开展的任务。[①] 所以我们要重视，要鼓励人民群众勇于创造，推动社会主义文化蓬勃发展，不断提升我们的文化软实力。

文化是民族的血脉，中华优秀文化是中国人民五千年历史上创造出的瑰宝，文化在一个国家的发展过程中起着非常重要的作用。物质文明和精神文明，在人类的发展中起着重要的支撑作用。人类的历史发展证明，只有文化的积累与传承，人类社会才能不断进步，2003年4月胡锦涛在广东省考察工作结束时的讲话中指出，一个国家、一个民族，如果没有深厚的文化底蕴，如果不能不断地进行文化创新创造，整个民族的文化软实力就不会强，整个民族也很难发展壮大，在世界竞争中就会处于弱势地位。民族的觉醒源自于文化的觉醒，民族的强大必须要有先进的、优秀的文化作为支撑，只有有先进文化的支撑，一个国家、一个民族才会在发展中有源源不断的动力，不断向前。胡锦涛在党的十七大报告中指出，在当今社会，文化在综合国力的竞争中发挥着不可或缺的作用，我们一定要坚持正确的方向，激发全民族的文化创新创造活力，这样才能更快更好地提升国家文化软实力，丰富社会文化生活，昂扬人民的精神风貌。在党的报告中正式出现"国家文化软实力"，这充分体现了我们党在新的时代要求下的高度文化自觉意识，社会主义文化大

[①] 参见中共中央文献研究室编《十六大以来重要文献选编》（上册），中央文献出版社2005年版，第762—763页。

发展大繁荣的实现上升到民族伟大复兴的战略高度。提升国家文化软实力、实现社会主义文化大发展大繁荣,我们必须弘扬先进文化,发扬民族精神。民族精神在国家综合国力中占据着重要地位,国家的富强昌盛,民族的发展壮大,不仅需要强大的物质基础,还需要背后强大的精神力量。① 胡锦涛强调民族精神要不断发展,要根据时代的发展与变迁,再赋予民族精神以新的内涵,要结合时代特点融入新的精神,要与时俱进把新的精神融入其中,这样才能够给广大人民以巨大的精神鼓舞,成为人们重要的精神支撑。同时我们也要善于把人民的爱国之情有效融入社会主义建设的伟大实践中,要不断提高中华文化的吸引力与影响力,用它独特的魅力吸引广大人民群众。增强国家文化软实力、实现社会主义文化蓬勃发展,必须要增强公民思想道德建设,提升全体人民的思想道德水平,使得人们的各方面素质都得以提升,只有这样,我们才能够不断提升国家的文化软实力,促进人们的思想道德建设和先进文化建设达到一个新的高度与水平。一个国家只有人民思想道德水平高,文化素质高,才能实现社会和谐,国家不断向前发展。② 我们要不断加快文化建设的脚步,发扬社会主义先进文化,努力让人们坚定信念,树立共产主义理想,不断提升自身素质,为不断提高国家文化软实力而不懈奋斗。同时在提高人们思想道德素质的同时,也要不断提高人们的科学文化素质,只有这两个素质的不断提高,我们才能够不断增强人们的精神力量,为努力构建学习型社会,营造良好的社会氛围,让人们在人人向学的思想氛围中得到良好的熏陶,从而努力提升自己。我们要努力使人们能够尊重科学、重视学习,同时也要注意为人们提供多种多样的学习方式与平台,让人们在学

---

① 参见《在抗震救灾先进基层党组织和优秀共产党员代表座谈会上的讲话》,《人民日报》2008年7月1日。
② 中共中央文献研究室编:《十六大以来重要文献选编》(中册),中央文献出版社2006年版,第710页。

习的过程中不断提高自身素质，使得全社会都能够重视学习，促进人们树立终生学习的理念，不断提高自己各方面素质。在提倡人们努力学习的过程中，要注意提倡科学的方法，使得人们相信科学，崇尚科学，使全民族的素质得以提高。① 提升国家文化软实力、实现社会主义文化大发展大繁荣，必须积极批判历史虚无主义、新自由主义与新儒家思潮，坚持马克思主义的科学指导地位，紧紧握住意识形态工作的主导地位，用先进的思想武装人民，给人民以正确的启发与教导。

胡锦涛同志关于文化建设的思想是党的十六大以来我们党立足中国特色社会主义宏大实践，顺应符合时代要求和人民意愿的重大举措。胡锦涛同志关于文化建设的思想，以其特有的先进性与科学性，始终代表广大人民的利益，不断感召人民，提供了正确的价值导向为我国社会主义文化建设作出了巨大贡献，提供了很好的指导思想。他的文化建设思想结合实际，不断深化，重视政治、经济、文化、社会建设的统筹规划，四位一体，不断发展。他从提升关于建设社会主义先进文化的能力到增强国家文化软实力，我们党不断加深对市场经济条件下的中国特色社会主义文化建设的规律性探索与认识，以及对我国文化发展战略的重要地位作用、前进方向、动力源泉、主要思路、发展布局和目标的认识不断深化。胡锦涛同志的文化建设思想，是对马克思文化理论的进一步发展和创新，是对21世纪以来党关于文化建设经验的科学总结，为我国社会主义文化建设提供了指导思想，体现了科学的唯物辩证法思想、高瞻远瞩的战略眼光和统筹规划的全局意识，使社会主义文化建设不断提高到新的高度，同时也为我国的文化建设发展战略提供了丰富的理论成果，为实现中华民族的文化复兴拓宽了道路，打下了扎实基础，具

---

① 中共中央文献研究室编：《十六大以来重要文献选编》（下册），中央文献出版社2008年版，第361页。

有重要的理论价值与长远的指导意义。

第五节 新时代的文化建设（2012 至今）

中国特色社会主义进入新时代，以习近平同志为核心的党中央在继承弘扬毛泽东、邓小平、江泽民、胡锦涛的文化建设思想理论的基础上，立足于新时代国内外综合实力竞争的新发展态势以及新时代中国特色社会主义发展的新要求，把推进文化建设，努力建设社会主义文化强国作为五位一体总布局中的一个重要组成部分，紧紧结合关于文化建设的一系列重大理论成果与现实问题，发表了一系列重要讲话，提出了一系列新理念、新思想与新论断，形成了一系列内涵深刻、逻辑严密、特色鲜明、意蕴深远的文化建设思想理论。党的十八大以来，以习近平同志为核心的党中央在全面深化文化体制改革中创造了许多新经验，围绕新时代文化建设深入分析了新形势下我国文化建设的重要地位、方针原则与目标任务等，充分彰显了习近平同志关于文化建设的大智慧、大战略与大思路。作为新时代党的文化建设理论创新发展的最新成果，我们要坚定中国先进文化的前进方向不动摇，牢牢坚守社会主义意识形态的主导地位，为决胜全面建成小康社会，构筑新时代中华民族共有精神家园、实现民族伟大复兴的中国梦提供强大的精神支持。

一 新时代文化建设的战略意义

文化建设在党和国家事业发展的全局中占有重要地位，具有重大战略意义。一个国家、一个民族要想建设强大的现代化国家，不仅需要有强大的经济、政治、军事等物质硬实力作后盾，也需要有吸引力、凝聚力、渗透力十分强大的文化、价值观念、社会制度等软实力作支撑。党的十八大以来，习近平同志从坚持与发展中国特色社会主义、实现民族伟大复兴"中国梦"、推进"四个全面"战略布局的战略高度，明确了新时代的文化建设战略地位，深刻阐释了文化建设的重要战略意义，他着重从三个方面作了具体分析。首先，文化建设在新时代坚持和发展中国特色社会主义上发挥着独特的作用与价值。博大精深的中华文化是中国特色社会主义的根基，习近平同志指出，我国历史传承与传统文化决定了我们中国特色的社会主义文化建设的道路。① 所以我们要不断加强人们对社会主义文化建设发展的自觉自信，要深化先进文化的建设，坚定对中华文化与中国特色价值观念的信念和追求。同时，我们的文化建设也是"五位一体"中的重要组成部分。习近平特别强调中华优秀传统文化对文化建设的重要意义，他认为中华优秀传统文化作为中华文化的精髓，它可以为我们的社会主义文化建设提供重要的思想基础，他在中央党校建校80周年大会上的讲话中谈到，吸收和掌握中国优秀传统文化中的思想精髓会对树立正确的人生观、世界观、价值观很有帮助。其次，文化建设对于实现民族伟大复兴的"中国梦"具有重大意义。习近平指出，文化的繁荣兴盛支撑着一个国家、一个民族的强大，中华文化的繁荣发展有利于中华民族的伟大复兴。② 中华文化作为中华民族安身立命之灵魂，"为中华民族生生不息、发展壮大提供了丰厚滋养"③。在历史文明发展的过程中，中华文化发挥了巨大的作用，它促进了我们民族的独立、国家的统一、社会的进步、人民的幸福。同时，文化的繁荣发展又是实现"中国梦"的根本要求与内在动力。文化的复兴理应是中华民族伟大复兴的前提，"没有文化的弘扬和繁荣，就没有中国梦的实现"④。中华优秀

---

① 参见《习近平在中共中央政治局第十八次集体学习时强调：牢记历史经验历史教训历史警示 为国家治理能力现代化提供有益借鉴》，《人民日报》2014年10月14日。

② 参见《习近平在山东考察时强调：认真贯彻党的十八届三中全会精神 汇聚起全面深化改革的强大正能量》，《人民日报》2013年11月29日。

③ 《习近平谈治国理政》，外文出版社2014年版，第164页。

④ 《习近平出席第三届核安全峰会并访问欧洲四国和联合国教科文组织总部、欧盟总部时的演讲》，人民出版社2014年版，第16—17页。

传统文化，是我们在世界文化大花园中占有一席之地的根基，是实现中国梦的不竭力量之源，是中华民族屹立于世界民族之林的深厚软实力。不仅如此，民族复兴"中国梦"的实现也需要文化的价值引领。

最后，文化建设在助力推进"四个全面"战略布局中具有不可代替的重要作用。关于全面建成小康社会，习近平强调，我们要努力提升国家的文化软实力，它有利于我们实现"两个一百年"的奋斗目标，有利于我们实现中华民族的伟大复兴。关于全面深化改革，习近平认为，文化体制改革是全面深化改革的重要环节，强调文化建设对于思想的解放和共识的形成有巨大帮助，有利于我们推进现代化的治理方式，提升现代化的治理能力。关于全面依法治国，习近平深刻分析了依法治国与以德治国的辩证关系，提倡大力建设我们社会主义的法治文化，要始终坚持"以道德滋养法治精神、以道德支撑法治文化"[1]，努力为依法治国建设提供良好的环境与氛围。关于全面从严治党，习近平强调马克思主义政党一定要保持思想纯洁，这是保持自身纯洁性的根本。关于全面从严治党，关键在于我们要让广大共产党员严于律己，坚定崇高的理想信念，发挥先锋模范作用，"注重解决好世界观、人生观、价值观这个'总开关'问题"[2]，从而坚定对中国特色社会主义的道路自信、理论自信、制度自信与文化自信。

二 新时代文化建设的指导思想

理论指导决定文化建设的性质、方向。坚持正确的理论指导，牢牢把握意识形态的话语权，有助于促进文化建设保持正确的方

---

[1] 参见习近平《加快建设社会主义法治国家》，《求是》2015年第1期。
[2] 参见《习近平同中央党校县委书记研修班学员座谈强调：做焦裕禄式的县委书记 心中有党心中有民心中有责心中有戒》，《人民日报》2015年1月13日。

向。马克思主义理论是一种先进的科学理论体系,马克思主义作为我们党和国家的思想基石,是建设社会主义文化的理论指导。新时代文化建设最鲜明的特征就是我们要坚持马克思主义的指导。马克思主义作为一种先进的理论,在中国的革命、建设和改革中已经被反复证明,所以在新时代的文化建设中我们要坚定不移地坚持马克思主义的指导。马克思主义是新时代文化建设的政治指导与方向引领,是我们应当长期坚持的科学指导思想。坚持马克思主义的指导,是我们社会主义文化建设的明显特点。越是多变、多元的社会文化思想,加强主流的意识形态建设就越重要,坚持高唱主旋律,弘扬正能量。新时代的文化建设,最重要的是我们要始终坚持马克思主义的指导,占领思想文化阵地要旗帜鲜明地坚定马克思主义先进理论,巩固壮大主流的思想舆论,是习近平总书记对文化建设的殷切期望。坚持马克思主义对文化建设的科学指导,就是要发挥其主旋律与主心骨作用,从根本上看,就是不断巩固其在意识形态领域中的主导地位。习近平总书记指出,意识形态工作是党的一项极端重要的工作。我们在复杂的斗争与局面中要牢牢掌握意识形态领域的话语权,高度重视意识形态领域的工作。[1] 他强调指出做宣传工作就是要不断巩固马克思主义在意识形态领域的指导地位[2],我们文化建设的全局与党和人民事业的兴衰成败与意识形态的工作息息相关。牢牢巩固马克思主义在意识形态领域的指导地位,必须首先处理好重点人群与关键阵地的工作。习近平强调指出,一是全党同志特别是领导干部要系统学习与掌握马克思主义理论体系,要在切切实实地掌握原理的基础上贯彻运用其中的立场观点方法,努力做到真学、真懂、真信、真用,进而在复杂的形势下我们依然能够

---

[1] 《学习习近平总书记8·19重要讲话》,人民出版社2013年版,第1页。
[2] 同上书,第2页。

坚持正确科学的指导思想,坚持文化建设的正确方向。① 同时他也强调,我们要坚持辩证唯物主义与历史唯物主义的世界观和方法论的学习,要坚持用科学正确的思想武装人民。② 二是提出要把互联网舆论工作放在文化建设的突出位置,网上舆情的主动权和话语权要努力用社会主义的主流意识形态来掌控。对此,习近平总书记还提出了"两手抓"的重要思想:一手抓"融合",也就是我们注意把传统媒体与我们的新媒体进行融合。我们要注意打造一批手段先进,形式多样化的新型主流媒体,努力构建具有传播力、公信力的新型媒体集团。③ 一手抓"管理",对于网上关于意识形态的激烈斗争,我们要注意积极关注,着力解决,要第一时间对违背主旋律的错误思想进行纠正,要打造风清气正的网络舆论环境,使得网络可管可控。三是我们一定要抓好高校学习、宣传与研究马克思主义,抓好高校意识形态工作。习近平强调,在高校意识形态工作的开展中,要牢牢把握领导权与主动权,坚持马克思主义的指导,这是"办好中国特色社会主义大学的根本保证"④。为了贯彻落实这一精神,中共中央专门印发了《关于进一步加强和改进新形势下高校宣传思想工作的意见》,明确了我们加强高校意识形态工作是一项战略工程、固本工程与铸魂工程,需要统一部署推进。⑤ 我们要从中国的实际出发,发挥"三个面向"的重要作用,同时我们也要注意

---

① 习近平:《在中央党校建校80周年庆祝大会暨2013年春季学期开学典礼上的讲话》,人民出版社2013年版,第8页。

② 参见《习近平在中共中央政治局第二十次集体学习时强调:坚持运用辩证唯物主义世界观方法论 提高解决我国改革发展基本问题本领》,《人民日报》2015年1月25日。

③ 《习近平主持召开中央全面深化改革领导小组第四次会议强调:共同为改革想招 一起为改革发力 群策群力把各项改革工作抓到位》,《人民日报》2014年8月19日。

④ 《习近平就高校党建工作作出重要指示强调:坚持立德树人思想引领 加强改进高校党建工作》,《人民日报》2014年12月30日。

⑤ 《中办国办印发〈意见〉加强和改进新形势下高校宣传思想工作》,《人民日报》2015年1月20日。

不断发展社会主义先进文化，推动精神文明建设，推动我们的中华优秀传统文化不断发展，不断提升人们思想觉悟、道德水平与文化素质，不断推动中华文化繁荣发展。

三　新时代文化建设的基本方针

新时代文化建设的顺利推进须按照科学的基本方针，科学的基本方针是文化建设正确开展的引领与规范，关乎着党与人民的切身利益。为此，以习近平同志为核心的党中央对新时代文化建设的基本方针问题高度重视，从不同视角进行系统而深入的论述，他认为，我国文化建设应当遵循如下基本方针。

（一）坚持弘扬主旋律与提倡多样性的统一

弘扬主旋律，就是在当代多元化思潮的背景下坚持马克思主义，坚持积极鼓劲、正面宣传为主，要加强对中国精神、社会主义的核心价值观与中华优秀传统美德等主流价值取向的大力宣传。关于弘扬主旋律的内在依据，习近平同志指出，面对当今世界新的历史特点与困难挑战，必须发挥主流思想舆论的作用，弘扬主旋律，传播正能量，形成全社会团结拼搏的氛围。① 毋庸讳言，思想文化的多样性是其自身发展的根本要求，而提倡多样性，就是要充分重视学术民主、艺术民主，促进不同学派、不同艺术形式、不同观点之间的交流与讨论，最终促进它们不断进步、共同发展。

（二）坚持批判继承与创新发展的统一

中华民族具有悠悠五千年的历史，在这悠久的历史中，中华民族形成了多姿多彩、博大精深的文化体系。习近平同志站在新时代的战略高度，旗帜鲜明地反对全盘接受或全盘否定的绝对主义观点，强调我们对待传统文化要有科学的态度，对其中好的、优秀的东西我们要在继承的基础上不断发展，对其中不好的、落后的文

---

① 参见《学习习近平总书记8·19重要讲话》，人民出版社2013年版，第3页。

化，我们要坚决否定，不让落后的文化沾染人们的心灵。我们继承优秀文化的目的是为了将其发扬光大，给我们的生活以积极的影响。我们对待传统文化一定不能厚古薄今，传统文化大多都是优秀的、好的，我们一定要在继承的基础上不断发展，给优秀的传统文化注入新鲜的血液，促进传统文化不断发展。在新的时代促进文化发展就是要将优秀传统文化与时代的特点相结合，我们要不断丰富传统文化的内涵，促进文化的表达形式与方式不断创新，增强优秀传统文化的影响力。

（三）坚持文化自信与借鉴其他文化的统一

中华文化是千千万万中华儿女在劳动中、实践中努力创造出来的，它体现了中华民族独特的精神风貌与特质。同时中华民族一直坚持着兼收并蓄的文化方针，每个民族都应该学习、吸收其他民族的优秀文化，在博采众长和兼收并蓄的过程中可以吸收其他民族文化的优点和长处，同时这也是对自己本民族文化自信的重要表现。我们在学习其他民族文化的过程中要结合我们国家具体国情，不能盲目照搬照抄，盲目的"拿来主义"是不可取的，是错误的。通过与其他民族进行文化的交流与互鉴不仅可以展现中华民族文化的独特魅力，同时也可以促进世界文化大繁荣、大发展。

（四）坚持社会效益与经济效益相统一

发展文化事业、生产文化产品，最终都是要面向人民大众的，所以在这个过程中我们注意坚持正确的原则与方向，不能使文化产品完全成为资本的奴隶，要使它能给人民群众好的体验与感受，传递正能量。优秀的文化作品要符合人们的需要，要为人民大众喜闻乐见。在坚持以社会效益为首的同时也要兼顾经济效益，社会效益与经济效益相统一，把社会价值优先的经营理念体现到企业章程与各项制度规章之中，把实现"双效统一"作为规章制度固化于企业发展过程之中，从而促进企业生产出更多更加优秀的文化作品，给人民大众以正确的引导与启发。

四 新时代文化建设的价值旨归

"为了人"的问题是一个带有根本性的问题,它揭示着文化建设的价值导向。人民立场是马克思主义的根本立场,人民性是社会主义文化的根本属性。中国共产党作为马克思主义的政党,它的根本性质与属性决定了文化建设要坚持人民利益至上,全心全意为人民服务。习近平同志指出,文化建设不能一切以市场为导向,一定要明确始终坚持文化建设为人民服务,想人民所想。在新的历史时代,我们面对着许多新的问题与挑战,但是我们必须牢记我们的文化建设始终是为人民服务的,坚持创作为了人民、发展为了人民,始终以人民为中心的价值旨归。习近平同志明确提出,我们要坚持以人民为中心的创作导向。① 在文化创作的过程中只有坚持以人民为中心的价值导向,我们才能够在创作前、创作中始终以人民为中心,创作出符合人们利益、为广大人民所接受的文化产品。在文化创作的过程中一定要明确"为了谁"这个根本问题,只有这样才能使社会主义文化建设思想实现合规律性和合目的性有机统一。党的十八大以来,我们国家在进行文化建设中始终强调在文化创新创造的过程中一定要首先明确"为了谁"的问题,只有明确这一问题,才能使我们的文化创造深深地扎根人民,服务人民。坚持以人民为中心就是我们的文化作品始终以人民群众接受不接受,认可不认可,喜欢不喜欢为衡量与评价的标准,将服务群众与教育引导群众相结合,把满足需求与提高素养相结合,将体现党的主张与反映群众心声相统一,形成休戚与共的命运共同体。广大文艺工作者在进行文化创造时坚持首先从人民群众的社会实践中汲取营养,虚心向人民群众学习,创造出符合人民群众口味的优秀的文化,努力构建人民的精神共同体。习近平在文艺工作会议中曾指出,所有的文艺

---

① 参见《十八大以来重要文献选编》(上),中央文献出版社2014年版,第25页。

工作者都要把创造出为人民群众所接受的优秀文化作为自己的天职与使命，始终坚持以人民为中心，只有这样我们才能够真正地实现文化强国。同时广大文艺工作者也要坚持文化自信，不断进行文化创新，拥有自己的文化理想。① 只有有文化自信，有文化理想的文艺工作者才能创造出有内涵、有意义、有深度的文艺作品，实现以文化人，用优秀的作品鼓舞人、感染人的目的。现阶段我们进入到全面建成小康社会的决胜阶段，广大文艺工作者要结合新时代的特点，牢记自己的神圣使命，结合广大人民群众的多样化需求，认真研究新时代人民日益增长的文化需求，创造出满足广大人民群众需求的文艺作品，丰富人民群众的精神世界。习近平同志在全国宣传思想工作会议讲话上强调，党性与人民性始终是统一的，只有坚持党性，才能保证创造的文艺作品具有先进性、时代性，才能为广大人民群众所接受，实现增强人民群众精神需求的价值目标。用优秀的作品吸引人，高尚的作品鼓舞人，努力满足人民群众的精神需求，在努力发展中华民族优秀文化的同时，要注意抵御负面文化的影响，对传统文化中糟粕的部分，外来文化中落后的部分，不符合我们民族精神，不符合我国基本国情，人民大众不接受的部分统统删除，切实要让文艺作品能增强人民群众的精神力量，使人民的文化权益得到更好的保障。

五　新时代文化建设的重点任务

对于任何一个民族、一个国家来说，想要建设文化强国，弘扬民族文化，使民族文化有吸引力、生命力，都需要全面部署文化建设的路径。文化建设不是一蹴而就的事情，它是一项系统的工程，现阶段最主要的目标就是要通过文化建设，大力弘扬先进文化，提升人们的思想道德素质，建设有价值、有内涵、有吸引力的文化，

---

① 参见《习近平在文艺工作座谈会上的讲话》，《人民日报》2014年10月15日。

只有这样，才能建设一个有吸引力的现代文明国家，展现一个国家的风貌。新时代，我们进行文化建设，就要结合时代特点，分步骤、抓住重点进行文化建设。习近平同志针对新时代中国社会的主要矛盾的新变化，强调关于我国的文化建设，应注意做好如下五个方面的工作。

（一）弘扬中国精神

习近平同志认为，精神的力量是无形的、无穷的、无限量的，我们一定要注意弘扬中国精神，中国精神体现了中华民族的精神力量，是强国之魂。中国精神主要强调以爱国主义为核心的民族精神和以改革创新为核心的时代精神，同时也要注意弘扬雷锋精神、大庆精神、焦裕禄精神、西柏坡精神、沂蒙精神和中国女排精神等优秀的精神，它们作为中国精神的重要组成部分，理应是党和国家弥足珍贵的精神财富。唯有让中国精神不断注入新鲜的血液，与时俱进、深入人心才能使中国精神更具吸引力和感召力，使中国精神不断发扬光大。

（二）培育社会主义的核心价值观

核心价值观是社会主义国家在国家、社会和个人三个层面作出的具体要求，它把涉及国家、社会与个人的价值追求有效融为一体，寄托了每个中国人的美好凤愿。所以我们一定要注意培育社会主义核心价值观，把我们所倡导的富强、民主、文明、和谐，自由、平等、公正、法治，爱国、敬业、诚信、友善这二十四个字的社会主义核心价值观大力弘扬，我们可以采用多种方式，一定要注意发挥教育的主渠道作用，注意加强舆论宣传，同时注意发挥实践在培养人们社会主义核心价值观中的重要作用，使人人践行社会主义核心价值观。

（三）传承中华优秀传统文化

习近平同志将中华优秀传统文化的地位提升到一个新的认识高度，他多次强调中华优秀传统文化是中华民族的精神命脉，传承中华优秀传统文化对每个人树立正确的世界观、人生观、价值观也有重要作用。在传承中华优秀传统文化的过程中，我们每个人都能够从传统文化中吸收到其优秀基因，给自己以潜移默化的熏陶。同时传承中华优秀传统文化，我们的国家、社会和个人都要行动起来，用多种方式进行传承，尤其是在信息技术高度发达的时代，我们可以用新媒体、互联网等方式进行传播，使传统文化以更加新颖、有趣的方式呈现在人们面前，使人人都主动承担起传承中华优秀传统文化的责任。同时我们不仅要使国人热爱、喜欢、传承中华优秀传统文化，也应该向世界介绍传播我们的优秀传统文化，让它更具吸引力，感召力，展现中华传统文化的独有魅力。

（四）繁荣社会主义文艺

优秀的文艺作品能够很好地反映时代的精神风貌、能给人以强烈的鼓舞与感召，文艺作为文化的一部分，也是我们建设与弘扬社会主义先进文化事业的过程中必须重视的部分。从改革开放至今，我们的文艺事业发展不断进步，广大的文艺工作者结合时代特征创造了大量优秀的文艺作品，为我国的精神文化建设作出了巨大的贡献。习近平总书记也在文艺工作座谈会上指出，想要创作优秀的文艺作品，一定要扎根生活实际，以为人民服务为导向，创造出符合人民利益、满足人民群众精神文化需求、为广大人民所喜闻乐见的文艺作品。同时国家也应坚持百花齐放、百家争鸣的方针，实现文化、文艺，大繁荣、大发展的局面，让好的、优秀的文艺作品引领我们的社会思潮和时代风气。①

（五）构建现代公共文化服务体系

众所周知，推动文化的繁荣兴盛，实现社会主义文化强国，需要以改革为原动力，构建宏观、系统与协调的文化发展体系。构建现代公共文化体系对满足人民群众的文化，提高人们的思想文化素

---

① 《习近平在文艺工作座谈会上的讲话》，《人民日报》2014年10月15日。

质具有重要意义。我们国家不断重视和加快构建公共文化的步伐，更好地满足了人民群众的文化需求，但由于我国人口众多，现有的公共文化资源与人民的需求之间仍然存在着很大差距。为此，以习近平同志为核心的党中央出台《关于加快构建现代公共文化服务体系的意见》，制定《国家基本公共文化服务指导标准（2015—2020）》，强调一定要重视国家的公共文化体系建设，重视公共文化建设这项惠民工程。针对目前农村和偏远贫困地区存在公共文化产品供给不足、文化设施不健全等问题，尤其要重视农村和贫困地区的公共文化建设，保护和实现广大人民群众的文化权益。应当看到，推动构建共享、共建的公共文化建设体系已经成为人们的共识，在政府主导的前提下可以吸引社会资源的参与，同时鼓励广大人民群众参与到公共文化建设的伟大事业中来，为构建多彩有趣的公共文化体系贡献自己的力量。

六 新时代文化建设的发展动力

新时代文化建设最根本的动力是不断解放和发展文化生产力，推动文化创新。习近平同志强调，新的时代，我们要以更大的勇气和智慧结合时代特点不断推动文化创新、改革和发展。改革开放以来，文化领域的建设已经取得了巨大的成就，但是同时也存在着很多不足，经年累月形成的各种矛盾和问题不断叠加，如今我们在文化领域进行改革，就要开始触及一些深层次的重大利益关系的调整，这都是一些难啃的"硬骨头"。在这一新的形势下，我们唯有进一步全面深化文化体制改革，突破传统利益固化的藩篱，打破一些固有的限制，才能真正为文化建设事业发展提供新的动力，实现我们的文化事业大繁荣、大发展。① 党的十八届三中全会指出，我们要不断推动文化体制创新、推动改革，我们的文化建设要始终坚

---

① 参见《习近平接受俄罗斯电视台专访》，《人民日报》2014年2月9日。

持以人民为中心，以人民的利益为导向，同时坚持文化的社会效益与经济效益相统一，把社会效益放在首位，鼓励广大人民参与文化建设，激发全民族的文化创新、创造活力。①

基于社会主义的文化建设如何处理两个效益的关系问题，习近平同志多次就此进行了系统阐释。这深刻表明以习近平同志为核心的党中央对文化建设、文化体制改革与发展的高度重视，对于文化建设与文化改革我们应始终坚持以人民利益为中心，全力构建新时代优秀文化，实现建设文化强国的伟大目标。同时在改革的过程中我们要坚持从整体出发，注意各个部分之间的相互联系。我们改革的最终目标就是要不断推进我国文化建设、文化治理体系和文化治理能力的现代化，以及实现我们的文化大繁荣、大发展，满足人民群众日益增长的文化需求，做到文化建设始终以人民为中心，构建现代化的文化服务体系和文化市场体系。② 从改革的方法上看，我们必须坚持实事求是的工作方法，处理好整体与部分之间的关系，一定要坚持文化改革的内在规律，不能想当然。③ 从改革的主体上看，我们一定要坚持以人民为中心，激发广大人民群众的文化创新创造活力，发挥广大人民群众的主体作用。从改革的保障上看，我们一定要坚持党对文化改革事业的领导，它是我们文化改革能否取得成功的关键保障。同时党的十八大强调我们要不断推进公共文化建设，满足人民群众的文化需求，推进文化惠民工程。党的十八大以来，党中央多次出台文件强调推动了全国各地的公共文化建设，实现了公共文化建设真正落到实处，不断缩小差距，日趋完善的公共文化服务体系正在更广更深地惠及广大人民群众。

---

① 参见《十八大以来重要文献选编》（上），中央文献出版社2014年版，第533页。
② 同上书，第512—513页。
③ 参见《习近平关于全面深化改革论述摘编》，中央文献出版社2014年版，第37页。

七 新时代文化建设的实践主体

文化建设作为一种实践活动，首先我们必须明确我们的文化建设以谁为主体。马克思主义的唯物史观强调人民群众是社会变革、社会历史前进的决定力量，因此我们要重视人民群众的作用。习近平总书记以此为基础并不断发展"以人民为中心"思想，明确了文化为谁而兴盛、何以兴盛和依靠谁来兴盛这一根本的问题。众所周知，中国人民是中华精神文化的创造者，广大人民群众结合自己的生活实际，创造了丰富多彩、历久弥新的中华优秀文化。历史和现实都证明，没有广大人民群众的参与，我们是绝对不可能创造如此优秀的中华文化。广大人民群众的创新、创造活力是无限的，所以我们要创设相对好的环境，坚持百花齐放、百家争鸣的方针，激发广大人民群众的创新创造活力。让13亿人的每一分子都能成为新时代文化建设的主体，形成人人关心、参与文化建设的良好局面，是习近平总书记殷切期望和明确要求的。习近平始终认为，人民性是社会主义文化最本质的属性。任何文化创造都要扎根人民，结合人民群众的生产生活实际，只有以人民为中心，我们才能创造出优秀的，有吸引力的和魅力的中华优秀文化。如果不以人民为中心，我们创造出来的文化将会成为无源之水、无根之浮萍，食之如味同嚼蜡，不能为广大人民群众所接受、所喜欢。我们建设社会主义文化强国，要注意发挥多方面的作用，所以我们要想建设社会主义文化强国、建设优秀的中华文化，就要激发全民族的文化创造活力，给人民群众提供创新创造的舞台，我们一定要注意让所有文化创造的活水源头充分地涌流。① 同时我们一方面强调人民群众的作用；另一方面也要注意发挥"关键少数"人物的重要作用，比如榜样人物、英雄人物、党员干部和公众人物等，往往这些人物的示范作用

---

① 参见《十八大以来重要文献选编》（上），中央文献出版社2014年版，第24页。

会更强，只有发挥他们特有的影响力和感召力，用他们的模范行为引领社会风尚，才能感召和带动广大人民群众。尤其是广大知识分子，自己拥有知识优势，更要以身作则，在社会主义文化建设中发挥重要的作用。我们必须正确认识知识分子与文化建设的辩证关系，努力在文化建设的伟大实践中发现、培育和积聚人才。习近平同志在两院院士的大会上指出，广大科学工作者要注意严格要求自己，科学技术是第一生产力，要注意发挥自身独特的作用，承担时代责任。[1] 尤其是广大的知识分子由于其自身的鲜明特质与知识优势，决定了他们更是文化建设中不可或缺的重要力量。因为"知识就是力量，人才就是未来"，人才是科技创新的最关键性因素，尊重人才是中华民族的优秀传统。在谈到文艺发展问题时，他强调，我们需要一批有远大理想、有高尚道德的德艺双馨文艺工作者，只有这样的文艺工作者才能创造出真正优秀的文化作品，为广大人民喜闻乐见。在文化建设过程中，我们一定要注意发挥广大人民群众的重要作用，以人民为中心，这样我们的中华文化才能够欣欣向荣、生机勃勃。

八　新时代文化建设的政治保障

在新时代进行文化建设，我们必须加强党对文化建设的领导，让党为文化建设提供政治保障，它是文化建设自身得以健康有序向前发展的必要条件。习近平同志着眼文化强国战略的大局，强调我们一定要坚持党对文化建设的全面领导，只有坚持中国共产党的正确领导，我们的文化建设事业才能够真正以人民为中心，关心人民利益，同时我们也要加快建立健全文化建设的法律体系。尤其强调党对文化建设事业在意识形态方面的领导，如果不能坚持这一点，不能牢牢把握对意识形态工作的全面领导，我们就不能很好地进行文

---

[1] 参见《习近平谈治国理政》，外文出版社2014年版，第127页。

化事业的建设,我们会犯错误,对党和人民的事业也会造成巨大的影响。同时我们也要注意宣传在意识形态工作中的重要作用,牢牢守住意识形态的阵地,同时把宣传工作和意识形态工作落到实处,一刻也不能放松。① 关于中国共产党和中华文化的关系,习近平同志指出中国共产党人在传承与弘扬中华优秀文化的过程中,始终发挥着先锋模范的作用,带领广大人民群众对中国传统文化进行改造,使中华传统文化熠熠生辉,充满生机与活力。② 同时,在当代中国,我们要真正想使中华文化不断创新、不断发展,就必须要坚持党对文化工作的领导,只有这样我们才能真正实现文化的大繁荣、大发展,才能实现文化建设真正地走向成功,建设文化强国,让中华文化永远充满生机与活力。坚持党对文化工作的领导,就保证了文化发展的社会主义属性与前进方向,确保了文化建设的先进性;而巩固党在文化建设中的坚强领导地位,就需不断地改善党的领导,进一步增强党对文化工作领导的能力。我们在进行文化建设事业的过程中一定要倾听人民的意愿,尊重人民的诉求,只有这样我们才能够真正实现党性与人民性的统一,才能够实现我们的文化大繁荣、大发展,实现文化建设事业繁荣发展,建设文化强国。同时我们也要建立健全相关的法律制度,只有建设完备的法律,我们才能够为文化建设事业提供有利的法治保障,使我们的文化建设之路走得更稳。习近平同志指出,我们建设文化法律制度也必须坚持中国共产党的领导,两者是相统一的,同时只有坚持党的领导,才能够使我们的文化法律制度的建设保持正确的方向不动摇。③ 党的十八届四中全会明确要求,我们建设社会主义公共文化,促进文化繁荣发展,

---

① 参见《习近平关于全面深化改革论述摘编》,中央文献出版社2014年版,第86页。
② 参见习近平《在纪念孔子诞辰2565周年国际学术研讨会暨国际儒学联合会第五届会员大会开幕会上的讲话》,人民出版社2014年版,第13页。
③ 参见《中共中央关于全面推进依法治国若干重大问题的决定》,人民出版社2014年版,第49页。

是对人民文化权益的保障，也有利于我们的文化建设始终坚持正确的方向，有助于激发广大人民群众的文化创新创造活力，让我们的社会主义文化永远繁荣，同时建立健全文化法律制度也是我们的工作重点，我们必须重视。① 我国正处在新一轮全面深化改革时期，作为中国特色社会主义事业"五位一体"总布局的重要组成部分，文化建设对中国的发展将起着愈加重要的作用，上面论述的八个方面，我们在文化建设事业的过程中，要注意使它们相互配合，优势互补，它作为习近平新时代中国特色社会主义思想的重要组成部分，同时它也极大丰富了马克思主义理论和中国特色社会主义思想。

第六节　新中国成立70多年党领导文化建设的基本经验

新中国成立70多年来，中国共产党高度重视文化建设，在继承中发展，在改革中创新，走出了一条具有中国特色的社会主义文化建设之路，我们在文化建设过程中也积累了丰富的经验，这些经验主要包括：我们一直坚持着马克思主义的根本指导地位不动摇，确保文化发展正确方向；始终坚持文化的战略性全局地位，高度重视视文化建设；始终坚持党对文化工作的领导，不断创新文化发展思路；始终坚持以人为本，不断增加人民群众的文化获得感；我们在文化建设的过程中要坚持尊重文化发展的规律，坚持文化发展的正确方针，不断推进文化体制改革，释放文化发展活力。全面回顾与认真总结新中国成立以来党领导文化建设的基本经验，对于探索我国文化建设的基本规律，提升新时代我国农村公益文化服务能力具有重要指导意义。

---

① 参见《中共中央关于全面推进依法治国若干重大问题的决定》，人民出版社2014年版，第13页。

一　坚持马克思主义的科学指导地位，牢把社会主义文化建设前进方向

从新中国成立之后，随着我国政治、经济等方面的变化，我们的文化也在不断变化之中。面对国内外错综复杂的形势，一方面，我们一直坚持马克思主义的指导地位，我们不断加强对马克思列宁主义、毛泽东思想和中国特色社会主义理论的宣传教育，用科学的思想武装人民；另一方面，我们发动了以学习马克思主义、批判各种非无产阶级思想为主要内容的针对知识分子的思想改造运动。我们已经深刻地认识到，我们一定要坚持正确思想的指导，只有坚持马克思主义的正确指导，我们才能够使我们的文化建设始终保持正确的方向，同时我们要在建设中不断探索，在探索中不断加强和深化。为了保证马克思主义指导地位在社会主义文化建设中的确立，我们在实践中坚持正确的方向，坚持有破有立，我们要清除一些落后的不合时宜的思想，清除错误的思想，坚持用正确的思想武装人民，使马克思主义的科学思想在人们的头脑中生根发芽，发展壮大。只有坚持不断用正确的思想给人以正确的指导，我们的社会主义文化建设才能够有大繁荣、大发展；只有这样我们才能够使马克思主义在人民群众中的影响力不断提升，让人民群众坚持正确的信仰。特别是对一些农村地区和落后地区，我们不断通过宣传教育，破除人们的落后思想，使人们从落后的思想中解放出来，尽一切力量减少封建思想、资本主义思想对人们的不良影响。

纵观新中国成立70多年来的历史，从我们确立马克思主义对全党全国事业的领导后，我们就从来都没有动摇过始终坚持马克思主义的科学指导地位。历史证明，我们只有坚持马克思主义的科学的指导地位，我们的各项事业建设才能够不走弯路。同样的，在我们文化建设的过程中，我们也必须坚持马克思主义的正确指导，只有这样我们的文化事业建设才能够坚持正确的方向不动摇，使我们的文化事业始终有强大的精神动力，始终有良好的舆论氛围，始终有

正确的思想给予保证，始终有强大的智力支持，使文化建设事业不断前进。尤其是自改革开放发展社会主义市场经济以来，面对经济全球化、社会信息化、政治多极化等各种因素的影响，各种各样的挑战与问题接踵而至，虽然面对这些挑战，但是由于我们始终坚持马克思主义的正确领导，我们才能战胜各种错误思想的影响，我们的文化建设始终保持正确的方向，使我们的社会主义文化不断发展，始终沿着正确的方向前进。而且在这一过程中，马克思主义理论并没有停滞不前，我们将马克思主义与中国的革命、建设与改革结合在一起，使马克思主义理论不断注入新鲜的血液，使马克思主义理论永远保持生机与活力，在实践过程中不断丰富与完善。

二　坚持文化的战略性全局地位，高度重视文化建设

文化作为综合国力竞争的重要因素，是民族凝聚力与创造力的重要源泉，文化的发展对经济和政治的发展都有重要的作用，从古到今每一个国家、阶级和政党都非常重视文化建设的问题。我们国家从建国开始，就非常重视文化事业的建设，重视发挥文化的重要作用，但由于"文化大革命"的曲折发展的历程，使我国的文化建设事业遭受到重大的打击，同时这也加强了我们党对文化建设事业重要性的认识，给我们很强的警示作用，使我们在这一过程中吸取了教训，同时也提供了很大的借鉴意义，我们也学会了如何处理政治、经济和文化三者之间的关系，使我们明白我们必须遵守一定的行为准则。

新中国成立 70 多年来的历史告诉我们，经济和文化两者之间关系紧密，我们一定要认识到它们之间相辅相成的关系，二者缺一不可。其中，文化在各项建设事业中具有重要的先导作用，同时反过来它又服务于我们的经济建设，我们一定要注意文化对经济建设的重要作用。世界是丰富多样的，各国多样性的文明呈现出人类社会的基本特征，我们要尊重不同国家的各种文明，各种文明都有自身

独特的价值，世界各国文明与社会制度应当长期共存，要理性对待本国文明与他国文明的差异，应在求同存异中实现共同发展，在比较竞争中实现取长补短。面对市场经济与传统计划经济下的诸多思想观念的价值冲突，必须将社会主义的精神文明建设提升到更加突出战略位置，坚持文化发展的战略性全局地位，高度重视思想文化建设，发挥中华文化的重要作用。在文化建设的过程中我们一定要依据"普及""提高"与"三个面向"的基本原则，文化建设一定要与时代相结合，一定要面向社会，以人民为中心。同时我们也要坚持深化文化体制改革，深化对文化战略地位作用的认识，不能使文化完全依赖与政治和经济，要坚持不断创新。此外，我们必须在弘扬正能量、唱响主旋律的同时，以开放包容的胸襟拥抱世界与未来；必须结合实际不断创新建设思路与方法，科学把握文化发展规律，推进我国文化建设事业大繁荣、大发展。

三 坚持党对文化工作的领导，不断创新文化发展思路

社会主义文化事业的健康有序发展必须坚持中国共产党领导，这是历史经验得出的科学结论。从1921年中国共产党成立以来，到掌握全国政权，再到成功走出一条具有中国特色的社会主义道路，中国共产党带领着全国人民走过了近百年的风雨洗礼。新中国成立以来，我国的文化建设取得了丰硕的成果，正是因为我们始终坚持了中国共产党对文化建设的绝对领导，始终在党的坚强领导下齐心协力克服了重重困难和种种难关，才取得了如此的成就，才开创了新时代我国文化建设事业的新局面。

新中国成立之初，到现如今已走过70多年的奋斗历程，我国文化建设也从初期阶段发展到成熟阶段，无论是新中国初期的新民主主义文化，还是新时代的中国特色社会主义文化，无不凝聚着千千万万的共产党人的心血与汗水，之所以能取得如此大的成就都源于我们党根据我国的实际情况，坚持贯彻落实实事求是的战略方针，

在努力认识与把握文化自身发展规律的前提下，确立适合中国文化建设的正确方向，适时提出了不同时期促进文化繁荣与发展的方针政策，充分展现了中国共产党特有的先进性、科学性与始终坚持执政为民的价值理念和情怀。实践充分证明，只有坚持与改善党对文化工作的领导，按照文化建设自身的规律和特点推进工作，把文化建设提升到民族伟大复兴的战略高度，统筹"五位一体"的总体布局，深入推进"四个全面"的战略布局，才能确保社会主义文化建设事业始终充满活力和动力并健康有序进行，进而推进中华文化进入更加广阔的舞台并创造新的辉煌。

四 坚持以民为本，不断提升人民群众文化的获得感

人民的观点是马克思主义唯物史观中最基本的观点，社会主义的文化建设必须牢牢坚持以人民为根本，这是文化建设中坚持历史唯物主义的根本要求与具体体现。能否坚持以人民为根本，关乎文化建设的基本性质，更关系着文化建设的前进方向。从根本上看，中国特色的社会主义文化就是由人民共同建设并共同享有的一种独具特色的文化。文化建设坚持以人为本，就是要坚持以人民为根本的工作导向，真正能够做到坚持文化的发展繁荣必须依靠人民，文化的发展繁荣必须为了人民，文化发展繁荣的成果应由人民共享。应当说，我们党领导文化建设事业的根本目的就是要建设人民的文化，离开了人民的积极与广泛参与，文化建设势必会失去自身的价值与意义。新中国成立70多年来，坚持以人民为根本的工作导向始终贯穿中国特色社会主义的文化建设全过程，并在文化建设的各个方面得到体现，在这个重大的根本问题上，我们党的立场从来都是坚定不移和旗帜鲜明的。

中国共产党在领导我国文化建设中，始终秉持为人民服务的价值追求。早在第一次大革命的时期，我们党就曾经对中国"只是地主有文化，农民没有文化"不合理现象进行了有力批判，号召应打

破少数剥削阶级对文化的高度垄断,深入开展农民的文化运动。在新民主主义革命阶段,我们党明确指出所谓新民主主义的文化应该为全民族百分之九十以上劳苦的工农民众服务,并逐渐地成为他们自己的文化。① 这极大地促进了中国文化的民主化与大众化的发展进程。新中国成立之后,我们党紧紧围绕文化为人民服务的宗旨进行了持续的探索,催生了以歌颂工农兵为主人公的文艺作品的大量涌现,人民群众当家作主的主人翁意识空前高涨。进入改革开放的历史新时期,党的以人为本思想更加清晰明确。改革开放40多年来,我们党始终强调中国特色社会主义的文化必须坚持为人民服务和为社会主义服务的"二为"前进方向,要真切体现人民的切身利益与愿望,不断满足群众不同层次、多样化的美好精神需求;坚持"双百"方针和"三贴近"基本原则,注重打造德才兼备、结构合理、锐意创新的文化人才队伍,着力调动人民积极参与文化建设的主动性,创作了一大批题材新颖、质量优良的文化作品。通过大力开展基本公共服务建设和文化惠民活动,图书馆、博物馆、文化馆、农家书屋、电影院如雨后的春笋持续不断涌现,人们的文化精神需求得到日趋提升,人们在文化建设过程中拥有了更多的获得感与幸福感。可以这样说,坚持以人民为本,这既是社会主义文化建设取得成功的重要经验之一,也是我国文化事业区别于其他文化的鲜亮底色。新中国成立70多年的文化建设历程,人民群众始终是文化事业的主要服务对象与文化建设的根本目的,正因如此,才确保了我们党领导的文化事业更加色彩斑斓,并不断创造新的辉煌。

五 坚持顺应文化发展规律,制定文化发展的正确方针

文化是时代精神的精粹,是对特定时代的革命、建设所面临的问题作出的科学解答,它不会一成不变,而是伴随历史的发展而不

---

① 参见《毛泽东选集》第2卷,人民出版社1991年版,第708页。

断地前行。由于时代特征和社会实践总是不断变化发展的，社会主义的文化建设也必须与时俱进，随着时代的变迁而发展，随着社会实践的演进而创新。与此同时，这也决定了先进文化在不同时代与不同历史时期具有不同的内容与表现形式。马克思主义始终坚持科学世界观与方法论的统一，强调用唯物辩证的观点看待包括文化在内的一切问题，认为不同历史的文化总是与其所处的特殊时代紧密相连，而文化自身的特色往往是特定社会经济结构与文化的本身规律发挥作用的结果。可以说，发展规律是不以人的意志为转移的，文化因其自身的相对独立性总是体现在历史的继承性与内部各要素间的相互联系之中。从纵向看，任何文化都不能与历史断绝，文化具有历史的继承性；从横向看，任何文化都不会与世隔绝，文化具有融通性。① 所以，文化建设必须充分尊重文化本身发展的基本规律，采取科学正确的指导方针。

回顾历史的目的是为了更好地走向未来，必须清醒认识到：尊重文化的发展规律会收获胜利的喜悦，不尊重文化发展的规律必定带来惨痛的教训。新中国成立 70 多年来文化建设的经验告诉我们，未来中国的文化建设，必然以尊重文化的发展规律为前提，中国特色社会主义的文化建设的所有构思布局及方针政策概莫能外。中国共产党是勇于尊重文化发展规律的政党，遵循文化发展规律体现着共产党人的先进性。唯有认清文化历史发展趋势、顺应文化历史发展潮流，尊重文化历史发展规律，才能够掌握文化历史发展与社会变革的主动权，也才能够实现文化建设从小到大、从弱到强的发展目标。纵观新中国成立 70 多年来的文化建设取得的辉煌成就，正是我们党在把握文化发展自身规律的基础之上，明晰文化的准确定位与根本属性，引领文化建设实现更快更好地发展的结果。无论形势

---

① 陈东辉：《中国共产党文化建设思想的历史嬗变与经验启示》，《当代世界与社会主义》2011 年第 5 期。

如何变化，中国共产党都应直面各种挑战与艰险，不断深化对文化发展规律的科学把握，必须顺应和引导文化发展的趋势，坚决防止以命令强制手段加以干预，做到以科学的思想武装人，以高尚的情操塑造人，以优秀的作品鼓舞人，以正确的舆论引导人。应当充分认识文艺作品同时具有的社会属性与经济属性，更加自主地应对文化在市场发展方向问题，以自信开放与积极宽容的心态来对待主流的文化和非主流的文化，实现弘扬主旋律与提倡多样化的和谐统一。应及时调整改革不适应市场发展的文化体制机制，坚持"双百"（百花齐放、百家争鸣）方针与"二为"（为人民服务、为社会主义服务）方向，激发文化发展自身应有的内在活力，始终确保我国文化能走在时代和社会的前列，增强中华文化影响力，推动中华文化主动走向世界，为建设中国特色现代化强国提供重要精神支柱。

六　坚持深化文化体制改革，不断释放文化建设发展活力

深化改革是推进经济发展的根本要求，更是推进与释放文化发展活力的必然选择。就文化体制本身来说，应当是不断变化发展的，文化体制的改革不是一劳永逸的，而是一个持续深化的过程。推进文化体制的改革，促进文化建设的全面繁荣与快速发展，事关中国特色的社会主义事业"五位一体"总体布局，事关社会主义文化繁荣发展的根本动力，事关广大人民的精神文化需求能否获得满足。经过新中国成立70多年来深入摸索，我们党对文化建设的战略意义的认识已上升到新的高度，正是文化体制改革的不断深化使中国收获到看得见的进步，也使人民群众充分享受了因优质文化产品与服务取得的实在感与幸福感，为建设中国特色社会主义的文化提供了更加完善的制度保障。实践证明，坚持深化文化体制的改革，推进文化体制机制的创新，不断解放发展文化的生产力，提升文化工作者积极参与改革发展的主动性，最大限度地激发和释放文化的

活力,以改革促发展促繁荣,不断地推动优秀文化产品的不断涌现,是我们党长期领导文化建设获得的一条基本经验。

我们党始终高度重视文化事业的改革发展,新中国成立之初为适应政治的需要,毛泽东就明确提出,要分步骤稳步地对旧有学校的教育事业与旧有的社会文化事业进行坚决改革,争取一切爱国的知识分子都能做到为人民服务。[①] 应当说,深入开展宣传学习马克思主义、毛泽东思想,清除封建主义与资本主义文化思想的活动,开展文字改革、方言调查与汉语规范化等一系列工作,有力地推进了新中国文化事业的健康发展。随着改革开放事业的持续深入,人民群众物质文化需求的日益增长,面对我国文化实力与发达国家文化实力间有很大悬殊的现状,我国文化建设赖以生存的经济基础、社会基础与体制环境都发生了重大变化,要想使中华文化在激烈的国际竞争中处于主动地位,必须在党关于改革文化体制理论的指导下,以改革创新的精神持续推进文化体制改革,坚持抓公益的文化事业与经营的文化产业"两手抓、两手强";加大政府对文化发展的扶持力度,形成比较完善的覆盖城乡的公共文化服务体系,更好保障人民群众的基本文化权益;构建以公有制为主体的多种所有制融合发展的文化产业格局与以民族文化为主体吸收外来文化的文化发展格局,推进国有经营文化单位的转企改制,不断加大文化产业结构的调整与资源整合力度,催生一批实力较强的国有或国有控股大型文化企业,提升国有文化企业活力与竞争力;深入实施文化"走出去"工程,坚持开展对外文化交流与传播,积极传播当代中国的价值观念,加强国际传播能力与对外话语体系的建设,努力建构多层次、全方位、宽领域的文化走出去格局,充分彰显优秀的传统民族文化特色魅力,让外国人触摸到中华文化跃动的脉搏,感知中国新时代发展的活力,在审美中获得愉悦、感知魅力,充分展示

---

① 参见《毛泽东文集》第6卷,人民出版社1999年版,第71页。

东方大国、文明大国、负责任大国、社会主义大国的良好形象,不断提升中华文化的吸引力与感召力。我国2014年重磅出击的文化体制改革,推动了文化体制的集成创新,如政府的简政放权、转变职能权力下放几百审批项目;文化的科技成果通过落地转换,有力推动文化产品与企业的顺利对接合作;文化的对外贸易更上新台阶,我国与147个国家先后签订文化贸易协定,在世界各地中国文化中心达20多个,这些都彰显着中华文化的独有魅力。进入新时代,我国正处在全面建成小康社会的关键期,伟大民族复兴的中国梦已经曙光初现,唯有牢记我国文化建设的基本经验,充分发挥自身的主动性、积极性和创新性,加大持续扶持文化建设的力度与广度,才能满怀激情地迎接中华文化伟大复兴中国梦的实现。

第三章　制约农村公益文化服务能力提升的主要问题及其成因

社会的有序运行，离不开科学有效的治理。新中国成立70多年来，特别是改革开放40多年的快速发展，我国在社会结构、经济体制和思想文化等方面实现了由改革前的分化程度低、分化速度慢、具有较强同质的"整体社会"转变为"分化社会"。① 无论社会如何分化，农民都是当今社会的最大群体，加强与创新社会治理的重点理应在农村地区。随着党和政府对农村文化建设的日益重视，农村公益文化服务能力提升工程无论是在基础设施建设上，还是在人才培养上都做了大量的工作，取得了初步的成绩，虽在某种程度上满足了农民群众对公益文化的最基本需求，但与党的十九大明确提出实施乡村振兴战略的目标定位，特别是与广大农民对文化多样性、多层次的要求仍相距甚远，特别是在当今新旧体制交替与社会转型的过程中，还存在着不少制约我国农村公益文化服务能力提升工程的主要问题，必须予以高度重视。

---

① 张舒婷：《当代中国社会转型对社会凝聚力的影响》，《中共四川省委省级机关党校学报》2011年第4期。

第一节 农村公益文化服务能力建设成绩的简要回顾

农村公益文化服务能力建设是一项文化事业的基础工程，随着经济与社会的变革，农民的文化需求与实际的供给间的关系不断变化发展，农村公益性文化服务能力建设既富有动力，又面临阻力。新中国成立70多年来，尤其是改革开放40多年来，党中央、国务院坚持重质量、重服务、重发展的总原则，先后推出一系列有效的政策措施，农村的各级党委政府注重从农民的精神文化需求与乡村基层文化事业的具体情况出发，着力推进农村公益文化服务提升工程，大力开展精神文明的创建活动，农村公益文化事业发展的面貌发生了重大的变化，农村公益文化的服务能力提升工程成绩斐然。特别是中国特色社会主义进入新时代，乡村振兴得到空前重视，农村公益文化发展也进入了全新的历史阶段，其公益性文化服务能力的理论内涵与实践经验被赋予了全新的时代意蕴，集中表现在农村文化资金投入的日益增多，文化设施的建设获得进一步的完善；农村文化事业的媒介日渐增多，农村公益的文化产品渐趋丰富；农村的教育事业取得了较大改观，农民的文化科技素养不断提升；农民的思想观念发生深刻转变，农民的法治民主、开放进取等意识增强十分明显。

一 农村文化设施得以不断加强，农民闲暇生活日趋丰富多样

文化设施是人民群众开展公益文化活动、传播先进文化的基本载体。党的十六大以来，党和政府注重加强农村文化设施的建设扶持力度，2002—2005年原国家计委就专门设立了基层县级文化馆、图书馆的建设专项资金，四年时间共投入4.8亿元，主要用来解决农村和西部地区无文化馆、图书馆设施的建设问题。2005年我国已

经拥有县级图书馆共计2500多个，县级文化馆共计3000多个，乡镇的文化站共有5万个，村级的图书室、文化室、俱乐部及文化大院大约有35万个，农村的文化中心户近25万个。① 而且伴随大众文化涌向农村，以县区的文化站、乡镇文化站、村文化室、文化中心户为基础的四级文化网络已形成并得到巩固发展，尤其是在发达的乡镇及村建设有歌舞厅、卡拉OK厅、自唱厅等休闲娱乐设施。同时文化部和财政部为解决农民"看书难"问题，2003年专门启动了"下乡送书工程"，由国家财政采购一批农村实用强的图书，配送到贫困的县图书馆和乡镇文化站，解决了一些县图书馆与乡镇文化站图书陈旧且新书数量不多的问题。此外。文化部和国家计委、国家广电总局还实施了"2131农村电影放映工程"，基本实现了全国农村一村一月放映一场电影的目标。值得一提的是党的十八大以来，党和政府持续加大对农村公益文化服务能力提升工程的扶持力度，相关的公益文化资源开始更多流向农村地区，中央办公厅、国务院办公厅2015年印发《关于加快构建现代公共文化服务体系的意见》，对新时代农村地区公益文化服务能力建设作出具体精细安排。伴随着各级党委政府对农村公益文化建设事业的日益重视，农村公益文化事业的基础设施建设得到加强，农民的闲暇娱乐生活逐渐丰富多彩，彻底改变了长期以来存在的日出而起、日落而息的传统生活方式，很多富起来的农民开始转变观念，追求更加向上健康的文化精神生活，切实地保障了农民基本的文化权益，推进了农村地区公益文化服务能力水平得到不断提升。据2016年统计显示，我国农村文化设施的相关建设正在扎实有序推进。② 由表3－1可以清晰地看出，由于政府对农村公益文化的投入力度越来越大，

---

① 参见王耀发《繁荣农村文化事业提高农民文化素质》，《中国近现代文化研究》2005年第3期。

② 参见《中华人民共和国国家统计年鉴》，国家统计局，2018年（http://data.stats.gov.cn/search.htm?s=%E5%86%9C%E6%9D%91）。

结构更加优化，公益文化设施更趋完善，乡镇的文化站在农村公益文化建设中得到不断加强与巩固，县级图书馆和县艺术表演团队的数量也在持续不断地增加，基本上实现了县有文化馆、图书馆，乡有文化站的目标。

表3-1　　　　　　　我国农村文化设施建设情况

指标	单位	2015年	2014年	2013年	2012年	2011年
乡镇级文站	个	34239	34465	34343	34101	34139
县级图书馆	个	1988	1630	1632	1628	1539
县市级艺术表演团体	个	10080	8055	7465	6326	6034

通过持续开展公益文化体系的建设，我国已初步形成省市县乡村公益文化五级服务体系网络，基本实现了农村广播电视的全覆盖。全国文化站覆盖4万多个乡镇，电影放映每月农民可看一场免费电影，以互联网为载体的农村数字文化工程将相关文化送到村一级，尤其是广播电视村村通、户户通等，有效地保障了农民的公共文化权益，有力地提升了农村公益文化的服务能力。

二　农村文化媒介不断增多，农民信息接收渠道日益拓宽

伴随农村经济社会的快速发展，农民群众的实际购买力逐步提升，报纸杂志、广播电视和电脑等纷纷入户进村，文化媒介逐渐增多，农村文艺产品逐渐丰富，农民获得社会信息也越来越便利。据调查，截至2005年，农村拥有彩色电视机每百户达67.8台，农村电视人口覆盖率达94.9%，广播人口覆盖率达93.7%。[①] 广播电视早已成为农村最基本的传播媒介，富裕起来的农民自己订阅报纸杂志，大多数人购买了电脑，安装了网线，有效拓展了农民群众接受

---

① 国家统计局：《中国统计2004》，中国统计出版社2005年版，第26页。

信息的渠道，农民能够及时准确地了解各种科技、新闻与市场等各种互联网信息。另外，随着农村闲暇时间的不断增加，农民集聚的机会越来越多，传言自然成了农村最基本的大众传媒方式之一，在所有媒介形式中，农民关心的内容可以归纳如下：①

表 3-2　　　　　　　我国农民关注的媒介形式情况

媒介种类	农民关心的内容
电视	1. 连续剧；2. 新闻；3. 谈话、娱乐节目；4. 天气预报
报纸杂志	1. 农村养殖、种植技术；2. 娱乐、小说；3. 重大新闻事件；4. 法律、法规；5. 市场状况
收音机	1. 娱乐；2. 新闻；3. 天气预报；4. 医疗信息
电脑	1. 娱乐；2. 农业技术；3. 市场信息；4. 聊天
传言	1. 重大新闻；2. 趣闻逸事；3. 邻里纠纷；4. 生活琐事

农民的文化程度不同对文化需求必然呈现不同的要求，千方百计地拓宽农村文化的发展渠道，对满足农民不断增长的不同文化需求意义深远。从上表中的具体内容可清晰看出，由于农村的文化媒介日益增多，农民会根据需要去更多关注与自身相关的农业科技、新闻与市场等有实用价值的信息。

应当看到，不断创作出以农民农村为题材的、以表达新思想新理念为主题的、体现了新的精神状态的文化作品大量涌现，这些文化创作真实地展示了当代农民进取开拓、加快发展的整体精神面貌，既散发出浓郁的乡土气息，又富有鲜亮的地方特色，是广大农民喜闻乐见的文化精品。应该说，大批优秀文化文艺作品的创造，在满足农民群众的文化精神需要的同时，对于农民移风易俗、树立

---

① 参见韩美群《全面建设小康社会进程中的农村文化建设研究》，武汉大学，硕士学位论文，2007 年。

新风尚等方面具有重要价值,推进了新时代农村文化文明的整体进步。

三 农民自办文化渐趋增多,农村文化市场空前发展

在推进乡村振兴的战略中,农民积极参与文化活动的主动性越来越高,农民的自办文化在农村地区得到初步繁荣与发展。农民群众自办的与科普宣传、信息咨询、农业技术交流以及生产经营活动结合紧密的文化活动,实现了与经济活动的有机统一,吸引了越来越多的参与的农民,成为农村文化生活的重要形式与政府主办文化的有益补充。他们在获得经济利益回报的同时,也极大地推动着农村地区公益文化建设事业的空前发展。与此同时,很多基层的乡镇政府多措并举,积极鼓励与扶持农村依据自身实际自办多样化的文化,如鄂西组建的民间剧团获得不断发展,农村还涌现出众多的民间舞蹈队、民间健身队、家庭文艺队等文艺队伍,成为农民新时期自办文化重要形式。据统计,农村群众业余演出团(队)由 2001 年的 32903 个激增到 2003 年的 37659 个,且连续多年都在增加。① 另外,市县的科技文化部门开展送戏、送书与送科技下乡活动,与农村自办文化的文化中心户形成有效对接,推动了农村文化市场空前繁荣发展,这无疑对农民群众的精神文化生活的丰富起到了重要作用。以甘肃省为例,截至 2015 年,有 1227 个乡镇的文化站实现了全覆盖,农家书屋建成 16860 个,基本实现了行政村的全覆盖,广播电视完成了村村通、户户通(仅 2012 年就投入 11.2 亿元),专门投入 5000 万元为藏族聚居区的牧民配备了一体机,所有的文化资源共享中心与乡村的服务站均配有网络服务器、投影仪、电脑、卫星接收器等设备,

---

① 李周、社志雄:《农村文化发展:问题与对策》,中国社会科学院农村发展研究所课题(http://rdi.cass.cn)。

集中连片的 58 个特困县还配有流动图书车①，这些得力措施有效解决了农村，特别是偏远农民的上网难、看书难和看电视难等现实问题，满足了农民的文化精神需求。

四　农村教育状况有了较大改善，农村的精神风貌焕发新气象

改革开放以来，我国农村教育事业取得了长足的发展。1986 年《中华人民共和国义务教育法》，1999 年《面向 21 世纪教育振兴行动计划》，描绘了中国教育改革与发展的跨世纪的宏伟蓝图，2002 年国务院《关于完善农村义务教育管理体制通知》强调，农村的义务教育理应在国务院的正确领导下，建构地方政府负责、以县为主并分级管理的教育体制。2006 年《关于推进社会主义新农村建设的若干意见》指出，加快农村义务教育的发展，大力普及九年制的义务教育，率先对西部农村义务教育的适龄学生全免学杂费，对贫困家庭的学生实行课本免费和寄宿生活费补助，并于 2007 年在全国农村普遍推广。这些措施有力促进了农村教育的蓬勃发展，对提升农民文化水平具有很大的推动作用。此外，通过创办农民夜校、技能培训、自学等方式，使农村文盲、半文盲人数大幅减少，农村文盲率由新中国成立前 80% 下降到 13.65%②，农民文化素质不断提高，到 2004 年各地乡村 6 岁及以上人口有 68905.9 万人，初中文化程度 28133.6 万人，高中文化程度 4535.8 万人，大专以上文化程度 613.7 万人。党的十八大以来，习近平总书记针对新时代农村公益文化发展的新要求，提出要实现中国美，就必须要以建设美丽乡村、发展现代化农业与培育新型农民为战略目标。截至 2014 年年底，全国文化事业经费中，"县以上文化单位 292.12 亿元，占

---

① 甘肃省财政厅：《做活资金整合文章 给力农村文化建设》，《中国财政》2015 年第 2 期。

② 国家统计局：《中国人口统计 2005》，中国统计出版社 2005 年版。

50.1%，比重比上年降低了 1.3 个百分点；县及县以下文化单位 291.32 亿元，占 49.9%，比重比上年提高了 1.3 个百分点"[①]。随着农村改革开放与市场经济的深入发展，农民群众的价值观、婚恋家庭观、消费观、民主参与意识等皆发生了很大变化，各地农村以社会主义核心价值观为引领，制定适合农民自身利益的民约乡规，深入开展破除农村陈规陋习的行动，有效遏止农村的不良风俗传播与滋生，形成诚实守信、勤俭持家、尊重劳动的优良社会风气，农民群众的幸福感、安全感与获得感得到了明显提升，农村的业余文化精神生活更加丰富多样，农民焕发出新的精神风貌，美丽乡村也有了新的内涵之美。

五　农村文明村镇创建活动纵深发展　美丽乡村建设提供良好精神支撑

党的十八大以来，以习近平同志为核心的党中央站在新时代的历史方位，十分注重精神文明的建设活动，农村的精神文明以习近平新时代中国特色社会主义思想为指导，立足于农民的现实迫切要求，为乡村振兴与建设美丽新乡村提供了有力的精神支撑。2017 年《关于深化群众性精神文明创建活动的指导意见》强调，精神文明的群众创建是人民群策群力、共建共享与创造美好新生活的伟大创举，是提升农民自身素质与促进社会文明的必由之路，更是把建设精神文明的具体要求落实到基层城乡的重要载体与有力抓手。打造美丽乡村作为农村精神文明创建工作的一项重大举措，是农村精神文明建设的内在要求与生动体现，必须以农村文明村镇建设为基石，着力抓好农村的民风乡风、文化生活以及人居环境等方面的建设。政府以乡村环境的治理为切入点，制定生态文明建设的有关规

---

① 中华人民共和国文化部：《2014 年文化发展统计公报》，中央政府门户网站，2015 年 5 月 14 日。

范文件，有效整合丰富的市场资源，切实地发挥好政府与市场两只手作用，改善农村的人居环境，切实坚守好农村的绿水青山和蓝天白云；健全相关管理监督机制，坚持从各地农村的实际出发，因地制宜突出特色，科学制定美丽乡村的规划蓝图，通过开展系列集中治理的活动，切实提升农民的卫生意识和习惯，打造农村生活美好环境，通过开展"四下乡"活动，充分发挥文化的教育功能，用有益健康的精神生活占领农村文化思想阵地；坚持面子里子兼修、传承创新并举的科学指导原则，推进农村文明村镇的创建活动不断推向纵深发展，彻底改变广大农村地区脏、乱、差的现象，努力建构农村绿水青山、蓝天白云、休闲愉悦的美好生活。

第二节　社会治理中制约农村公益文化服务能力提升的主要问题

社会治理创新与农村公益文化服务能力提升是一项民心工程，涉及经济、政治、社会等诸多因素，是一项十分复杂的系统工程。新中国成立70多年来，特别是经过改革开放40多年的快速发展，我国城镇化与工业化取得了令人瞩目的辉煌成就。但我们必须清醒地看到，中国的新型城镇化必须走城市农村"两条腿"同时发展之路，城市与乡村的发展如车之两轮缺一不可，相对于城市较高发展水平而言，农村的发展更需要加大支持力度。习近平总书记明确提出乡村振兴的战略就是努力实现"产业兴旺、生态宜居、乡风文明、治理有效、生活富裕"美好目标。中央《关于实施乡村振兴战略的意见》明确指出，农村的文化振兴是乡村振兴的重要内容与根本要求，应坚持物质文明与精神文明同时推进，通过培育良好家风、文明乡风以及淳朴的民风，提升人们的精神风貌，不断提高乡村整个社会的文明程度。改革开放以来我国农村公益文化建设的发展历程，在党的坚强正确领导下，农村公益文化服务建设成就斐然，农村的社会治理水平与农村公益文化水平有了明显提高，广大农民基本公益文化的需求得到一定满足，但由于现有的体制机制改革十分滞后，加之历史的欠账太多，农村公益文化服务能力水平与农民群众的实际需求还存在着相当大的差距。因此，站在全面深化改革和实现乡村振兴的战略高度，认真分析社会治理创新进程中制约农村公益文化服务能力提升的主要问题及其成因，对于创新社会治理体制，切实维护最广大农民群众的根本利益，着力提升新时代农村公益文化服务能力，实现农村经济社会的协调、健康、持续、稳定发展具有重要意义。

一 重视不够，推动不力

回顾我国的新农村建设历程，应当看到，农村公益文化建设在取得初步成就的同时，其建设水平呈现着参差不齐的现象。由于农村的不同地区公益文化建设的重视程度、思想观念、投入力度等存在很大差异，尤其是有些农村领导对农村公益文化的重要性认识不高，重经济、轻文化的"一手硬""一手软"现象较为突出[①]，他们总是认为只要经济发展了，文化建设无所谓，甚至还认为搞文化建设是务虚的、华而不实，与经济建设是根本对立的，不少的乡镇干部为了所谓自己的政绩，总是把原本有限的财力用于经济建设事业的发展上，自然就没有财力顾及农村的文化建设；而很多村干部缺乏文化建设的正确意识，认为文化建设是上级领导的事情，是城里人的事情，农民自身文化水平较低，只要勤劳致富穿暖吃饱就不错，不必再花钱搞文化建设等，这些都是农村公益文化服务能力提升工程必须解决的源头问题。对我国农村公益文化服务能力提升重视不够，推动不力，势必造成农村公共文化产品供给单一，有效的

---

① 杜方：《财政支持公益文化设施的现状、问题及对策》，《河北大学学报》（哲学社会科学版）2009年第3期。

供给不足，供给需求严重脱节，文化资源科学配置与有效使用的缺失，使得不少的农村地区的公益文化处于饥渴状态。城乡的二元制文化发展结构，使得城乡享有的不均衡文化成果，农民消费水平相对低下，政府为农村提供的文化服务极其有限，农村地区自然就缺乏高质量的公益娱乐文化活动。

作为农村公益文化事业最主要的推力，县、乡、村三级公共文化服务体系承载着主导农村公益文化发展的重任。但在实际工作中，农村公益文化服务主要是由县、村两级公共文化服务体系来承担，乡镇综合文化站没有发挥应有的承接作用，存在着弱化与边缘化的问题。一是乡镇综合文化站向上的承接不力，限制了县级文化体系的辐射带动作用。在广大农村，县的规模较大，通常管辖上百个行政村。由于受地理环境的阻隔、经济欠发达与交通不便等多重因素的影响，县级文化服务体系对行政村的辐射作用十分有限，无法直接、高效、及时地将优质的公共文化产品和服务传递到行政村。乡镇文化站作为县—村的中间环节，若能有效地承接县级公共文化产品与服务，并将其组织、配送到乡村，则可大大提升公益文化服务的成效。但由于乡镇文化站在农村公共文化服务体系中长期处于被忽视的状态，加之人、财、物资源的缺乏，公共文化服务平台、设施、技术手段的落后，无法有效承接县级文化机构提供的文化服务，并将其及时传导到村，从而制约了县级文化机构的辐射带动作用。二是乡镇综合文化站向下的指导协调乏力，客观上造成了村级综合文化中心在资源、人才、资金等各方面存在现实困境，服务能力与服务效率低下，难以推动农村公益文化事业的向前发展。而乡镇的文化站由于条件局限，无法有效指导与督促村级综合文化服务中心的建设，更无法有效地开展行政村各种公益文化活动，主要表现为投入农村的资金与文化资源效能低下，往往出现资源相对短缺或浪费过剩等现象。三是乡镇综合文化站自身的建设相对滞后，直接导致其辐射带动能力不足。应当看到，各乡镇综合文化站尽管职能规定较为详细，但由于其自身枢纽地位的薄弱，直接限制了县级文化服务机构对村级公共文化的影响，相当一部分乡镇综合文化服务站的核心功能尚未显现出来，事实上既没能发挥好次级文化中心的辐射功能，又无力改变村级公共文化服务中心的现实境遇。

二 地区差异大，发展不均衡

农村的公益文化能力与经济发展水平具有密切关系。一般来说，经济发展好的农村对文化产品与服务的需求量就大一些，农民期待健康的文化生活，发展公益文化的愿望就会较为强烈；经济基础薄弱的农村对公共文化产品的需求量就小一些，关注公益文化的程度就会相对较低。甚至不少封闭地区的农民认为，只要有活干、有钱赚，有无文化生活是无所谓的事。由此可以看出，经济发展的差异必然会导致公益文化体系建设差距进一步拉大，形成区域间发展的不均衡。之所以形成这种状况，是由于各地农村生产力的水平、劳动负担以及受现代思想影响程度的差异，农民接触各类文化信息与参与文化的机会不相同，加之传统的文化观念不同与文化娱乐消费方式的差别，势必造成农村公益文化水平的不均衡，这也是农村公益文化服务能力提升工程需要调控的重点。

在农村公益文化服务能力建设中，乡村的基层文化服务中心大多存在着受多头指挥而导致协调性不足的现象。"省市县公共文化服务体系建设协调组由同级宣传部门、编办、文明办、发改委、教育部门、科技部门、财政部门、人力资源和社会保障部门、文化部门、质检部门、新闻出版广电部门、体育部门、文物部门、扶贫办、工会、共青团、妇联、残联、科协、标准委20个部门组成"[①]，

---

① 闫晓斌、朱琦芳：《城乡公共文化服务体系建设联动机制研究》，《情报探索》2018年第3期。

虽然各级协调领导小组，在整合公共文化资源、构建大文化发展格局上发挥了很大作用，但在现实条块管理的体制下，农村基层公益文化资源分散在不同的部门，客观上存在着部门的职能交叉、重复建设、多头管理、资源利用率和服务效能较低的问题，在实践中存在资源缺乏与资源闲置并存的问题，碎片化问题比较严重，缺乏统筹协调，较难形成合力，发展不均衡现象十分突出。

三 基础设施匮乏，建设水平较低

城乡二元制体制的长期存在，农村公益文化建设的投入较少，扶持政策不多，导致了农村公益文化设施的缺乏与落后，加之现有的文化设施缺乏科学的管理，利用开发的程度偏低，农村公益文化内涵的贫乏，难以产生很大的吸引力。① 就全国而言，农村基层乡镇综合文化站、行政村等基层综合文化服务中心、农村公共文化设施建设仍有短板，一是表现在乡镇综合文化站尚未实现全覆盖：据《2017年中国文化文物统计年鉴》提供的数据显示，全国31个省乡镇综合文化站的建成率仅有85.2%，尚有14.8%的乡镇没有设置综合文化站②；二是表现在行政村基层的综合性服务中心仍未普遍建成：据相关资料统计，全国11省行政村的基层综合文化服务中心建成率仅为74.2%，其中河南省占51.45%，江苏省占47.95%，与2020年国家基层综合性文化服务中心的建设目标仍有不小差距（见表3-3）；三是表现在农村公共文化设施达标率不高：按照国家乡镇综合文化站、村级基层综合文化服务中心的建设标准，尽管省、市、地区乡镇的综合文化站建成率与达标率普遍较高，但行政村级基层综合文化服务中心的达标率较低。据相关资料显示，山东

---

① 谢晶莹：《发展公益文化事业：保障公民文化权益的有效途径》，《中共福州市委党校学报》2009年第1期。

② 《2017年中国文化文物统计年鉴》，国家图书馆出版社2017年版，第185页。

省行政村级基层综合文化中心达标率占60%①,河南省仅占38.04%②;而新疆塔城在第三批国家公共文化服务体系的示范项目建设上,80%的村级基层综合文化中心达到国家规定的建设标准,仍有20%尚未达标。③

表3-3　　11省行政村基层综合文化服务中心建成率　　（单位:%）

地区	区域	行政村基层综合文化服务中心建成率
北京	东	98
江苏	东	47.95
山东	东	95.60
广东	东	63.22
内蒙古	西	89.60
云南	西	89.80
甘肃	西	72
青海	西	87
宁夏	西	56.80
江西	中	60.20
河南	中	51.45

虽然乡村文化设施建设取得了巨大成就,但我们必须清醒地认识到,农村公益文化建设长期存在着设施匮乏、建设水平较低的现象,集中表现为:一是由于基层财力有限,对农村公益文化设施的投入数量不足;二是村级集体经济基础薄弱,不少农村甚至没有任何财政收入,哪怕是一项小的投资也都需申请上级拨款,自身没有发展农村公益文化建设的能力;三是社会多方力量参与文化建设的氛围不浓,缺乏内生动力,势必在客观上形成了农村公益文化的设

---

① 山东省文化厅（http://www.sdwht.gov.cn/html/2016/gzdt_1202/37392.html）。
② 《河南省公共文化服务体系建设有关统计资料汇编》,国家图书馆出版社2018年版,第89页。
③ 《第三批国家公共文化示范区验收资料汇编（西部地区）》,国家图书馆出版社2018年版,第119页。

施的匮乏;四是农村文化场馆缺少相关实用技术培训、就业创业、科技种植、农技推广等农民急需的书籍,文化场馆就不能有效发挥对农民科学思想、价值观的引领职能。就整体看来,农村公益文化的供给不足质量不高,精品服务效应不强,提供服务与农民实际需求不相匹配等,不能适应农民实际生活的需要,难以体现公众的真实意愿。正如颜玉凡、叶南客在《我国现阶段农村公共文化服务困境解析》一文中所指出的那样,这种僵化的缺乏针对性的文化服务无疑是文化服务能动性作用与地方文化特质的漠视,严重忽略了村民亲身参与农村公益文化的积极性、主动性,扼杀了各具特色的地方文化结构对文化服务的重要作用。[①] 这些都是农村公益文化服务能力提升工程急亟待解决的重要问题。

四 "建""管"协调不力,功效发挥不佳

一般地说,经济发达的农村开展公益文化建设的积极性往往较高,但在"建""管"的关系上往往处理不好,农村公益文化建设没有从农民实际需求出发,捐赠与需求脱节现象严重,常常存在着只建不管的现象,评价重"量"不重"质",重"有"不重"用",无法真正实现其应有功效的发挥。实践证明,绩效评价对农村公益文化建设具有监督与激励的双重作用,调查报告显示,我国农村文化建设的评估长期存在机制不健全、评价标准不科学以及只建不管十分严重等现象[②],且缺乏事后反馈的严格监控机制,不少已有的农村文化设施难以发挥应有的效益。主要表现为:一方面在硬件设施得到有效改善、文化软件设施得到不断提升的同时,往往因管理粗放而使文化设施的损毁现象十分严重。有关调查资料显示,农村

[①] 参见颜玉凡、叶南客《我国现阶段农村公共文化服务困境解析》,《艺术百家》2014年第6期。

[②] 刘伟、王梓:《河北省农村公益文化事业发展对策探析》,《经济研究导刊》2010年第23期。

所购买的不少设备存在质量普遍较差的现象，如健身器材与音响设备等损毁后不能得到及时更新；另一方面，由于使用者文化水平不高，对相关操作规程不熟悉，因操作不当致使设备损坏，因不及时维护致使文化设施闲置，不能发挥应有的积极作用。与此同时，由于农村经济实力有限，资源较为匮乏，其文化设施配备也必然较为简单，无人员、无设备、无场地与无活动现象十分普遍。特别是在农村部分地方，沿袭传统计划经济的文化管理模式，政府任命人员由政府决定管理，因权责定位的不明，客观上造成"亲情化""子弟化"的用人模式，形成人人都管但却无人负责的尴尬局面，无法满足农民日益增长文化精神生活的现实需求。

从实际情况看，我国农村公益文化建设长期实行由政府部门主管，受定式思维与运作惯性的影响，我国农村自治文化组织的发展尚不充分，正处于起步阶段，难以直接参与到农村公益文化建设之中，远未成为广大农村公益文化建设的得力组织者、管理者，特别是部分农村自治的文化组织受到利益驱动的影响，缺乏公益精神，参与动机不足、意识不强，且参与空间狭窄、参与渠道不畅，缺乏可推广可复制模式的成功路径，客观上导致了农村公益文化的供给不足、质量偏低、水平不均、效率不高等现象。同时应当看到，我国当下的公共文化服务体系建设评估，是以《关于加快构建现代公共文化服务体系的意见》《关于推进基层综合性文化服务中心建设的指导意见》等刚性兜底标准为依据，实行自上而下的考核模式，从考核区域看，评估监督注重对城市公共文化服务体系建设的效果，对农村公共文化服务体系的关注不多；从考核层级看，评估监督往往聚焦在国家与省级的整体公共文化服务，而对基层乡村的公共文化服务评价较少；从文化服务机构考核看，注重对图书馆与博物馆等领域评价，而对乡镇的文化站与农家书屋等文化场馆绩效考评相对弱化；从公共文化服务绩效评价指标看，其指标筛选维度涵盖范围较广，涉及政府投入、发展规模、运作机制、文化活动、公众满意度、社会参与、文化享受、成本效率、服务效率等各个方面，但由于各地方政府与第三方评价机构制定的绩效考核指标参差不齐、权重结构比例差异较大、大小文化口径不一，农村文化设施存在漏洞，"建""管"协调不力，功效发挥不佳，严重制约了农村公益文化的深入开展。这些都是农村公益文化服务能力提升需要解决的迫切问题。

五 目标责任意识缺乏，自主创新能力不足

"改革开放很长时期内没有把农村文化建设作为主要工作来对待，农村的文化建设总是走走停停"①，就全国而言，乡镇文化站管理人员平均人数相对值较低、数量不足。2016年，每个乡镇综合文化站从业人员平均为2.98人、专业技术人员为0.87人，与城市文化馆的平均16.70个从业人数、12.30个专业技术人数相比，总量明显不足（见表3-4）。在广大农村地区，每个乡镇文化站仅有2—3个人员编制，无法高效履行日常的文化管理职责；同时，乡镇文化干部的构成存在着结构性矛盾，从文化专技人员与从业人员比率看，乡镇文化站人员队伍不到1∶3，城市文化馆则高于3∶4（见表3-4），农村的专业文化干部存在着人才严重不足、补充艰难的局面。根据河南省300个乡镇文化站，以及1500个村级公共文化服务中心的调研发现，在编的乡镇文化站人员大多要兼顾乡镇机关其他工作，或者乡镇机关其他干部兼职文化站的工作，存在着乡镇文化站干部职责不清的现象。加之农村公共文化管理部门人员缺少服务意识，忽视政府公共服务的责任与使命，造成政府工作效率低下、服务的效能不高；相当一部分的基层文化工作者受传统思维方式与经济发展水平的制约，现代信息技术与网络文化未在广大农村

---

① 参见袁婷婷《政府提供农村公共文化服务的现状、问题与对策》，《四川行政学院学报》2014年第6期。

深入普及，对文化建设的信息化未能给以充分重视，对于信息化办公设施投入较少，对农村网络技术人才的培养与吸引不太重视，势必造成农村公益文化建设的信息化程度较低，往往只是满足日常任务的完成，终身学习的意识缺乏，其自身工作积极性、主动性缺失，文化服务互联网的意识不足，无法实现知识更新、工作创新的需要，乡镇、村级文化服务机构很少开办独立的门户网站，文化网络数据资源的平台构建也存在诸多不足。

表3-4　　　　　乡镇综合文化站的管理人员数量表　　　（单位：个人）

指标　　数值	城市文化馆			乡镇综合文化站		
	2015年	2016年	增长率	2015年	2016年	增长率
机构数	3315	3322	0.21%	34239	34240	0%
从业人员	55307	55491	0.33%	95939	101970	6.29%
从业均人数/（馆）站	16.68	16.70	0.12%	2.80	2.98	6.43%
专业技术人员	40405	40852	1.11%	26121	29836	14.22%
专技均人数/（馆）站	12.19	12.30	0.90%	0.76	0.87	14.47%

数据来源：《2017中国文化文物统计年鉴》、国家公共文化服务体系示范区相关数据。

农村公益文化服务能力建设中存在目标责任意识缺乏，自主创新能力不足的现象，究其原因，主要表现为：一是部分农村没有把公益文化纳入地方经济社会发展的总体规划，对已经投入的服务设施使用情况也关注较少。在公共文化资源配置上，大多进行"自上而下"的垂直分配，并且评估工作主要以政府职能部门为主，评估机制缺乏即时反馈与跟踪服务，很少考虑到农民的真实意愿与实际需求，农民的基本公益文化权益很难得到保障。二是存在着文化"专干而不专职"的普遍现象。据资料统计显示，不少乡镇的文化干部为兼职工作，大多承担着大量繁杂的行政工作，缺乏强烈的责任目标意识,没有充足的精力和时间开展相应的公益文化活动。三是农村文化专干普遍文化素质不高、学历层次较低,有的乡镇文化站现今还没有专业文化干部,甚至原有的文化专业人员纷纷跳槽,在职人员长期得不到培训学习,整体状况十分堪忧。① 四是农村的文化单位准入门槛偏低,收入较少,吸引不了大量优秀人才加入,大多数村级没有专职文化管理人员,由于没有自己的"脚",很难站稳脚跟,客观上制约了各项公益文化活动的正常开展,进行文化品牌的自主创新就自然无从谈起。在调研中发现,不少基层政府一味强调"输、捐、送、扶"模式,客观上形成了农民对政府的依赖感,即使政府花了很大工夫进行的推送文化活动,农民参与的积极性、主动性也不是很高。由于农民参与文化活动的积极性不高,常常出现"有人演没人看"的尴尬现象,如农村放映的电影不接地气,与农民现实生活相距太远,致使观看电影者寥寥无几,电影场上非常冷清。在广场舞十分流行背景下,据某村的统计数字中看到,广场舞活动参与者只有99人,占总人数8.4%。除工作人员是男性外,表演者大多都是一些女性,性别的比例极不协调,即使撇开男女比例的因素,整体看,农民参与公益文化度较低也是不容回避的严峻事实。这些都是农村公益文化服务能力提升需要解决的关键问题。

六 大量劳动力的外移,形成文化建设"空洞"

专业人才缺乏是制约农村公益文化服务能力的关键性因素。应当看到,我国的农村人才文化队伍建设还尚不充分,专职文化人员严重不足,工作人员的力量配备无法满足农村公益文化发展的实际需求,真正能够为农村服务的相关专业人才更是捉襟见肘。城镇化的发展进程给农村带来的最突出的变化就是农村人口的流

---

① 参见蔺光《公益文化事业建设的探索与思考》,《理论界》2008年第4期。

动速度加剧,农村"空心化""386199"① 人口结构及比城市更加严重的老龄化等实情,致使农村文化的发展"随人而逝"。2012—2016 年,中国的城镇人口由 71182 万增加到 79298 万,城镇化率由 52.57% 增加到 57.35%,乡村人口由 64222 万降到 58973 万,占总人口率由 47.43% 降到 42.65%。② 广大贫困农村青壮年外出务工经商较多,直接导致了乡村文化建设主体力量的缺失,农村文化消费市场不断萎缩,优秀传统文化的传承后继无人,而新的一代也处于尴尬的境地,他们不属于城市同时也不属于农村,总是对农村怀有一定的排斥心理,不想回到农村但也往往得不到城市的认可认同;随着乡村学校数量的锐减,农村教育势必出现凋敝现象,留守的农村孩子由于教育资源缺失都会选择到镇上和县里上学,也逐渐与农村脱节。此外,由于农村的"空心化"现象,致使乡村的本土文化人才储备力量不足,农村文化事业的人才梯队建设存在悬空化风险。长期以来,由于农村地区常住人口的不稳定,导致很多农村优秀青年愿意挤进城市,造成农村精英人才的大量外流、文化人才缺乏与不稳,形成农村劳动力大量外移现象。这虽在一定程度上增加了农民的经济收入,拉动了农村经济的快速发展,但也造成了农村文化建设"空洞"。一是农村大量有文化有素质的人才外移,形成了专业人才的结构性匮乏,农村文化场馆工作人员的素质相对较低、年龄老化、高端服务人才紧缺,农村社区的低龄化与老龄化现象并存,老中青没有形成合理的文化梯队。从 2015 年、2016 年乡镇综合文化站指导的业余文艺团队总量看,农村地区的文艺团队年增长率为 4%(见表 3-5),有的甚至还不增反降,这无疑满足不了农民日益增

---

① 随着中国城市化快速的发展,农村青壮年劳动力进城打工的数量剧增,广大农村留守妇女、儿童、老人作为一个特殊群体备受关注,被戏称为"386199 部队"。
② 数据来源:《中国统计年鉴 (2013—2017)》(www. stats. gov. cn)。

长的公益文化需求，特别是随着乡镇综合文化站辖区内行政村数量的扩张，2016年每个村的群众业余文艺团队还不足1支。二是农民自身的主动性总体不高，大多业余时间都用来进行打麻将、看电视、玩纸牌等消遣活动，加之一些地区的封建迷信观念根深蒂固，农民群众参与文化的热情与积极性不高，有的艺术人才自娱自乐，有的农村文化表演因农民务工外出少有参与，形成了没有后人延续承继、不少文化遗产项目濒临失传的严重境况。特别是农民对于与自身联系密切的"乡风文明"等相关文化活动的关注度令人担忧。据对某省 M 村的调查显示，在对"生产发展、生活宽裕、乡风文明、村容整洁、管理民主"新农村建设五方面的关注进行排序时，被调查的 480 位农民中，关注"生产发展"的占 37.9%，关注"生活宽裕"的占 45%，关注"乡风文明"仅有 26 人（5.4%）。① 农村社区文化人才流失严重，人员素质状况不佳，文化骨干流失、农民自办文化缺乏人才，知识更新、文化创新存在较大的难度，造成农村公益文化建设的人才断层，客观上制约了农村公益文化的高质量发展。在今天城镇化日益加快的形势下，农村的"空心化"现象日益严重，真正中坚力量（中青年）迫于生计考虑游走于城乡之间，留守妇女、儿童、老人便成为农村文化的伪主体，这也是农村公益文化发展的一大制约因素。据有关资料显示，以性别划分，被调查的男性 689 人，女性 496 人，分别占总数的 58.1% 与 41.9%；以年龄划分，被调查的 30 岁以下者 13.2%，60 岁以上者 4.6%，51—60 岁 21.0%。其中年龄在 31—50 岁的占 61.2%。随着城镇化的不断发展，农村"空心化"将会日趋凸显，这是农村公益文化服务能力提升急需破解的人才难题。

---

① 朱惠斌、王强：《社会管理视角下的农村社区文化建设研究——以解决农村文化建设突出问题为突破口》，《成人教育》2011年第9期。

表 3-5　　　　全国乡镇综合文化站指导的群众业余

　　　　　　　　文艺团队数量表　　　　　（单位：支、个）

数值 指标	2015 年	2016 年	增长率（%）
文艺团队支数	229120	238661	4.16
乡镇个数	31830	31755	-0.24
文艺团队/乡镇	7.20	7.52	4.44
辖区行政村个数	360409	455338	26.34
文艺团队/村	0.64	0.52	-18.75

数据来源：《中国统计年鉴（2016、2017）》《中国文化文物统计年鉴（2016、2017）》

第三节　社会治理中制约农村公益文化服务能力提升主要问题的成因分析

　　社会的发展既需要精神文化的强有力支撑，更需要完备的文化服务体系作有力保障。农村公益文化体系服务能力与水平直接涉及广大农民文化基本权益的顺利实现，事关乡村振兴与全面小康社会的建成，如果农村公益文化服务水平较低，势必会阻隔农村经济社会的长远持续发展。可以说，农村公益文化服务能力提升有利于维护农民的基本文化权益；有利于满足农民日益增长的文化精神需求；有利于城乡文化的融合互动与统筹发展，创造新农村的文化新气象，提升农民的文化修养，建构积极健康的优质文化氛围，打造昂扬奋进的乡村文化生态，激发农民的高度的文化自觉和自信，使其在新的时代拥有更多幸福感、获得感与自豪感。我国社会治理中制约农村公益文化能力提升的现象是多种因素综合造成的，既有历史与现实的原因，也有主观与客观原因；既有经济与政治原因；还有政府以及农民自身的原因。只有深刻分析存在主要问题的基本成因，才能制定科学的有效对策，努力解决好农村公益文化服务能力提升工程建设中存在的诸多问题。

一　认识因素

纵观当下我国农村公益文化事业的整体发展状况，虽然党委政府对农村公益文化事业给予了前所未有的重视，农村公益文化服务能力的提升也得到了地方各级领导的大力支持，但伴随着经济的发展水平不断提高，在市场经济发展大背景下，相对于新时代乡村振兴的目标要求而言，仍然明显感到重视的力度不够，认识水平不足，导致了很多地方政府在大力倡导经济发展的同时，忽视了公益文化事业的发展，形成了不少地方经济与文化发展的严重失衡状态，广大农村地区社会公益文化建设滞后，严重制约了农村经济社会的稳定和谐发展。

（一）地方党委政府对农村公益文化战略意义认识不足

第一，不少农村地区较为突出地存在"重视经济""轻视文化"的现象。集中表现为：一是"文化附属论"的观点，不少地方党政领导认为经济建设对意识形态有决定作用，文化对经济具有服务促进作用，总是以文化对经济建设发展作用的大小衡量文化建设的地位与价值，如果有用就会高度重视并加大力度进行发展，如作用不很突出或者作用不明显现，就会视而不见或干脆丢弃文化事业的发展。二是"文化靠后论"的观点，有人强调只有在经济发展与人们富裕的基础上，才能发展农村的公益文化事业，强调要集中主要精力千方百计把经济搞上去，至于农村公益文化事业的发展那是等经济发展到一定阶段之后的事情。三是"文化代价论"或"文化牺牲论"的观点，有人认为加快经济发展势必会以牺牲文化事业发展为代价，是否搞好文化建设对于地方政府来说无关紧要，尤其是在当下我国乡村财政普遍比较缺乏的大背景下，几乎把自己所有的精力都放在经济建设的发展上，甚至用牺牲文化建设为代价来推进经济建设，根本无法关注农民群众的文化精神需求以及新时代农村地区的文化阵地建设问题。

第二,对公益文化作的内涵认识不充分。目前虽然我国实行的是社会主义的市场经济体制,但不少地方政府官员思想依然停留在计划经济年代。为完成上级的经济指标考核,为了更好彰显自己的工作政绩,为实现GDP快速增长,他们往往把主要精力投入经济建设,很少把文化事业的发展提上重要日程。不少地方党委政府干部总是认为农村公益文化不过就是扭秧歌与唱大戏,没有什么内涵,未能从根本上认识到提升农民的文化综合素养是农村公益文化能力提升的重要内容。有的地方基层党委政府认为建一些文化娱乐场所就是搞好文化建设事业,这种观念从本质看是非常错误的。我们常会看到一种现象,不少的农村地区花费大量资金建好的文化站、农家书屋、文化活动中心常常无人光顾,公共文化设施形同虚设,公益文化的服务职能虚化,成了应付了事的所谓面子工程。

第三,"重形式""轻效果"现象较为普遍。由于文化建设的成绩大多具有隐形的周期长、见效慢的特点,不少地方的党政干部秉持"为官一任,造福一方"理念,为了在任期之内做出点政绩,做到"对上有脸面,对下有交代",不惜耗巨资建起漂亮壮观的文化活动场地,如标准的体育馆、阅览室与文化广场等。至于这些资金是否花在当花之处,资金投入有没有获得很好的效能,投向文化设施的社会效益怎么样,人民群众是否满意、得实惠,往往没有下文。在这种政绩观的指导下,不仅无相关配套政策措施促进文化事业的繁荣与发展,而且在日常工作中也没有相关的规划和落实,文化事业的实效性往往被漠视、被淡化或被搁置,公共文化的服务职能日趋虚化,最终成为其谋求自我政绩、应付了事的面子工程与形象工程。

总之,以上的种种错误观点都是对农村公益文化建设在新时代的战略地位与重要意义认识不够的结果,是一种极为典型的应付了事的心理,这就势必在客观上导致新时代农村公益文化服务的行为偏差,这也是我国当前农村公益文化发展中出现系列问题的总的思想根源所在。

(二) 农村居民对文化建设的重要价值认识不够

农民是新时代农村公益文化建设的主体力量,是推进农村经济社会持续协调发展的内生动力。是否能发挥农民的主体性作用,是搞好农村公益文化建设的关键所在。然而在很多地方,由于在相当部分村民中旧的传统观念的根深蒂固,加之农民的文化水平较低,且交通不便、居住分散、信息闭塞,难以摆脱其狭隘保守、急功近利与盲目的小生产意识束缚,客观上造成了农民群众对文化事业缺乏长远的战略眼光,对其重要性与必要性的认识较为模糊,对自身的重要地位和作用不明晰。主要表现在以下三个方面:一是部分农村贫困地区乡村居民过于注重急功近利,觉得搞文化建设既解决不了吃喝问题,也不能增加其经济收入,不愿在文化上进行大量的投入,甚至形成"读书无用"的错误思想,对子女教育不愿更多地投资,严重影响了农村持续发展的人才支撑。二是由于长期受传统观念的深刻影响,相当部分村民的头脑存在因循守旧、小富即安、不思进取等文化心态,这些都在客观上阻滞了农村文化事业的高质量发展。三是基于我国文化制度自身的不完善,文化建设中政府始终处于主导地位,大多农民常常认为文化建设那是政府的事情,与自己没有关系,加之他们本身文化水平低,文化自觉参与意识不强,往往表现出对文化建设的消极淡漠,更不去积极关心和主动参与。根据2014年农业普查的统计,全国56147.9万的农村人口中,高中以上的为3258.7万人,5.8%,初中的21356.3万人,38.04%,小学的23665.5万人,仅占42.15%,平均受教育的年限只有6.54年,纯农业6.23年。① 2016年农村人均消费仅有10129.8元,文教娱乐的消费只有1070.3元,在农村人均消费比重只占10.6%。

---

① 关天小:《我国农村公共服务供给主体多元化探析》,《活力》2011年第12期。

这种现象导致农民群众不能较好主动地表达自身的实际文化需求，其在学习科技项目或接受专业技能培训时较为吃力，总是更多地注重娱乐消遣与便捷文化活动，常选择如看电视剧、参与赌博、打扑克等方式，缺乏对积极向上文化活动的关注与主动参与，严重制约了农村地区公益文化事业的长远发展。

二 经济因素

新时代呼唤新的使命，创新社会治理、提升农村公益文化服务能力，必须坚持物质文明与精神文明一起抓，实现农耕文明传承与发展的有机统一。为此，壮大农村经济实力，千方百计筹措充足的农村公益文化建设经费，不仅是提升新时代农村公益文化服务能力的题中应有之意，更是提升新时代农村公益文化服务能力的战略保障。但我们必须清醒地看到，相对于新时代乡村振兴的目标要求来说，仍然明显感到重视的力度不够，经济发展水平低下、农村居民收入偏低、经费投入不足等直接制约了农村公益文化建设的健康发展。

（一）经费投入不足导致农村公益性文化建设设施缺乏

政府财政投入不足，没有承担其主导责任。财政资金的投入是文化建设的核心要义，也是提升政府公益文化服务能力的关键，但由于我国长期存在的重经济建设、轻文化建设现象，直接导致国家对文化建设的财政投入严重不足，文化经费投入占政府财政总支出的比重很低，缘于农村地区基数大，加之中国地域辽阔，各地经济发展和文化建设水平差异很大，城乡之间、东西部之间差距明显。长期以来，文化的投入偏重于城市，农村公益文化资金投入不足的问题仍比较突出。据有关部门统计，从2000年到2004年，中国农村公益文化建设投入增长率为15.6%，高于同期GDP增长率。2004年中央财政用于农村公益文化建设的投入达30.11亿元，比2000年增加了77.5%。虽然文化建设资金总量有所增加，但是相对于不断增长的农村文化需求来说，投入比例还比较低。如2015年全国的文化经费中，县以上单位文化经费投入为352.84亿元，占比51.7%。相关县以下单位文化投入330.13亿元，占比48.3%。由此可见，无论数量还是比例，农村公益文化建设的经费投入都远低于发达的城市。2016年国家的文化经费770.69亿元，人均文化经费为55.74元，文化经费占财政总支出的比重仅0.41%，而发达国家的这一比例大约为1%。虽然西方发达国家的标准不一定十分科学，但与这个标准比较，我国公共文化的投入占比还有很大的提升空间。而且由于受地方党政领导政绩观的深刻影响，农村公益文化建设经费的投入就会更少，与农村公益文化直接相关县以下单位文化经费为399.68亿元，平均到每个县仅有0.27亿元。[①]此外，东、中、西部农村公益文化服务财政经费投入悬殊，普遍不均衡，全国2016年的文化事业经费中，东部文化单位经费333.62亿元，占比43.3%；中部文化单位经费184.8亿元，占比24%；西部文化单位经费218.17亿元，占比28%。[②]

村级集体经济实力薄弱很难投入。农村集体经济发展与乡村文化建设关系十分密切。一般地说，凡集体经济发展水平较高，农业现代化产业化发展较好的农村，其公益文化建设都搞得较好，农民的文明素养相对也会较高，村容村貌相对会呈现整洁美丽的样态；反之，凡集体经济发展落后的农村，人们的文明素质、村容村貌也会相对较差。改革开放40年来，特别是党的十八大以来，各地认真贯彻中央实施乡村振兴战略、加快农村集体经济发展的相关政策，我国广大农村经济社会发生了巨大的变化，农村的集体经济实力也得到进一步壮大，但我国是一个人口众多、地域辽阔的发展中大

[①] 游祥斌、杨薇、郭昱青：《需求视角下的农村公共文化服务体系建设研究——基于H省B市的调查》，《中国行政管理》2013年第7期。

[②] 郑萍：《需求导向的农村公共文化服务供给体系研究》，《产业与科技论坛》2013年第21期。

国，各地情况千差万别，东中西之间发展极为不平衡，大部分农村地区经济还相对落后，脱贫攻坚任务十分繁重，地方的财政实力捉襟见肘，村一级集体的经济能力十分薄弱，不少老少边穷地区的农村完全依赖政府的财政补贴与政策扶持，其由于缺乏自身的造血功能，没有相应能力对农村公益文化建设进行大量有效投入。因此，积极出台相关鼓励性优惠的文化政策，建构农村与社会组织、企业、慈善家相互沟通的桥梁，帮助农村主动吸纳社会资金多元广泛地流入，提升农村公益文化服务能力的"造血"能力显得十分紧迫。

（二）经济发展水平低形成农村人才外流

人才力量是促进农村经济社会发展、引领农民思想变革与实施的核心力量，也是农民参与享有公益文化活动权利的重要保障，在新时代乡村振兴中起着战略性与决定性作用。开展丰富多彩的公益文化活动需要文化人才队伍的有力支撑，农村公益文化参与率的不断提升有赖于人才的正确引领。无论是我国新民主主义的苏区文化建设，还是改革开放前农村文化的发展，都是在物质条件艰苦的情况下将文化建设搞得红红火火，总结其成功的根本原因就在于人才积极作用的充分发挥。但当前我国大部分农村经济发展水平低，基础设施相对落后，交通、教育、通信、文化等条件尚不完善，加之人们收入水平不高，使农村有知识技术、见识广的青壮年先后进城务工，农民子女在学有所成之后大多也留在城市就业工作，客观上导致了农村人才的大量缺失，加之农村的许多优惠文化政策难以落实到位，农村公益文化岗位的工资福利偏低、职业晋升空间有限等诸多现实问题，农村教师与文化工作者人心涣散，使得不少原工作人员与创作人员也逐步流失，不少有能力的优秀农村教师纷纷转入城市。村民用资金投资儿女教育，但培养的人才没有反哺农村，致使农民的受教育程度持续下滑，人才不仅得不到及时补充，且人才培养所花费的资金缺口也很难马上弥补，诸如此类都十分不利于农村公益文化事业的持续发展。

（三）农村收入水平偏低致使文化建设主体动力缺乏

改革开放初期，中国农民的平均收入水平虽不断提高，但总体来说，相对于城镇居民的收入而言，农村居民的收入还是偏低的。据有关资料统计显示，1998 年到 2003 年，农村居民人均的纯收入只增加了 460 元，年均增加仅 92 元，而且城乡居民收入水平差距有不断扩大的趋势，2003 年农民的人均纯收入增长了 4.3%，达 2622 元，而同时期城市居民人均收入却增长了 9%，达 8100 元，城乡人均居民收入差距从原来的 3.11:1 扩大至 3.23:1，如果将城市居民的非货币因素也考虑在内，城乡人均居民的收入差距实际则达到 6 倍以上。① 进入 21 世纪，在全面建成小康社会的进程中，城市的发达兴旺清晰可见，但与之形成鲜明对比的是农村居民收入偏低。在国家系列惠农政策的大力扶持下，农民居民的收入水平较之以前有所提高，但总体的收入水平仍偏低且增长较为缓慢，如 2015 年国家的贫困标准线为 2800 元，而农民的人均纯收入只有 2622 元，这就说明还有大量的农民收入水平远低于全国平均水平。由此可以看出，经济基础往往决定上层建筑，农民经济收入的偏低会直接影响到农村公益文化建设能力的进一步提升。

第一，农民经济收入的有限性导致了他们文化水平的普遍较低。一般来说，经济欠发达的贫困落后地区，农民的文化水平总是比较低，文盲率自然也会很高，精神也会更加贫困化。在中国一些农村落后地区，教育的基础设施较为落后，师范院校毕业生大多选择进入城市就业，导致农村地区的师资力量匮乏，教育整体质量不高，很难适应新时代教育事业的发展需要。与此同时，由于欠发达农村的经济贫穷，致使学龄儿童、少年失学辍学现象较为严重，非义务

---

① 中华人民共和国科学技术部农村与社会发展司中国农村技术开发中心：《2004 中国农民素质发展报告》，中国农业出版社 2005 年版，第 43 页。

教育阶段的高昂学费也使不少家长望而却步。据相关资料统计显示，农民收入较低，城乡居民收入差距较大，如2017年全国城市居民人均可支配的收入为33616元，而农民的人均可支配收入仅有12363元，只相当于城市居民的36.8%。虽然国家对落后的西部农村义务教育的学生全部免学费，对困难家庭的学生实行"两免一补"的优惠政策，继而在全国农村地区普遍推行这一优惠政策，但相对于城市而言，农村教育水平落后，难以接受高质量的教育。总体来看，农村教育水平的落后状况仍然严峻，教育质量在短时间内难以有很大提高，客观上导致农村居民的教育文化水平普遍较低。

第二，农民收入较低导致文化消费水平不高。按照马斯洛的需求层次原理，人们只有在满足了自己低层次生存的基本需要后，才会去追求更高层次的文化精神需求。长期以来，在我国大多农村地区，由于经济发展水平落后，普遍存在着农民重视物质生活而轻视精神生活的突出现象，不少落后山区的村民尚未实现温饱或刚刚实现温饱，对他们而言，改革开放40多年是从物质匮乏到充实再到基本富足，再到基本生活需求不断实现与满足的历程。改革开放以来，农村居民收入虽然不断增长，但主要用于提升其物质生活水平。虽然近些年来，农村居民的文化消费水平逐步有所增加，但在农民的总消费中所占的比重依然偏低，从农村居民个体自身的条件看，农民普遍存在的收入低、支出大的实际情况，使其往往没有足够能力去消费更多的精神文化产品。据统计，以2003年为例，全国农村居民的文化娱乐支出占总生活消费支出的比例仅为3.6%。[1]

四 制度因素

健全有效的管理制度是提升农村公益文化服务能力的根本保障，

---

[1] 国家统计局农村社会经济调查总队编：《中国农村全面小康监测报告》，中国统计出版社2004年版，第14页。

坚持制度的民主化、规范化、系统化,增强制度的透明度与民众参与度,使制度更好地反映社情民意,有助于提高政府决策的针对性与实效性。随着农民群众权利意识的不断增强,利益的日趋多元化,各阶层都有自己的利益诉求,特别是对政府提供的公共服务有更高的期盼,迫切需要制度化的、稳定的诉求渠道。但我们必须看到,相对于新时代农村公益文化服务能力提升的目标要求,城乡二元格局制度的制约、农村当下文化体制的不科学、农村公益文化法治的缺失以及诸多相关制度的陈旧僵化,政府管得太多太死,不能充分地调动农民参与公益文化的积极性与主动性,客观上直接制约着农村公益文化事业的持续健康发展,势必影响了新时代农村公益文化服务能力的提升。

(一) 城乡二元体制的制约

列宁指出,城乡间对立是造成农村地区经济与文化落后最主要的原因之一……消灭这种对立应该是建设共产主义的根本任务。[①]很长时间以来,我国实行的是城乡有别的二元制经济结构政策。"二元经济"是美国经济学家刘易斯最早提出来的,主要指发展中国家都普遍存在着有很大差别的两类经济部门:一类是依靠传统方式生产的农业部门,主要分布在广大农村;另一类是以现代方式生产的工业部门,主要分布在广大城镇。我国的二元经济格局一般是把户口、教育与就业等十多项制度作为基本保障,把中国分为城市与乡村泾渭分明的两大相对独立单元,社会成员相应地也分为市民与农民两个群体。城乡二元结构是发展中国家共同存在的共性问题,但在发展中的中国尤为突出。全国人大于1958年通过的《中华人民共和国户口登记条例》,标志着以严格限制农村人口向城市流动为核心的中国特色户口迁移制度的正式形成。富有中国特色的城乡二元制结构是以户籍制度为核心的城乡隔离制度,依据户籍制

---

① 参见《列宁全集》(第36卷),人民出版社1985年版,第113页。

度将城乡的居民分为城市与农村两种户口,农村户口不能随意转成城市户口。城乡的二元结构使我国城乡两极分化的趋势日益扩大,对农村公益文化的持续发展无疑会产生重大而深远的影响。因为在城乡二元格局的结构下,国家的整个优惠政策大多都偏向了城市,其提供的社会保障与公共服务也大都把农村居民排除在外,相对于快速发展的城市社会,农村教育资源相对投入不足以及科技落后,导致了农村的长期贫困,使得农民丧失了现代性赖以成长的物质基础。同时,学校、医院等与民生相关的优质资源大多都集中在发达城市,在教育事业与公共设施的经费投入上,城市的教育与基础设施经费,几乎全部是政府财政进行投入,而农村的教育与公共设施,国家财政的投入十分有限,县以上财政教育经费主要投向城市的教育,农村的教育投入主要依靠乡镇政府,但由于乡镇政府大多是"吃饭财政",根本没有能力对教育进行支持,相当一部分投入需要由农民来承担。如城市学校的人均公用经费数倍于农村学校,农民生病无法享受到城市的优质医疗资源,看病难、看病贵的现象还没有得到根本解决。这些制度和政策,使广大农村居民在文化权利方面享受不到与城市一样的待遇,这无疑会制约农村公益文化事业又好又快地发展。

(二) 农村的文化体制不合理,机制不灵活,机构不健全

公益文化服务的运行是包含公益文化的投入、生产、供给与绩效的评估等在内的运行过程。一般地说,实现农村地区公益文化服务能力的持续提升,不仅要畅顺现有的农村文化体制,还要健全相应机构、创新运行机制,发挥好政府、文化单位、社会组织、文化企业、农民群众等相关主体的作用。我国农村现有的文化体制不尽合理,机制尚不灵活,机构不够健全等是制约农村公益文化建设的制度性原因,具体来说,主要表现在以下几个方面。

第一,农村文化体制不科学。

首先,应当看到,长期以来我国文化系统主要沿用计划经济的一些指令性与行政性的手段方法，十分注重文化的教化功能，形成政府包办事业单位的体制与社会福利型的运作模式。文化管理的行政化现象较为普遍，且政府与相关职能部门限制过多、管得过死，具有极为浓厚的长官意志与计划行为，文化单位作为公益文化建设主体缺乏内生动力与活力，往往表现出自主性与积极性缺失。在压力型的行政体制下，公益文化"自上而下"的科层式行政决策，地方政府只关心公益文化指标的完成，很少关心村民的实际需求。加之，长期以来，农村公益文化事业与经营文化产业关系没有很好地理顺，实际上，国有文化单位的结构不合理，民间文化的发展十分缓慢，很多文化单位自我发展的生存能力较低，导致文化服务的随意性大，不仅总量短缺，而且品种结构也很失衡。一些地方的公共文化管理常处于一种瘫痪的状态，甚至陷入无人去管的局面。其次，我国现行的农村文化站主要由乡镇政府管理，不利于充分发挥公共文化服务社会的重要职能。在绝大多数农村地区的文化站一般都是由乡镇来管理的，文化主管部门与文化业务单位只是对文化站进行具体的业务指导。但由于文化站干部常年承担着繁重的行政工作，基层乡镇的文化专干长期"混岗"使用，且大多年龄偏大、学历较低、业务水平不高，没有精力与能力去组织乡村的文化活动，更难开展"种文化"的活动。最后，由于一些文化站经常废置，或撤或并，人员或减或兼，文化人员往往配备不齐，导致职能不明，权利义务不清，文化信息资源共享、乡镇文化站等文化工程"运而不转"，公益文化服务流于形式、浮于表面，基本处于放任自流、自生自灭的状况。

第二，资金的投入机制不合理。

首先，由于长期以来存在公益文化建设"重城市、轻农村"现象，政府财政对公益文化的投入明显偏向"城市"，国家对农村地区文化投入的比例相对较低，城乡与区域间的公益文化服务水平差别很大。以2001年到2005年为例，国家对农村地区文化经费的投入所占总支出的比例在20%—25%，使得农村地区的公益文化建设经费严重投入不足，直接制约了公益文化服务能力的提升。其次，农村公益文化投入在配置上也不尽合理，政府对农村文化的有限投入大多集中在农村的基础文化设施，且不少地方是一次性投入。尤其是在广大的中西部县以下几乎没有文化人才投入，也无法保证农村公益文化设施运行的充足经费，大多数农村存在只"建"不"管"与"重投轻管"现象。有关统计情况显示，广西2011年仍有部分县级图书馆、县文化馆无建制馆舍，一些地方虽有馆址但不达标，或者年久失修或者设备因老化且缺少配套，70%以上的乡镇未有独立设置的文化站，75%的行政村未有合格的文化活动室。最后，由于政府财政对农村公益文化的资金投入，被相关文化管理部门层层剥夺，越到基层经费越少，状况越来越差，到乡镇文化站时几乎是所剩无几。加之国家的文化管理体制不顺，体制机制不灵活，势必造成投入资金无监督，农民作为受益人无权监督的状况。

第三，文化建设考核机制不合理。

绩效考评对农村公益文化服务能力提升是一项不可或缺的重要工作，无疑对农村公益文化建设起着监督管理与激励约束的积极作用。但由于缺乏公益文化绩效考核的制度设计，地方党政领导部门缺少应有的"文化自觉"，片面强调以"GDP"论英雄，加之我国农村公益文化建设评估机制不健全，评价时存在严重的"形式主义倾向"，评价的标准总是按建筑面积大小、藏书数量、光碟多少盘、电视多少台、正式规章制度的有无等，很少涉及文化设施是否能满足农民群众的精神文化需要，公益文化设施的使用效率等指标。文化建设考核机制不合理，一些基层乡村政府重经济、轻文化，未能很好落实公共文化服务指标体系，缺乏公共文化发展内生动力，在实施公益文化服务中，不主动去认真落实农民群众的参与权、知情权与监督权，难以真正满足农民的基本文化需求，更难实现公益文化供给的最大化与最优化。

(三)农村公益文化建设缺乏必要法治保障

公益性文化事业的发展经费投入源自社会,反过来向社会成员提供均等无偿服务,这是一个现代文明社会中法律规范保护的重要领域。经费投入的严重不足,是影响农村地区公益文化发展的一个关键因素。文化经费的欠缺会直接导致农村文化设施的简陋与人才大量流失,势必导致难以开展文化活动,农村公益文化事业步履维艰。因此,农村公益文化发展资金的投入与管理,理应纳入法制的正确轨道,以健全的法制来保障社会的多元投入与服务的均衡化,推进文化事业的稳定和谐健康发展。农村公益文化事业的法制化,就是要以法律法规的方式,来规范公益文化事业及相关领域的一切行为。应当看到,我国农村公益文化建设在新时代进程中的重要作用日益彰显,我国的不少重要文件与报告中反复强调必须加强农村公益文化事业,但到目前,虽已出台文化法律文件900余件[1],如《公益事业捐赠法》等,但总体来看不尽完善。我国农村文化建设的法律或法规尚不完善,农村公益文化的建设仍处在无法可依的尴尬局面。同时,在我国的不少农村地区,少数群众甚至有的基层干部,法律知识贫乏,法治观念淡薄,严重制约了当前农村公益文化建设事业的高质量发展。因此,应加紧制定相关的法律规范,使农村公益文化事业能够在法制基础上顺利规范运行。

(四)文化建设制度僵化,政府行政权力较大,不利于调动农民积极性

长期以来,由于受传统高度集权的计划经济模式的影响,我国农村的公益文化建设有浓厚的行政与政治色彩,对于怎样进行公益文化建设,政府都会从思路、内容、步骤以及方式上进行自上而下的行政安排,这种政府统一包办的做法在一定意义上看,可以使农

---

[1] 顾肖荣、徐澜波、张明砷:《上海文化立法规划和文化法律思想研究》,《政治与法律》2003年第1期。

村文化生活水平有一定程度的提高，农村居民从中可以享受到一些免费公益文化产品，但农民大都认为农村公益文化建设是政府的行为，与自己没有太大关系，且不少的公益文化产品表面上看轰轰烈烈，实际上往往脱离农民群众的现实需要，所谓的公益文化活动总是流于形式，农民处于被动参与状态，不利于调动农民参与公益文化建设的积极性、主动性与时效性。

五 历史因素

繁荣发展农村公益文化事业，树立淳朴优良的民风社风，关键是提升农民精神文化素质与思想道德素质。只有大力普及科学知识，加强无神论教育，抵制封建迷信，培育高素质新型农民，深入开展文明镇村、星级文明户以及文明家庭等精神文明创建的系列活动，提升广大农村地区的社会文明程度，才能打造社会治理创新与农村公益文化服务能力提升的优质氛围。充分发挥农民的主体作用，积极投身新时代农村文化建设意义重大，我们必须意识到，相对于新时代农村公益文化服务能力提升目标要求，封建的传统文化、几千年小农经济与小农意识的影响，客观上无疑制约了农村公益文化事业的高质量发展，直接影响着农村公益文化服务能力水平的提升。

（一）封建传统文化的负面影响

中国是一个具有数千年历史文化的文明古国，有着不同于其他民族的独特文化体系。纵观中华文化发展的历史进程，自周秦开始，封建文化开始占主导地位，且渗透在社会生活的各个领域，形成了国人独有的价值向度、思维模式与心理状态。可以说，中国数千年封建社会的历史，不仅剥夺了农民学习文化的权利，使他们的文化水平很低，且使中国酿造出了和封建皇权紧密结合的文化体系，这种体系的思想文化与封建传统在一代代农民身上传承下来。中国封建文化是以宣扬君主专制的文化思想为核心，否定人的应有地位和权利，强调人的奴性与绝对顺从；推行"民卑君尊"，宣扬封建的"三纲五常",麻痹人民的斗争精神和意志;极力宣扬宿命论的腐朽思想,鼓吹维护封建的上下尊卑的统治秩序。诸如这些封建传统的思想观念深深扎根在人们的思想深处与日常风俗习惯之中,最终会形成农民所具有的封闭、狭隘、保守的文化心理,富贵在天,信天由命,缺少民主自由平等的"人本"思维。

(二) 几千年小农经济与小农意识的深刻影响

中国数千年的自给自足耕作方式对农民的思想有巨大束缚作用。农民作为小生产者,具有一户一家、自给自足的个性特点,小私有者的经济地位注定其自身的自私性与狭隘性的特质。正如马克思所指出的:"一块土地,一个农民和一个家庭,旁边是另一个农民……好像一袋马铃薯是由袋中一个个马铃薯所集合而成的那样。""小农经济人数多,生活条件基本相同,但彼此之间并没有多种多样的联系。他们的生产方式不是他们相互联系,而是他们互相隔离。"[①] 在这种生产方式中长久地生活,习惯成为自然,客观上就必然会造成农民的散漫与无组织纪律,同时也会形成墨守成规、因循守旧的陋习与听天由命、故步自封、狭隘自私、小富即安的特有性格。它与现代市场经济、现代农业以及现代社会化的大生产倡导的合作理念、市场意识、纪律规范、效益观念与开放意识等都是相矛盾冲突的。曹锦清《黄河边的中国——一个学者对乡村社会的观察与思考》中多次提到乡村居民缺乏合作的问题,他认为这是乡村现代化进程最难解决的问题,必须下大功夫对农村居民进行相应的启蒙教育。[②] 事实证明,不少乡村的居民存在根深蒂固的等级观念,民主法治观念淡化,"人治"思想十分浓厚,这是当下乡村政治文明发展道路上的一大障碍。

---

① 《马克思恩格斯选集》第 1 卷,人民出版社 1995 年版,第 693 页。
② 参见曹锦清《黄河边的中国——一个学者对乡村社会的观察与思考》,上海文艺出版社 2000 年版,第 345 页。

第四章　农村公益文化服务能力提升的理论基础、指导思想及战略原则

历史具有延续的特性，文化具有不可阻隔的属性。纵观文化的发展历史进程，我们可以发现，无论马克思主义的经典作家还是我们党历代中央领导核心，都始终重视文化事业发展、繁荣，对文化问题给予了极大的关注，善于从文化的价值作用探寻解决社会主义的革命、建设、改革与发展等几个不同时期的具体问题，可以说，文化自身的发展历史进程，同时也是中国化马克思主义的必然结果。探讨马克思主义的经典作家和我们党历代中央领导核心关于文化的观点与理论，为我国新时代农村公益文化服务能力提升提供正确的理论基础、科学的指导思想以及相关的战略原则，有着重要的现实意义。

第一节　农村公益文化服务能力提升工程的理论基础

马克思主义经典作家以及我党的几代领导集体核心，历来都注重从文化层面来探寻解决社会主义革命、建设、改革与发展等几个不同时期的具体问题。其中，他们关于文化建设的许多重要理论与观点，为我国新时代农村公益文化服务能力提升奠定了坚实的理论

基础。

一 马克思主义文化建设理论提供重要理论渊源

马克思主义有着内容极为丰富的科学思想文化体系。革命导师关于文化对人类社会价值与作用的科学阐释,为当下我们正在进行的农村公益文化建设奠定了坚实的理论基础。马克思指出,人们的社会意识不能决定人们的社会存在,恰恰相反,只有人们的社会存在才能决定着人们的意识。[1] 同时,马克思的《政治经济学批判·导言》强调,"物质生产的发展例如同艺术生产的不平衡关系"[2],物质和精神作为两种不同质的生产,它们所具有的重要价值和意义也必然会各不相同。这些相关的论述充分认可物质与精神两种生产作用同样重要,"作家""诗人""画家"都应归于社会"意识形态阶层"[3],其进行的艺术创作的目的就是要创造出在思想艺术上有使用价值的精神食粮。可以说,革命导师有关系列论述为当下我们提升新时代农村公益文化服务能力提供了重要的指导。众所周知,公益文化建设作为文化艺术生产的过程,它有助于挖掘人们内心固有的非功利的一面,引领人们对真善美进行深层次的主动追求。从一定意义上说,公益文化给人们所提供的是回归精神、远离功利的一种精神境界,也是对人们审美情趣的培育、滋养和熏陶,这正是新时代农村公益文化服务能力提升应当承担的责任与功能,马克思、恩格斯文化建设思想,至今仍有深远的影响。

二 中共历代中央领导集体为文化发展思想提供科学理论指导

纵观党的历史发展进程,中国共产党历代党中央的集体关于社

---

[1] 《马克思恩格斯选集》第2卷,人民出版社1995年版,第32页。
[2] 《马克思恩格斯选集》第2卷,人民出版社2003年版,第112页。
[3] 同上。

会主义文化建设的相关理论，始终是革命、建设、改革和发展等不同时期文化建设的科学指导方针，同时这些理论也为我国新时代农村公益文化服务能力的提升提供了科学依据与根本指导。

（一）毛泽东关于文化发展思想

以毛泽东为核心的中央领导集体开启了马克思主义中国化，承继了马克思主义经典作家的文化相关理论，他强调一定的文化是一定社会政治与经济的反映，反过来又给予一定的社会政治与经济深刻的影响；经济是基础，经济决定政治，政治是经济最集中的体现。[1] 毛泽东同志结合当时基本国情，深刻系统地分析阐释了新民主主义的文化理论，将新民主主义文化集中概述为民族、科学与大众的新型文化，揭示了革命时代中国先进文化的科学内涵。毛泽东强调农村是文化建设的大本营，必须立足广大农村，必须通过搞好群众的教育，加大对农村教育经费的投入，搞好农村文化建设，肯定农民在农村文化建设的主体地位，脱离群众的文化建设是不会取得成功的。在如何处理看待中外古今文化的关系上，毛泽东提倡必须坚持"古为今用、洋为中用"思想，强调文化建设的发展应该以中国人民的需要为基本出发点，明确提出了繁荣社会主义文化事业的"百花齐放，百家争鸣"这一"双百"方针。毛泽东关于文化建设的系列论述为我国农村文化建设树立了一面光辉的旗帜，从根本上奠定了农村文化建设工作总的基调，为我国新时代农村公益文化服务能力提升工程提供了科学的依据与行为遵循。

（二）邓小平关于文化发展思想

以邓小平为核心的领导集体承继并发展了马克思主义的文化思想以及毛泽东关于先进文化的系列理论，在开启改革开放的伟大实践中，十分重视农村文化建设的发展，特别强调农村文化的建设要从实际出发，指出要在建设高度物质文明的同时，建设高度的社会

---

[1] 参见《毛泽东著作选读》上册，人民出版社1986年版，第350页。

主义精神文明，提升全民族的科学文化与知识水平，大力提倡丰富多彩的高尚文化精神生活。他强调精神文明建设必须坚持"两手抓，两手都要硬"的基本指导原则，强调指出，我们要继续坚持文艺为最广大的人民群众、首先要为工农兵服务的前进方向服务，坚持洋为中用，古为今用，百花齐放，推陈出新的指导方针。① 邓小平认为，加强农村的文化建设对维护农村经济社会的和谐稳定与可持续发展具有重大战略意义。他强调，中国是否做到稳定首先要看这个农村的百分之八十能否稳定，应该指出，城市就是搞得再怎么漂亮，没有农村稳定的根基是不行的。② 邓小平反复强调社会主义文化的根本属性，要坚持文化事业发展的"二为"方向，努力做到为人民服务、为社会主义服务，他指出文化是国家竞争力的重要体现，必须坚持"两手都要抓，两手都要硬"。他认为，不断提升国民的素质与培育社会主义的"四有"新人具有重要意义，建设社会主义的精神文明就是要使人民具有共产主义崇高理想与坚定的信念，要按照"面向世界、面向现代化、面向未来"的基本要求，抓好培养"四有"新人的工作。由此可以看出，邓小平将马克思恩格斯的文化建设理论成功应用到农村文化建设的丰富实践，提出了与中国特色社会主义要求相契合的文化建设思想，又在诸多方面丰富发展了革命导师关于文化建设的理论，在根本上奠定了我国农村文化建设的理论基础，为我国新时代提升农村公益文化服务能力提供了参考与借鉴。

（三）江泽民关于文化发展思想

以江泽民为核心的党中央集体，进入21世纪，紧紧围绕社会主义文化建设问题，承继发展了邓小平理论，并提出了一系列文化建设的创新理论，强调要积极推进社会主义先进文化的建设，倡导以

---

① 参见《邓小平文选（1975—1982）》，人民出版社1983年版，第181页。
② 参见《邓小平文选》第3卷，人民出版社1993年版，第65页。

面向世界、面向现代化以及面向未来的宏大视野，把社会主义的文化建设纳入"三个代表"重要思想体系，鲜明提出"先进文化"基本概念，为21世纪我国的文化建设规定与指明了前进方向。江泽民在强调精神文明重在建设的同时，提出了关于社会主义文化创新的理论，强调必须依据新的实践的新要求，结合人民文化精神生活的需求，推动文化的创新发展。江泽民在党的十五大上强调，建设中国特色的社会主义文化，必须以马克思主义为理论指导，以培养有理想、有道德、有文化与有纪律的"四有"公民为目标，发展三个面向的民族、科学、大众的社会主义先进文化。[①] 在我党的历史上，江泽民第一次阐明了建设社会主义文化的基本纲领，明晰了中国特色社会主义文化建设的基本任务、方针与政策等系列重大课题，强调建设社会主义的先进文化务必牢把先进文化的正确方向，努力建设为社会主义服务与为人民服务的先进性文化，这无疑把文化建设提升到前所未有的战略高度，为我国当下农村公益文化能力的提升提供了重要的启示。

（四）胡锦涛关于文化发展思想

以胡锦涛为核心的党中央集体，坚持以毛泽东思想、邓小平理论、"三个代表"重要思想为指导，在面对我国进入改革开放30年的基本国情背景下，提出了科学发展观与构建社会主义和谐社会两大战略思想，创造性地阐明了社会主义和谐文化思想，胡锦涛在江泽民提出的"三位一体"发展格局基础上，加入了文化建设大格局，提出了四位一体的发展格局。这一时期，经济快速发展，经济体量日益扩大，国内生产总值跨越十万亿元大关。胡锦涛同志从中国特色社会主义的战略全局出发，把社会主义的先进文化与经济、政治、社会等建设放在同等的重要地位，强调

---

① 参见《高举邓小平理论伟大旗帜，把有中国特色的社会主义事业推向二十一世纪》，人民出版社1997年版，第21页。

"四位一体"要整体建设、协同推进,确立了提升农村公益文化服务能力应有的战略地位。就文化建设而言,他指出要在重视公益文化建设的同时,坚持经济与社会两个效益一起抓,①把实现人民多样化、多层次的不断提升精神文化需求视为扩大内需重要的组成部分。胡锦涛同志指出要努力建设社会主义的新农村,积极建设社会主义的美丽乡村,以科学发展观来引领农村文化的和谐健康发展,他强调农村的文化建设应以人民的基本需求为着眼点,关注农村的全面性与均衡性发展,认为只有经济基础牢固才能有文化事业的更好发展,要统筹推进城乡的全面协调发展,缩小城乡二元文化格局的差异。胡锦涛同志认为要把农村文化繁荣发展作为新农村建设的关键环节之一,坚持用社会主义的先进文化占领广大农村思想文化的阵地,不断提升农民的道德思想素质,切实满足农民文化精神的需求,才能扎实地推动农村社会主义的文化建设。毫无疑问,胡锦涛同志的系列论述彰显了对中国特色社会主义建设事业规律的科学把握,是马克思主义关于文化建设理论的创新发展,对我国当下农村公益文化建设的稳步发展,推进社会主义文化的发展繁荣具有重要现实意义。

(五)习近平关于文化发展思想

以习近平为核心的党中央领导集体,站在民族伟大复兴的高度,依据文化强国建设的目标定位,立足新时代、新要求提出了关于文化建设的新理念、新思想与新论断,着重从深刻内涵、基本特征与实践路径三个方面进行了深刻阐释,形成了内涵深刻、逻辑严密、特色鲜明、意涵深远的文化建设思想。他强调指出,文化兴国运兴,文化强国家强,没有文化的高度自信,就不会有文化的繁荣兴

---

① 参见胡锦涛《在2009年省部级主要领导干部研讨班上的讲话》,《人民日报》2009年2月3日。

盛，更没有伟大中华民族的全面复兴。① 面向新时代，以习近平为核心的党中央领导全党全国人民以新时代建设社会主义文化强国为历史使命，坚持辩证唯物主义与历史唯物主义的方法论，以守护中华民族共有的精神家园为时代任务，正确审视与揭示了中华传统优秀文化的当代价值，从中不断汲取富有时代内涵与当代价值的精神养料，深入推进中华传统优秀文化的创造转化与创新发展，使中国的传统文化实现了当代新的飞跃。习近平关于文化建设理论强调要以社会主义的先进文化为主导，以社会主义主流的核心价值观为引领，重视革命文化精神的弘扬，体现以农民群众为中心、以求真务实为原则，以全面改革为动力的鲜明特点。习近平总书记的文化建设系列论述是在中国特色社会主义的实践中逐步形成的，是习近平新时代中国特色社会主义思想的有机组成部分，它丰富与拓展了马克思主义中国化的理论内涵，增添了中华文化自信的力量，清晰地解答了新时代怎样建设中国特色社会主义文化这个根本问题，为建设社会主义文化强国提供了内在的科学遵循，对于促进新时代乡村振兴，坚守文化自觉，坚定文化自信，推动新时代农村公益文化事业的健康发展具有重要的理论价值和现实意义。

第二节 农村公益文化服务能力提升工程的指导思想

任何实践都离不开科学的指导思想，农村公益文化服务能力提升工程建设，同样离不开系统的科学理论指导。马克思主义经典作家以广宽的世界视野，深刻系统揭示了文化与文明的主要内涵，深入阐释了城市与乡村所具有的不同特点，明确指出文化自身的不断

---

① 参见习近平《决胜全面建成小康社会 夺取新时代中国特色社会主义伟大胜利》，《人民日报》2017年10月19日。

发展必定会打破这种由内向外的封闭。纵观新中国70多年来的历程，党的历代中央领导集体都十分注重农村公益文化服务能力的建设，经过从理论到实践的不断探索，形成了中国化的马克思主义农村文化建设理论，为新时代社会治理的创新与农村公益文化服务能力提升提供了现实指导。因此，农村公益文化服务能力提升的实践过程，必须坚持科学的指导思想，唯有如此，才能确保农村公益文化建设始终沿着正确方向健康发展。

一 文化前进方向上，坚持社会主义文化的前进方向

坚持什么样的文化方向，建设什么样的文化，往往彰显出一个政党的属性，也是政党在思想引领上的一面鲜艳旗帜。[①] 改革开放特别是进入21世纪以来，党中央、国务院把加强农村公益文化建设作为推进社会主义的新农村建设、发展农村地区文化事业的重要抓手，作为建构农村公共文化服务体系的重要内涵，不断制定与完善相关的政策法规，加大扶持力度，使农村公益文化发展环境进一步优化，实现文化事业大繁荣大发展，各项工作取得了显著成就，广大农民群众文化获得感与幸福感持续增强。站在新的历史方位，我国农村公益文化服务能力提升在指导思想上应坚持以马克思主义中国化的理论成果，特别是习近平新时代中国特色社会主义思想为强有力指导，这样才能保证其科学的正确发展方向。农村公益文化服务能力建设应以传承爱国主义，弘扬民族精神，传播文化科学知识，普及优秀文化艺术为内容，旗帜鲜明地传扬先进性文化，积极鼓励健康文化，保护优秀的民间文化，持续深入地改造落后消极文化，自觉抵制庸俗腐朽文化，努力提升中国特色的农村公益文化服务能力。

---

① 参见《江泽民在庆祝建党八十周年大会上的讲话》，《人民日报》2001年7月2日。

二 文化发展目的与任务上，坚持培育"四有"公民

我国新时代农村公益文化工程要在培育"四有"公民目标的指引下，以满足农村群众享受文化成果、参与文化活动、接受教育文化等基本文化需求为目标，通过各种渠道和途径向农民提供人类已有的知识，向农民进行潜移默化的理想和信念教育，担负起提升农民道德思想素质与文化科学素质的任务，为农村文化生活提供文化活动的人才支撑与文化产品服务。应大力推进农村公益文化事业的高质量发展，拓延农民文化精神生活的内涵，强化农村文化基础设施建设，通过丰富多样的文化生活，以先进的理论武装人、以科学的舆论引导人、以高尚的精神锻造人、以优秀的精品鼓舞人，为农村经济与社会的全面进步提供强大精神动力，使农民的思想素质、道德情操发生根本转变。

三 文化发展方针上，坚持"二为"发展方向与"双百"指导方针

所谓的"二为"发展方向，就是指"为人民服务，为社会主义服务"，这是马克思主义中国化理论和习近平新时代中国特色社会主义为指导的文艺文化发展观最核心的问题，是新时代中国先进文化前进的根本方向，更决定着农村公益文化建设的价值取向。我国农村公益文化工程建设要本着"二为"的发展方向，从广大农民的文化精神需求出发，通过深入开展农村文化志愿者服务活动，健全农村文化指导员制度、推进文化精品下乡工程等，积极参与农村公益文化建设，服务民生，服务社会，使公益文化服务走向纵深，潜移默化完成社会主义先进文化与优秀民间文化的对接与融合，以更民主的、丰富多彩的、贴近生活的方式，传递着积极向上的先进思想和文化。所谓"双百"指导方针，就是指"百花齐放、百家争鸣"，是党指导科学文化发展繁荣的基本指针，是繁荣发展社会主

义文化文艺事业的必由之路,也是繁荣农村文化事业的重要方针。农村文化常以服务民生作为发展的一个出发点,应始终将农民群众作为被服务的对象,积极引导农民参与农村社区的文体活动,使更多的人民分享到文化活动,从活动中得到身心的愉悦,进而必对营造良好农村文化氛围产生积极的影响。农村公益文化建设关涉农村乡镇的千家万户,关系到最广大人民的根本利益,是农村文化最大的服务对象,也是农村文化工作最大的公益性。农村公益文化工程建设坚持"双百"方针,应当尊重全体成员的共同利益,坚持不以盈利为目的的公益属性,在农村地区大力鼓励发展农村特色文化、民俗文化,以繁荣农村文化事业为目标,追求社会效益的最大化,满足广大农民群众的公共文化需求,惠及最广大的农民群众的根本利益。

四 文化领导力量上,坚持党的领导

我国是党领导下的社会主义国家,党的领导不仅是中国特色社会主义的最本质特征,也是其最大的优势。公益文化作为我国主流意识形态的重要内容,必须与党和国家的指导思想始终保持一致,这是公益文化的历史责任,也是其发展意义的关键。我国农村公益文化服务能力提升是社会主义文化事业的重要内涵之一,是发展社会主义先进文化的题中之义,其发展的基本道路、基本方针以及根本指导思想都应以党的创新系列理论为指导。与此同时,农村公益文化事业的发展繁荣也验证着党对于社会主义文化建设的领导作用。包括农村文化建设发展在内的社会主义文化发展轨迹充分证明,只有在党的正确领导下,坚持文化服务人民的根本宗旨,以打造乡土文化人才为抓手,扶持发展壮大民间文艺队伍,深入推进"送文化"和"种文化"活动,实施"民间名家"和"民间文艺星级团队"工程,辐射带动区域内的文艺队伍,大力传承与发扬民间文化艺术,使得农村公益文化活动遍地开花,才能取得文化事业的

大繁荣大发展，进而推进农村文化队伍建设整体水平。毫无疑问，党的正确领导是我国农村公益文化工程建设的重要保证。

五 文化发展全局上，坚持新发展理念的统领

理念对行为具有先导作用，任何发展实践都需要一定发展的理念来引领。这就需要用创新、协调、绿色、开放与共享新发展理念提升农民的综合素质，转变传统的生产方式与思想观念，牢固树立与认真贯彻新的发展理念，统筹城乡融合发展，统筹经济社会融合发展，统筹人与自然和谐发展，实现人口、生态、资源与经济社会的高质量协同发展。文化软实力是美国哈佛大学著名教授约瑟夫·奈（Joseph Nye）提出的，国内学者将其定义为"一个国家国民的思想道德、理想信念、核心价值观念、文化科学素质和民族文化传统、民族文化遗产，以及民族性格、民族心理、风俗习惯等文化发展和文化积累所形成的现实力"[①]。加强农村公益文化工程建设必须以新发展理念统领农村公益文化工程的建设。新发展理念是我们党历代中央领导集体关于发展思想的承继与发展，体现了新时代马克思主义新的发展观。农村文化建设是提升文化软实力的重要组成部分，也是整个公共文化服务体系的重要根基，农村文化队伍建设是文化人才建设的重要组成部分，必须把服务农村发展作为农村公益文化建设的根本出发点和落脚点，充分尊重农民意愿，反映农民需求，让农民广泛参与，使之成为农村的一项民心工程。只有坚持以五大新发展理念统领，紧紧围绕乡村振兴的战略目标确定文化建设的任务，真正做到以"民"为本，服务农村，根据乡村文化振兴需要制定相关政策措施，用发展成果检验公益文化的成效，才能保证我国农村公益文化工程建设持续健康的发展。

---

① 杨力龙：《提高文化软实力与建设社会主义核心价值体系》，《中共太原市市委党校学报》2008年第1期。

第三节　农村公益文化服务能力
　　　　提升工程的战略原则

马克思主义的经典作家以及我们党历代领导集体关于文化建设的理论既一脉相承，又与时俱进，共同汇铸了农村公益文化服务能力提升的重要理论源泉，离开了它，农村公益文化能力提升工程就成了无本之木，无源之水。农村公益文化服务能力提作为一项宏大的系统工程，应积极汲取马克思主义中国化的优秀理论成果，开拓创新，与时俱进，切实践行科学的战略指导原则，唯有如此，才能实现新时代农村公益文化服务能力的不断提升。

一　坚持政府主导与主体多元的原则

农村公益文化非功利属性决定了它不能单纯地靠自营来获得发展，更不许完全依赖市场的作用，简单地用市场办法进行操作，必须发挥政府的主导作用，这也决定了在农村公益文化建设中，基层地方政府在政策与财政上出台优惠政策进行扶持是不可替代的。坚持政府主导、主体多元原则，就是要制定落实农村公共文化投入的有关政策，明晰政府、社会与个人在筹措农村益文化建设经费中的权利与义务，引导多方资金投入助推农村公益文化建设健康发展；与此同时，社会的广泛关注与高度重视也是有效开展相关筹措活动的强大推力，即农村公益文化建设应创新社会办文化的理念，整合多元主体的力量，通过构建完备的法规政策，积极吸引社会多元主体的积极参与，加大对社会资本投入农村公益文化建设的支持力度；应再次形成以政府拨款投入为主导，社会组织与民众参与投资为补充的新机制，开拓公益文化建设的融资多元渠道，积极引入社会监督机制，加强对资金使用的严格精细管理，严惩挪用侵占不法行为，定期对资金使用明细进行公示，确保农村公益文化工程建设的资金使用情况公开透明。

二 坚持以人为本原则

实施乡村振兴战略，农民群众是天然的主力军。新时代农村的公益文化建设主体是农民，离开农民群众积极参与的公益文化建设是不可能成功和取得实效的。改革开放40多年来，我国农村的物质生活发生了举世瞩目的深刻巨变，追求日益美好的精神文化生活是富裕起来的农民的共同愿望。在农村公益文化服务能力提升中，以人为本原则就是以农民的实际需求为根本，始终不渝地坚持以农民的需求为出发点，把实现、维护与发展好广大农民的根本利益作为出发点和归宿点，切实把农村公益文化服务能力提升的工作重点放在实现农民基本的文化权益和多样性的文化精神需求上，保障大多数农民的基本文化权益，解决好农民最紧要的现实文化需求，并以此作为评价农村公益文化服务能力高低的根本标尺，把提升新时代农民的综合素质、促进新型职业农民的全面发展作为农村公益文化事业的根本目标；在充分尊重农民特性与精神需要的基础之上，通过举办各类有意义的文化活动弘扬新的农村伦理精神，营造积极向上的文化氛围，使农村的文明程度与农民的整体素养不断得到提高；要倾听广大农民文化需要的呼声，了解农民的精神文化需要的新特点，不断完备农村地区公益文化的政策、法规，充分发挥农民的聪明智慧，鼓励扶持农民自发形成群众性的文艺组织，坚持主流文化的先进方向，重视地方各具特点的地域文化，合力推进新时代农村公益文化服务能力的不断提升。

三 坚持公益第一原则

公益性文化建设任何时候都应当坚持为公众服务、使公众受益的公益性质，唯有坚持以农民为中心的工作导向，努力做到问政于民、问需于民、问计于民，才能为民所乐，同时发展公益文化事业内容、形式与手段只有根植农民、来自农民、服务农民，才能为农民谋乐。进入新的历史方位，农村公益文化工程建设必须牢牢把握公益性的发展理念，以农村群众道德思想素质与文化科学素质的提高为宗旨，时刻做到一切服务于农民、保障农民实现基本文化权利。只有如此，才能真正把牢农村公益文化事业的正确方向。与此同时，要善于对农村的公益文化事业与经营文化产业进行分类管理，经营性的文化资源应按照市场经济规律进行运行，政府对这部分文化资源可以监管与指导；而农村社区公益文化资源归基层所有，在公益文化事业发展上，政府只对其实行宏观管理，按照政府来主导的理念，依据公益性、基本性与平等性以及便利性等基本要求，健全完善农村公益文化服务体系，让广大农民享受更加广泛优质的服务。可以说，只有深入农村，切实了解农民的精神文化需求，坚持总体对文化分类管理的原则，才能有助于农村公益文化与经营文化分别找到适合其自身发展的方式，推进农村文化生产力的解放，把对农民真挚的情感转化为服务广大农民的内在动力，生动展示农民群众奋发有为的精神风貌和在乡村振兴中取得的辉煌业绩。

四 坚持"双轮驱动"原则

一般地说，物质水平极大提升与社会文明巨大进步一定会产生文化的发展繁荣，反过来，文化的繁荣发展也必将助推社会经济的优质高效发展。进入新的时代，加快文化体制的改革，推进"双轮驱动"文化战略，不仅有助于发展文化生产力、推动文化的继承创新、激发民族文化的创造活力，而且也是提升文化的软实力，构建社会主义的文化强国的战略选择。只有推进"双轮驱动"，在坚持社会效益第一的基础上，将文化事业与文化产业视为一体协同发展，才能真正增强文化的竞争力，提升人民群众物质精神生活水平，发挥文化在引领社会风尚与服务农民群众等方面重要作用，实现人民的基本均等普惠文化权益。

习近平同志指出，推动文化事业与文化产业的协同发展，满足广大人民对美好生活的新期盼，必须提供丰富多彩的文化精神食粮，要通过文化体制的深化改革，完善现有文化体制，进而才能加快建构社会效益与经济效益统一的机制。习近平这一思想揭示了文化事业与文化产业的关联性、互动性与协同性逻辑关系，犹如鸟之两翼、车之双轮，必须统一谋划并协同一致整体推进。文化经营与公益服务是文化建设基本的两个属性，但文化建设的最终目的是能够为社会增加更多的精神文化产品，更好地满足人民日益增长的对美好文化精神生活的需求。因此，在农村公益文化服务能力提升中，应贯彻"双轮驱动"的文化发展原则，坚持做到两手都要抓，即一手抓文化产业的发展，借助市场经济的某些规则与观念，完备农村文化产业配套的体系，加大对农村公共文化产品的投入力度，鼓励农民投身文化事业，运用本土的丰富文化资源发展富有特色本土文化，铸牢农村公益文化的经济基础，促进农村文化市场的繁荣兴盛；一手抓公益文化事业，加大公益文化设施的建设力度，大力兴建农村文化广场、农家书屋、文化乐园等载体。要善于用经营文化产业带动公益文化事业的发展，通过经营文化产业增加对农村公益文化项目与设施资金的投入，降低文化消费的门槛，引导农民进行公益性的文化消费，进而打造富有活力的农村多彩文化市场，努力实现文化产业与公益文化事业的良性互动，共同推动新时代的农村公益文化事业又好又快发展。

五　坚持城乡融合统筹发展原则

长期以来，由于我国客观存在的城乡二元制结构，落后的农村一般处在自然经济的社会，客观上导致我国的文化发展水平中的城乡不均衡，尤其是农村的公益文化水平相对于其他建设明显严重地滞后，不少农村的公益文化建设未能纳入当地社会经济发展的总体规划中，城乡一体化进程面临着复杂与艰巨的任务，因此，"农村公益文化服务能力"作为一个全新的文化命题，如何推进城乡统筹融合下的农村公益文化建设健康科学地发展，业已成为新时代乡村振兴实施的当务之急。统筹城乡文化融合发展是农村公益文化服务能力提升的必然举措，它既可以推动农村社会由传统向现代的深刻转型，又有助于改善农村的社会风气、维护农村经济社会的稳定。我国农村公益文化事业的发展虽取得了长足的进步，但相对人民日益增长的美好文化需求来说，农村公益文化建设仍面临着诸多问题，特别是针对当前我国文化建设中客观存在的重城市、轻乡村导致的文化城乡发展不均衡的现状，我们必须以习近平新时代中国特色社会主义思想为科学的指导，加大对农村公益文化事业的扶持力度，创新城乡统筹发展理念，提升农村公益性文化建设主动力；创新城乡统筹多元投资机制，提升农村公益文化建设发展力；统筹城乡文化设施建设，提升农村公益文化建设服务力；创新城乡统筹人才机制，提升农村公益文化建设支撑力，在鼓励城市文化"下乡"的同时，应该大力倡导农村文化"进城"，引导农村文化通过调演、展演、比赛等方式多进城、常进城，全方位展示自己的文化，彰显草根文化的个性魅力，在城乡文化的交流互动中实现城乡文化的融合，进而促进文化的共同发展繁荣，实现不断提升农村公益文化服务能力的目标。

六 坚持经济文化协调发展原则

经济和文化的关系十分紧密，文化选择影响与决定着经济选择的方向和性质，经济选择是文化选择的基石，两者互相渗透、互相促进、相辅相成，这种互动关系是经济文化发展的一般趋势与鲜明特征。一般说来，文化前进方向总是与经济紧密联系在一起的，文化发展水平往往反映经济发展的水平，文化又会反过来影响经济的发展。邓小平同志当年在设计中国改革开放蓝图时，就对社会主义建设提出"两点论",既反对"经济决定论",又反对"政治泛化论",强调要物质文明与精神文明两手一起抓。还是坚持"两手抓"的战略,才有效地保障了文化对生产力的促进作用。就新时代乡村振兴战略而言,农村公益文化具有整合、凝聚、同化与规范农民行为和心理的重要功能。从根本上来看,农村公益文化服务能力提升工程建设是关于人本身的建设,其最核心要义就是要通过提升农民的文明素养,为实现乡村振兴战略提供强大精神动力支撑。其一是说,经济建设是农村公益文化建设的基础,繁荣的经济可以为新时代农村公益文化服务能力提升提供财力保障;其二是说,农村公益文化建设对新时代农村经济高质量发展具有推动作用,高素质的农民是提升农村经济发展水平的主体动力之源。如果没有农村公益文化建设的健康持续发展,农村经济的高质量发展势必会失去积极的内在驱动力;其三是说,要在传承乡村物质文化的同时传承好精神文化。乡村物质文化是有形的可以直观感知的文化。推进乡村文化的振兴,可从传承乡村物质文化着手,如建设古色古香的传统村落、传承具有民族特色的饮食等。但更应把弘扬传承优秀的精神文化作为重要的任务,各级政府应认真落实《公共文化服务保障法》,建设好基层综合文化中心阵地,保障农民群众读书看报、看电视、听广播等基本的文化权益,使其在经常的艺术文化活动中汲取养分,感悟优秀民族精神文化的真谛。

七 坚持继承与创新相结合的原则

继承与创新是文化事业发展的一个规律,其中,继承是创新的基础和前提,创新又是继承的延续和发展。从继承的维度看,农村文化先天具有民族文化的传统魅力。提升农村公益文化服务能力建设必须立足传统,紧紧抓住传统文化这个根基,应当在承继文化传统的同时,扬弃剔除没落腐朽的文化糟粕。在扬弃中,要结合时代特色,充分运用现代科技手段促进传统文化向现代文化转换,既要从传统的农村文化资源中汲取丰富养料,为农村公益文化建设提供原动力,又要对民族的传统文化进行符合时代特色要求的合理转化,为农村公益文化能力提升增加强大的驱动力,可以想象,如果失去传统文化资源的依托,农村公益文化建设就会成为无源之水、无本之木;从创新方面看,农村公益文化建设是一项崭新的事物,没有固化的现成模式可以参考,只有不断开拓创新,才能牢把舆论导向,以正确舆论引导人、鼓舞人、激励人,增强公益文化的吸引力、感染力与说服力,进而彰显文化建设的内在活力,实现吸引群众、团结群众、凝聚力量的目标;从继承与创新结合上看,既要善于对农村不同类型的优秀文化进行科学借鉴吸收,又要对农村富有特色的本土文化进行改造创新,善于运用有效的新型文化载体,把文化教育渗透于其他工作与相关活动中,充分利用现代传播手段扩大农村公益文化建设的覆盖面与影响力,依托形式多样的受农民群众欢迎的载体,与群众的物质和文化生活结合起来,大力发展以自然人文资源、历史文化遗产为载体的文化事业,打造各具特色的文化战略品牌,积极培育一大批文化的名镇、名村、名园,通过对多元文化的有效整合与集成创新,既可实现与本土农民生活的有机融合,又可吸引外来旅游观光者、投资者前来消费与投资,从而激发起农村公益文化建设内生的活力,真正使农民群众在公益文化活动中受到教育,陶冶情操,提升素质,有力推动农村公益文化建设的健康发展。

第五章 国外关于公共文化建设的有益经验及其启示

国外的发达国家或地区"乡村文化建设"运动起步较早。美国、加拿大、德国、法国、日本、韩国和瑞士等发达国家的社区文化发展大都为工业化与城市化的产物,进入20世纪80年代以来,其社会管理已呈现出新的发展趋势,主要表现为推行"小政府、大社会"的治理模式,创新政府社会治理职能,注重社区公益文化服务能力的提升。推进乡村的文化振兴是一个系统工程,也是文化价值判断与选择的过程。加快农村公益文化建设,实现乡村文化的振兴,必须正确认识与处理好乡村文化与城市文化、传统文化与当代文化、物质文化与精神文化的相互关系。上述这些国家推进社区公共文化发展的有益经验,为我国的农村社区公益文化工程建设提供了重要的启示与有益借鉴。

第一节 国外关于公共文化建设的有益经验

国外许多发达国家社区文化建设发展水平较高,社区的文化功能设施也相当完善,如美国、加拿大、德国、日本、韩国和瑞士等国社区的公共文化建设,经过半个世纪的发展,积累了许多有益经验,值得我们学习与借鉴。

一 美国公共文化建设的有益经验

美国社区由于地方政府与企业的大力支持与充足的活动经费,其公共文化的发展水平较高。在美国社区里,主要是借助政府的公共设施资源为社区广大居民提供公益文化服务,用相关的系列优惠政策引导青少年情系社区、关心社区,建设社区文化;通过在社区成立居民各类兴趣组织开展多彩丰富的文化活动,使居民们能够相互切磋、相互交流、相互学习;通过制定"艺术基础课程"和"艺术发烧友"等项目,指导少年儿童学习音乐、书法绘画、歌舞表演以及影视艺术,培养他们对文化艺术的浓厚兴趣、专业技能与规则观念;基层地方政府依托公益性组织搞好社区的环境美化与娱乐文化活动,根据社区居民的不同文化层次与收入水平,开展丰富多样有针对性的各种文体活动,满足了不同居民的精神文化需求。

二 加拿大公共文化建设的有益经验

加拿大作为世界上最发达的国家之一,曾在 1998 年就颁布了《加拿大农村协作伙伴计划》,着力加大农村基础设施、公共事务治理及村民教育就业等问题解决的力度,为农村公共文化事业发展提供了良好的条件。加拿大政府强调广大农村地区在充分沟通与相互交流的基础之上建构跨部门协商合作的伙伴战略关系,共同致力实现乡村善治的目标与农村公益文化事业的良性发展,例如建立跨部门与行业的农村工作联络小组,定期召开农村公益文化会议,开展交流学习与在线研讨等丰富多样的有趣活动,及时了解民意社情,为社区居民解难排忧;组织开展不同主题的文化项目活动,激发企业、个人积极投身农村文化事业的激情;政府依托协作伙伴模式彻底改变了高高在上的不良形象,利用其自身的先天优势协调各部门间的关系,积极帮助农民改善文化生活,建立电子服务信息系统与电子政务信息网站,为农村的居民提供专家指导建议与信息咨询的相关服务，推动政府真正成为维护村民自身利益、提升农民文化素养的好伙伴，有力地保障了乡村地区公共文化事业的繁荣发展。

三 德国公共文化建设的有益经验

德国在1976年将"村庄更新"写入《土地整理法》，通过深度挖掘乡村的文化价值、发展村庄的特色，持续走绿色发展之路。德国的公益文化建设起步于20世纪初期，其村庄更新是政府改善农村文化发展环境的重要举措，政府通过《土地整理法》《帝国土地改革法》，开启了对乡村生产用地、农地建设及荒废土地的科学规划，将乡村建设与农村公共文化基础设施完善作为重要任务。德国的巴伐利亚州、巴登威滕堡州先后制定了关于更新村庄发展的计划，并对村庄的地方特色与优势进行保留。村庄在20世纪90年代融入了科学生态的发展元素，通过制定政府的宏观规划与综合治理，依靠制度性文本与法律体系框架，有力地促进了农村社会经济的有序规范发展，乡村所具有的文化价值、生态价值与休闲价值被空前提升到重要战略地位，实现了村庄文化的可持续性发展。虽然德国的村庄更新周期较为漫长，但它在乡村公益文化发展中所发挥的价值与影响都是深远的，确保了农村公益文化的发展始终保持自己的活力和特色。

四 法国公共文化建设的有益经验

法国于19世纪中叶发起了"传统农村社会向现代农村社会转型"运动，有力推动了农村公共文化建设事业的发展。在法国，社区的文化组织是社区文化资源重要的组成部分，也是对社区内部相关事务进行协调不能替代的重要力量。法国首都巴黎作为闻名世界的文化艺术中心，其文化艺术氛围异常浓厚，巴黎市很多社区居民通过社区文化的浸染与熏陶，铸就了高雅的爱好兴趣及其优良的风度气质。据相关调查资料显示，巴黎市的基层社区大都高度重视各类艺术文化人才的培养,培养了具有可观数量的社区文化人才队伍;注重发挥各类社区文化组织在文化教育、娱乐健身、民主参与以及文物保护等诸多方面的重要职能,通过组织协会节等灵活多样的载体,为社区居民提供各种有意义的公益文化活动,为社区居民的文化品位、文化素质的提升起到了很好的促进作用;高度重视博物馆、图书馆、影剧院等文化基础设施建设,切实满足社区居民的精神文化需求。

五 日本公共文化建设的有益经验

日本在20世纪30年代就实施了"农村经济更生运动",70年代末期又开展了"造村运动"。日本社区有着丰富而先进的公共文化基础与设施,社区人们的公益文化生活也较为丰富。在日本,社区居民具有普遍较高的文明修养,社区各兴趣活动小组发展较为迅猛。总的说来,每个人可根据自己的兴趣与爱好,自发组织或积极参加形式多样的社区文化组织(如插花小组、健身小组、环境小组、自行车小组、英语俱乐部、老年康复健康协会等)。日本政府注重社区公共文化设施建设,加大对图书馆、文化馆、音乐厅的投入建设力度,向社会免费开放社区的图书馆、文化宫、体育馆、音乐厅等诸多公共文化设施,定期进行公益文化演出与展览展示活动,积极发展社区群众组建的合唱团、绘画爱好小组、音乐爱好小组等多种多样的兴趣小组。

六 韩国公共文化建设的有益经验

韩国于1971年发起所谓"新村建设"运动,重点是狠抓乡村文化的振兴,工作着力点在于美化生活环境以及注重提升农民的科学文化素养。特别是在20世纪末的亚洲金融风暴中受到沉重打击后,韩国通过产业结构调整使信息产业迅速跨入世界前列。韩国将吸收西方式的文化投资模式、市场开发技巧与保存传统民族文化精神有机结合起来,最大限度地保障了其社区居民亲近优秀传统民族文化的机会。韩国注重推进社区文化与经济发展的相互促进以及良性互动,采取优惠政策扶持经济欠发达农村走文化产业发展之路,作为世界上拥有跨国大公司最多的国家之一,其大型企业与社区机构对文化资源及其文化产业的联手开发,有力地促进了社区文化事业的快速发展。

七 瑞士公共文化建设的有益经验

瑞士注重乡村自然环境与基础设施的美化完善,通过制定有关优惠激励政策,如对农业生产发放一定资金补助,向农民进行优惠商业贷款,来帮助其优化改善农村的人居环境,为公益文化的发展创设条件。政府通过财政专项拨款与民间筹措资金等方式,为乡村创办学校、医院、乡村交通、活动场所等基础设施,健全农村公益文化的服务体系。瑞士通过对乡村的改造使农村生机盎然、风景优美、环境舒适、交通便利、设施完备,通过营造优美的环境、特色的乡村风光来实现农村社会的良性发展,提升农村优美文化环境的吸引力。随着城镇化与社会化的日益发展,瑞士的农村和农民逐步减少,但政府仍把乡村的公益文化发展作为推进国家发展的重要部分,以环保绿色设计为宗旨,将乡村社会的文化、休闲、生态、旅游与经济等价值有机融合,通过改善社区居民的文化生活质量,打造瑞士乡村独具特色的田园风光与文化元素,为人们的娱乐休闲与户外旅行提供了好的选择,助推实现乡村社会文化旅游业的繁荣兴盛。

第二节 国外农村公共文化建设有益经验对我国的启示

美国、加拿大、德国、法国、日本、韩国和瑞士等发达国家的社区文化建设模式都强调市场在文化资源配置中的基础作用，主张政府与非政府组织、非营利机构等共同承担文化事务管理责任，合力推动社区公益文化事业发展。伴随着我国融入世界产业的体系与工业化大发展带来城镇化的迅速推进，农村人口向城市加速流动，曾经异常热闹的农村地区出现了空巢化、空心化与老龄化现象。一些偏远的村庄开始逐渐消失，农民数量迅速在变少，农村的年轻人也越向城市集聚，即便暂时留在农村的年轻人也渐渐对农村的生活失去自信，客观上严重影响了他们对乡土的认知。如何培育乡土的文化自信，凝聚人心人气已成为农村经济社会发展面临的一个现实问题。尽管我国的社区文化建设与国外社区文化建设有很多差异，但国外的有益经验对新时代我国农村公益文化服务能力提升具有重要的启示与借鉴作用。

一　社区文化应注重提升居民素质，促进社会的和谐稳定

农村文化是乡村的居民在从事农业生产和生活过程中创造的物质和精神成果的总和。中国的乡村文化保存了世界上最有价值的农耕技术、农业遗产，形成了一套价值、情感、知识与趣味的文化系统。推进乡村文化振兴，理应把弘扬、传承乡村文化的精髓作为其主要任务。农村公益文化建设应发挥文化的教育、传承与辐射功能，彰显其社区的灵魂与核心作用；社区文化活动要切实体现平等性、娱乐性与广泛的参与性；社区文化建设是社区居民行为方式、思维方式、生活方式、价值观念与地域心态等的总和，必须实现以民为本，以提高社区居民的思想道德素质与科技文化素养为目标，按照群众需要什么、喜欢什么的原则，及时高效地把乡村文化、城市文化中深受群众喜爱的艺术作品和艺术形式送到农民面前。如日本的造村运动为向村民传输"造村运动"的文化价值，走访调研了58个村庄，面对面地与农民直接交流对话，来唤起村民对建设美丽家乡的极大热情。在美国乡村的文化建设中，农村的文化活动都需

要人们的积极参与，只有通过广泛邀请且在社区村民主动参与下形成的法律政策才能生效。在德国，社区居民的主动参与对村庄更新项目的完成具有至关重要的决定性作用，村民尤其是乡村的精英人物在乡村治理上发挥的作用，无疑极大地加速了乡村文化改革发展与繁荣文明的进程。

二　大力培育社区文化组织，积极推进社区文化发展

文化的鲜明特质在于它具有物质力量难以匹敌的强大精神力量，它具有历史穿透力和强大的实践力，更有强大的民族凝聚力。农村公益文化建设应通过制定优惠政策，扶持农村民间文化组织的健康成长；通过开展农村民间文化组织的有意义活动，在弥补政府服务功能不足的同时，也能实现社区居民自娱自乐和自我表现的精神需求，增强居民之间的亲近感；通过培育农村的中介与社团组织逐步实现由政府办文化到农民自办文化的深刻转化，如农民协会类型多样，但在乡村治理中均扮演着关键角色：日本农协会承担在造村运动中提升文化知识与综合素质的职能；韩国农协会金融机构通过吸引村民资金，合理推进乡村经济高质量发展；瑞士农协会依据市场需求，架起了政府与村民信息沟通与反馈的桥梁，以便正确作出判断，进行符合实际的科学决策，切实维护好村民的合法利益；法国农协会多措并举，通过提升农业与工业的互动对接能力，为新村建设的发展提供广阔的平台。进入新的时代，推进我国农村的文化振兴，就是要弘扬保护中华优秀传统文化，在这一基础上与时俱进，需要我们牢固树立文化为魂的理念，以"记得住乡愁""留得住文脉"为原则，做好本地历史文化资源的调查与规划工作，真正发挥文化育人功能，培养精神品格，把反映当代农民群众生活的文化艺术作品奉献给人民群众，倾力打造老百姓的精神文化家园，使人民群众真正得到精神文化的美好享受。

三 整合社区文化资源，创新社区文化建设运行机制

韩国、日本与我国同处在东亚地区，又同属新兴的市场经济的国家，相似的国情决定了我们可以借鉴其社区文化建设中政府与企业集团协调互动的某些经验，即通过政府与企业的配合协调，形成共建社区文化的强大合力，从根本上解决社区文化的硬件设施与经费短缺问题。例如，日本通过制定法律法规、出台政策章程，从制度上对社区文化建设进行整体指导与调控，日本的《农林渔业金融公库法》就规定了农村的长远发展目标、具体方式与实现路径，设定了政府在乡村文化建设中的职能定位，确保政府在物力、财力上全力支持农村的现代化建设；日本先进的农村金融体系对道路的维修、产品的改良、居民活动场地的兴建等重要基础设施建设，以及稳定、改善农林渔业条件、丰富居民精神文化的相关场馆提供优惠贷款，极大地增强了农村文化发展的竞争能力。我国在处理农村文化资源的整合时，应借鉴他们成功的有益经验，通过建构文化产业运行机制，积极倡导相关企业参与农村公益文化建设，切实地将企业文化与农村文化结合起来，摸清本地文化禀赋与特质，培育农民的乡土文化自信，凝聚人心人气，在推进乡村文化建设的过程中努力做到取其精华、去其糟粕，要更多引进吸收当代文化作品，增强乡村文化的亲和力，提高乡村公共文化服务的可及性。用新的文化艺术形式丰富农民群众文化生活，力争做到有文化、有内涵、有品位，努力实现文化服务企业与社区公益文化的互惠互利、合作双赢。

四 结合传统民族文化特色，打造社区文化品牌

传统文化资源的保护问题是世界各国在新型农村社区建设中面临的共同问题，世界各国都普遍重视小城镇及农村传统文化资源的挖掘保护与开发工作，其中欧洲国家关于村落文化资源的保护与发

展的研究与实践最具有代表性。国外对古村落文化资源的保护是注重在城市与乡村的发展规划,从法律层面对古民居、古村落进行保护,同时又不阻碍城镇化的建设;在旅游开发方面十分注重居民的认同感,在对古村镇的维修翻新上,非常注重在宏观上把握维修翻新建筑风格与整体建筑风格协调一致,把对村镇的文物保护与注重人和古遗存的和谐相处完美结合起来。充分发掘地方文化资源,打造特色品牌,是日本和韩国社区文化的一个亮点,也可以成为新时代我国农村公益文化建设的重要范式。我国地域辽阔,区域间传统文化各具特色,我们应充分挖掘地方丰富的文化资源,建设社区独有的文化特质,通过巩固提升本地现有文化建设能力和水平,以市场需求为导向,优化配置多元文化服务,依托现有教育资源,适时引进外部优质的教育资源,实施康养文化教育的系统工程。深度挖掘独特性的文化资源与人文元素,以文化的养生休闲特色为切入点,以文化产业园的建设为有效载体,以文化龙头企业的涵养培育为重点,创新发展休闲、观光农业、绿色农业以及绿色农产品加工等系列化的康养产业,积极打造乡村生态旅游品牌,将农业产业的发展与自然景观、养生养老、采摘品尝、休闲度假等链条相结合,实现传统文化与现代文化的有机融合,使人们能够在传统文化和现代文化双向传递熏陶中提升人的全面发展素质,走面向现代化和国际化的社区文化发展之路。

第六章　社会治理创新视阈下农村公益文化服务能力提升的政策取向

追求和谐社会是人类始终向往的社会理想，但如何编织社会的经纬，谋求"善"治之道，却是现代社会步入正轨所追求治理目标。在中国这样一个人口众多、经济社会发展迅速的国家更是如此。从党的十六届四中全会强调"加强社会建设与管理，推进社会管理体制创新"，到党的十七大报告提出的"建立健全党委领导、政府负责、社会协同以及公众参与的社会管理格局"，再到党的十八届三中全会提出的创新社会治理体系，彰显了党中央对社会治理创新的高度关怀与重拳指向。可以说，加强与创新社会治理，是党中央在新的历史方位下审时度势、与时俱进作出的重大战略决策，其根本目的是为了促进社会和谐、维护社会秩序与保障人民群众的安居乐业，为党和国家事业的发展创设优质社会环境。中共中央办公厅、国务院办公厅印发的《关于加强和改进乡村治理的指导意见》提出，到2020年，现代乡村治理制度的框架和政策体系基本形成，更好地发挥农村基层党组织战斗堡垒作用，党组织领导下的农村基层组织建设明显加强，村民自治实践进要一步深化，村级议事协商制度要进一步健全，乡村治理体系要进一步完善。到2035年，乡村公共服务、公共管理、公共安全保障水平显著提高，党组织领导下的自治、法治、德治相结合的乡村治理体系更加健全完善，乡村社会治理有效、和谐有序、充满活力，乡村治理体系与治理能力基本实现现代化。

在新时代乡村振兴战略的背景下，社会治理创新与农村公益文化服务能力提升作为一项复杂的系统工程，不可能一蹴而就，必然要经历一个长期而艰巨的过程。从广义上看，农村公益文化服务能力提升是新农村建设乃至构建社会主义和谐社会的重要因素，需要将其置于整个经济社会发展的全局中去谋划，要从全社会经济、政治、文化和社会建设等方面进行宏观考虑，统筹布局；从狭义上看，农村公益文化服务能力提升是新时代乡村振兴战略的关键环节，是农村经济与社会健康发展的强大精神支撑，客观上要求农村子系统的各个因素能够协调有序正常运行，成为农村发展水平的重要标志，体现着农村社区社会治理水平的高低。党的十七届六中全会指出，要坚持以政府为主导，按照公益性、均等性、基本性与便利性的基本要求……让人民群众充分享有免费或优惠的公共基本文化服务。党的十九大报告强调提出："文化是一个国家、一个民族的灵魂。文化兴则国运兴，文化强则民族强。""完善公共文化服务体系，深入实施文化惠民系列工程，丰富群众性多彩文化活动。"在中国特色的农村公共文化建设思想中，提升社会治理创新视野下农村公益文化服务能力是一项重大的基础工程、民生工程、育人工程与民心工程，应遵循中国特色社会主义文化发展的规律，基于我国历史传统和现实基本国情，在借鉴国外有益经验的基础上，多策并举，深入探讨我国社会治理创新视野下的农村公益文化服务能力提升理念、思路、任务和举措，加强公益文化服务体系建设，由政府、公益事业单位、人民群众等多元主体向农民提供公益文化服务，建设保障农民享有均等、现代、全覆盖公益文化服务体系，切实保障人民群众基本的文化权益。

第一节　创新发展理念，为农村公益文化服务能力提升工程提供思想保障

先进的思想理念是正确行动的先导，领导重视是推进农村公益文化服务能力提升工程的重要前提。众所周知，一个国家的文化发展水平是综合国力竞争的重要指标，其力量蕴藏在民族的生命力、凝聚力和创造力当中，是实现民族振兴的重要支撑。事实上，中华民族的魂在乡村，国家精神的原动力在乡村，广大农村才是社会发展的根源。乡镇作为国家政权建设的前沿，与自然村落关系最为密切，是村落与外部世界文化的联系通道，也是农村文化初次提炼凝聚的中心，村落的文化信息常常是先汇总到乡镇，经过初步汇集并提炼之后再由乡镇传递到县城以及外部世界，因此，乡镇文化站面临与基层村落的陈规陋习、封建迷信以及愚昧文化等进行长期斗争的重大课题。在创新社会治理与乡村振兴战略的新时代，丰富农民群众精神文化生活，进一步满足农民群众日趋增长的公益精神文化需求，就必须对农村地区公益文化建设进行全面提质增效，重塑基层文化站的职责定位，拓延基层文化站的功能范畴，将之打造成为提升农村公益文化服务能力的坚强枢纽。从一定意义上说，提升农村公益文化服务的能力既是实施乡村振兴战略的重要抓手，又是一项传承发展农耕文明的光荣任务，各级领导干部，尤其是农村基层干部，应站在推进实施乡村振兴的战略高度，深刻认识提升农村公益文化服务能力的重要性与紧迫性。

一　增强使命责任意识，将农村公益文化服务能力提升纳入总体规划

各级政府要切实增强农村公益文化服务能力提升的使命与责任意识，应将提升农村公益文化服务能力纳入地方经济社会发展战略

的总体规划，有计划分阶段稳步地扎实推进。通过强化组织领导，形成职责明确、上下贯通、运转高效的领导体制、工作机制，通过复兴乡村文化，发现、维系与恢复农民原有的文化心理、生活方式、情感方式、价值观与世界观，使之与现代价值相融合、相嫁接，生长出新的价值；立足当前，着眼长远，科学制定农村公益文化服务能力提升工程规划，将乡村文化中心打造为城乡文化交流融合的中心舞台，使其能够主动承担城乡文化交流融合、以现代文明的生活方式引领农村公益文化的历史重任，通过挖掘与发扬农村本土的传统优秀文化，把城市现代的生活观念与文化价值观以恰当的方式传递到乡村，打造既符合现代文明又保有传统优秀文化基因的农村公益文化，充分彰显出城乡一体与功能互补、定位清晰与协调衔接的公益文化服务体系的鲜明特色；必须明确定位县乡村三级文化机构的职责使命，对不同地区的文化资源进行合理统筹，协调县乡村各自的文化活动，明确其具体的工作目标，将相关的配套措施落实到位，通过对农村文化内在生命力以及陋习弊病的承继和改造，充分挖掘新的公共文化资源，真正将乡村的公共文化服务中心打造成农村公益文化服务能力提升的核心力量，促成各类文化资源要素的全面整合和有效利用，推动农村公益文化建设更好地发展创新；要强化乡村综合文化中心的聚合功能，引领农村公益文化的前进方向，积极宣传党的方针政策、大力维护与弘扬社会主义主流核心价值观，深入挖掘乡村的民约村规文化、道德礼仪文化、家族家庭文化等文化信息，通过搜集、整理民族民间文化遗产，注重打造乡村特色文化，进而丰富农村公益文化生活，促进农村经济社会协调发展。

二 深化改革，推进农村公益文化服务能力提升工程

各级政府及其职能部门应切实提高政治站位，理清发展思路，深化改革，形成合力，扎实推进农村公益文化服务能力提升工程的

全面协调健康发展。认真抓好相关工作的落实，特别是财政与计划、人事与劳动等职能部门，要切实发挥好自身优势，团结协作，密切配合，各尽其责，各司其职，深化农村的财政金融体制、土地流转制度等方面的改革，真正保障机构、人员、经费、制度与工作的"五个到位"，积极组织开展各种文体娱乐活动，组织影视放映，开展各种形式的培训班、知识讲座，培养文化骨干，通过开办图书室、俱乐部、文化室、农家书屋、文化大院、文化活动室等方式开展丰富多彩的农村公益文化活动；完善科技、文化与卫生的"三下乡"活动与农村文化人才培育的长效机制，坚持实施"引进来""走出去"的双向人才战略，创新人才培养模式，为农村培养大批优质文化专业人才；应贴近农民群众的生产生活的实际需求，坚持形式多样、健康有益、长效便捷的基本原则，善于利用农闲、节日和集市等有利时机，大力发展农村各具特色的地域文化，关爱珍视农村丰富的传统文化资源，既要加大开发与利用的力度，又要多措并举进行抢救与保护，使大批优秀的农村传统文化资源得以弘扬传承。

三 健全配套措施，确立农村公益文化服务长远目标任务

习近平同志指出，实施乡村振兴战略要做到物质文明与精神文明一起抓，特别要注重提升农民群众的精神风貌。[①] 各级政府要围绕乡村振兴的总体目标，结合时代特色创新文化内容，明确规划农村公益文化服务能力建设的长远目标与现实任务，正确制定公益性文化管理和服务的规章制度，积极组织实施公益性文化配套管理措施，寻求建立农村公益文化服务能力提升的长效机制；要围绕农村公益文化服务能力建设这个基本目标，逐步完善农村公益文化的基

---

① 杨志纯、葛莱、高民、季明刚、钟祥胜：《以乡村文化建设提升农民精神风貌——关于徐州市马庄村精神文明建设情况的调研》，《群众》2018年第5期。

础设施，努力培育一批重点示范性的文化工程及项目，积极筹建文化信息资源共享体系，建立农村公益文化站、文化大院、社区广播电视"村村通"工程、电影放映工程、农家书屋建设、农村民俗文化保护工程的建设；遵照有标准、有网络、有内涵、有人才的"四有"总要求，健全乡村公益文化服务体系，深入开展文化惠民活动，支持农村优秀的戏曲曲艺、民间文化等传承发展，接续推进移风易俗、遏制大操大办、人情攀比等陋习陈规，培育诚朴、勤勉的生活态度，厚植优良民风的文化意蕴；切实利用好现代的科技手段对传统文化与现代文化进行适时的融合转换，始终坚持正确的思想政治导向，站稳牢守思想文化意识形态的前沿阵地，善于用现代性提升中华传统文化的魅力，让新时代的农村传统文化"火"起来，使传统的文化在现代的土壤中焕发绿枝新芽，丰富农民业余文化生活内涵，进一步增强农村公益文化的吸引力与感染力。

第二节　创新服务意识，为农村公益文化服务能力提升工程筑牢群众基础

我国是人民当家作主的社会主义国家，政府的一切权力源于人民，政府职能决定着政府治理的基本方向与主要内容，直接关系到人民群众的切身利益以及社会的和谐稳定。党的宗旨是全心全意为人民服务，农村公益文化服务能力提升工程的目标是满足农民群众不断增长的文化精神需要，实现农民群众最基本的文化权益。农村公益文化服务能力提升工程应创新服务意识，通过互联网与云平台等新媒体资源手段，借助县、乡、村三级文化资源与人才优势，广泛采用政府购买服务与扩大文化志愿者的规模等多种方式，面向村民组织开展各类系列知识讲座、职业技能培训等活动，发动农民群众积极参与，切实提升村民的科学知识水平、思想文化道德素质与综合文化素养，真正实现与维护农民的基本文化权益。

一 提升主体地位，调动农民群众的积极性与创造性

高度重视农民群众的主体地位，充分调动农民群众的积极性、主动性和创造性，将知识性、教育性与趣味性融为有机的整体，这是提升农村公益文化服务能力的题中应有之义。以乡村为根本，以农民为主体，是发展公益文化的根本依托。党的十七届六中全会明确指出："以农村和中西部为重点加强县级文化馆和图书馆、乡镇综合文化站、村文化室建设，深入实施广播电视村村通、文化信息资源共享、农村电影放映、农家书屋等文化惠民工程……"这充分体现了党和政府坚持以人民为中心的发展理念，按照人民"求知、求富、求善、求乐"的文化总需求，努力做到发展依靠人民、发展为了人民、发展成果由农民共享的全新理念，促进农民群众自身的全面发展。

二 加强文化法制建设，组建农民文化骨干队伍

加强文化法制建设，保障农民平等参与，均等享有文化的基本权益，努力组建为农民群众自己服务的文化骨干队伍，是推进农村公益文化服务能力提升工程的重要任务。一般地说，社会的现代化依赖着文化的现代化，因此，在大力发展农村生产力的同时，必须要把农村的思想文化、科学技术文化与政治文化等建设结合起来，积极推进农村的文化法治建设，为农村公益文化服务能力提升工程打造优良的外部环境，保障不同地区农民都能平等享有文化的基本权益。同时，要组建一支思想纯、业务精、作风硬的文化工作队伍，增强农村地区文化的造血功能。具体说来，一是要按照一专多能、德才兼备的标准，通过公开选拔不断充实农村文化干部队伍，造就大批敬业爱岗、乐于奉献、学有所长、素质较高的农村文化干部队伍；二是要从农村各地实际出发，因地制宜，积极完善传统文化传承机制，加大农村文化队伍业务培训，打造乡村文化的精英人

才，充分发挥文化能人、民间艺人在丰富拓展农村文化生活与传扬民俗文化方面的重要作用，通过对他们实施个性差异化的培养，使其能够真正成长为农村公益文化建设的生力军；三是要顺应广大农民对公益性精神文化生活的现实需求，重新激发乡村文化的内生动力，让乡村的文化能够在现代文明中找到自己的归属并得以重建与发展；要加大对新型职业农民的教育培训力度，顺势而为，及时组建民歌演唱队、农民艺术团、民间舞蹈队等业余文化娱乐团体，造就一支文化素养高、学习能力强、参与度高的文化主力军，发挥主力骨干的领导与榜样引领力量，在承继传统的基础上，不断提升农民表达文化真实意愿的能力，切实满足农民群众的精神文化需求，唤起农民的文化自觉与自信，保障农民群众的基本文化权益；大力培养新乡贤文化的承继者，充分发挥农民自身在农村公益文化服务能力提升工程中的主体作用，在实现乡村振兴中迸发自我完善、自我革新、自我创造的内生活力，真正实现农村公益文化服务能力提升的价值旨归。

第三节 创新多元投资机制，为农村公益文化服务能力提升工程提供经济支撑

一般说来，经济、政治与文化相互依存、相互促进，实现共同发展，而新时代农村公益文化服务能力提升工程总是有赖于强有力的经济作为强大支撑。可以说，文化与经济紧密相连，文化事业的发展需要依托一定的经济基础，唯有如此，才能稳步提升农村公益文化服务能力；与此相对应的是，农村经济发展水平的高低直接影响到农村公益文化服务能力提升，只有经济发展水平提高了，农民收入切实增加了，才可能为新时代农村文化建设事业注入更多的生机活力，进而为提升农村公益文化的服务能力提供强大财力支持，全面提升农民众的文化素质修养。因此，农村公益文化服务能力提

升工程应采取切实有效措施，将其列入经济和社会发展战略规划，通过创新投入机制，优化投入模式，拓宽农村公益文化发展融资渠道，建立起政府、社会、个人等多元投资渠道，提升广大农村的整体经济发展层次，从根本上真正解决制约其农村公益文化服务能力提升的资金瓶颈问题。

一 充分发挥政府主导作用，加大农村公益文化服务投入力度

各级政府应充分发挥在农村公益文化服务能力提升中的主导作用，依据当地农村公益文化自身发展规划增加资金投入，优化城乡资金的分配结构，千方百计地增加政府对公益文化事业的有效投入，设立公益文化建设专项扶持资金，加大对农村财政转移的支付力度，按照中央引导、地方统筹、注重绩效、突出重点、专款专用的原则，严格落实资金分配使用方案，科学管理与使用专项资金，并及时按照程序将专项资金下达至县、乡、村，杜绝专项资金的挤占、截留与挪用发生，为农村公益文化服务能力提升工程提供更多的资金支持；同时，构建城乡融合互助体系，坚持长期合作、共谋发展、发掘优势、互利互助的原则，推进城市与农村对口帮扶，提升农村公益文化服务能力。不断扩大政府的公共财政覆盖农村领域，即以实施乡镇综合文化站的建设工程为主要抓手，全面加强与完善乡、村两级公益文化设施建设，着力解决文化管理和使用过程中存在的突出问题，最大限度地发挥农村公益文化的使用效益。

二 创新多元投入模式，开辟多元融资渠道

提升农村公益文化服务能力是一个宏大工程，应在依靠政府的主导力量的同时，广掘活水之源，创新多元投入模式，撬动社会投资，开辟多元融资渠道，合力推进新时代农村公益性文化的基础建设。首先，政府应出台相关的公益文化政策，通过放宽审批项目、简政放权与降低社会力量投资乡村文化的门槛，以宽松的优质环境

与灵活务实的优惠政策吸纳社会资本与文化企业投资相关的公益文化事业，可充分利用税收的激励杠杆作用，为广大参与农村公益文化建设的企业减税贴息，鼓励社会资本更多地参与非物质文化遗产、连片传统村落和文化生态保护区的利用保护工作；其次，要构建以政府为主导的投融资平台，着力创新多元投资机制，鼓励全社会积极参与，激发民间资本、外资和公民个人投资农村公益文化建设的积极性，营造良好的投资环境，让社会资本迸发出活力，推动形成"政府主导、市场运作、社会参与"的公益文化发展新格局，从根本上改变当前农村公益文化服务能力提升工程"找米下锅"的尴尬局面，如积极吸纳民间社会资本投资与捐助公益的文化事业，依法通过合理有序的方式向社会与个人进行资本集聚，也可通过相关的基金会组织，有效吸引社会募捐资金，为农村公益文化事业发展筹措充足的经费支持。最后，要充分运用农村公益文化项目的推介会，搭建基层文化众筹平台，为社会力量与文化资源牵线搭桥，创建起高效、规范、便捷的合作互助平台，大力支持与鼓动社会力量采用投资或捐助设施设备、项目资助、活动赞助、提供服务等多种方式参与农村公益文化事业；积极鼓励农民群众自己组建文化大院、文化活动室、文化中心户及图书阅览等文化活动的基本设施，重点扶持农民自己创办一些文化书社、电影放映队，支持农民自己兴办农村业余剧团与民间的职业剧团。

三 多措并举，积极推进农村公益文化设施的提档升级

农村文化基础设施建设是提升公益文化服务能力的基础，结合新时代农民群众日益增长的、多样化的精神文化需求，各地可在国家保底标准的基础上，与时俱进，因地制宜提升农村公益文化设施的建设标准，在设施类型与建设规格上进一步提档升级，大力支持地方政府整合各种社会力量，建设县、乡、村三级文化设施良性互助互动机制，积极鼓励地方政府根据自然条件、人口

分布和文化特色，整合本土资源，建设生态化、人性化、智能化、开放化、标志化的乡村图书馆，为村民打造富有美感、身心愉悦的阅读空间，满足新时代农民群众的多样化精神文化需求；加快推进县级图书馆、乡镇文化站和村级文化中心的提档升级建设，鼓励有条件的农村社区，充分利用乡村各种文化资源，建设各具特色的农民传习所，在已有行政村文化服务中心的基础上，适度提高馆舍面积、功能分区、人员设备、服务内容等方面的标准，全面提升农村公益文化设施的建设水平，为农民群众打造富有魅力的公益文化共享空间。

第四节　创新政策扶持机制，为农村公益文化服务能力提升工程提供制度保障

农村公益文化服务能力提升工程不可能一蹴而就、一步到位，不仅需要在战略上进行总体规划，按照目标要求分步实施，依据时间节点扎实推进，更离不开科学有效政策制度的保驾护航。文化既是一种重要的精神力量，更是一种强大的物质力量。缘于全球化背景下文化发展的不确定性与农村公益文化建设的复杂性，在创新社会治理的背景下，不断提升新时代农村公益文化的服务能力，进一步实现农民群众的文化精神生活需求，助推全面建成小康社会的实现，助力民族伟大复兴中国梦的实现，必须创新政策扶持机制，营造文明健康的农村公益文化建设的外部环境。

一　秉持"五位一体"发展理念，统筹农村公益文化协调均衡发展

文化作为人类创造的文明成果，是人们生存发展的最基本条件，它反过来又对人们赖以存在的生活环境产生重大作用，并有力地促进着经济、社会、政治与生态文明的健康和谐发展。中国特色社

主义的总体布局是一个有机的整体，第一，经济建设可为政治、文化、社会以及生态文明的建设提供坚实的物质基础；第二，政治建设又为经济、社会、文化以及生态文明的建设提供坚强的制度保障与民意基础；第三，文化建设属于精神意识的范畴，可为经济、社会、政治和生态文明建设提供不竭的智力支持；第四，社会建设凭借独特优势，可为经济、政治、文化与生态文明建设提供和谐的优美环境与强有力的支撑；第五，生态文明建设与经济、政治、文化、社会四大建设紧密联系，贯穿于中国特色社会主义道路始终，对于建设美丽中国，实现中华民族永续发展意义重大、影响深远。因此，农村公益文化服务能力的提升应坚持习近平总书记"五位一体"总体布局的建设思想，强化思想引领、思想保障与舆论支撑的重要作用，把文化建设摆在更加重要的战略地位，坚持把文化建设更好地与经济、政治、社会以及生态文明等其他建设有机统一于新时代中国特色社会主义的伟大实践。

二 以农民需求为导向，建构科学公益文化供给体系

思想是行为的先导，在农村公益文化供给上，必须树立以"需求导向"为导向的理念，按照农民群众切身的利益需求来精细安排公益文化产品的数量、种类、时间、方式与形式等，并在此基础上形成完备的政策供给体系，并加以具体落实与实施；在服务的策略上，注重发挥农民主人翁的地位，尊重村民自主选择公益文化服务的权利，提高农民利用自身的闲暇时间挖掘、创新与拓展农村公益文化服务的能力水平，保障农民群众在公益文化上的自主选择权；在服务方式上，切实把传统"自上而下"命令式的主导型转向鼓励式、启发式的引导型，鼓励全社会都来关心与支持农村公益文化服务工作，提升农民文化需求表达的主体意识，培育享受公益文化权利的自主感，关注农民公益文化的实际需要，鼓励、支持农民表达自己的文化需求，将农民自主选择公益文化的权利落到实处，在尊

重与保护地方优秀传统文化的基础上,进一步丰富、拓展公益文化的多元化供给服务范式。

三 坚持"城乡一体化"融合互动,稳步推进农村公益文化服务能力提升

"城乡统筹发展"源于恩格斯1847年在《共产主义原理》中提出的"城乡融合"的思想。所谓"城乡一体化"就是要实现城乡统筹融合发展,而文化统筹发展则是城乡统筹融合发展的题中应有之义。马克思、恩格斯运用辩证唯物主义和历史唯物主义的科学方法论,正视资本主义的条件下城乡之间尖锐对立关系以及矛盾现实,科学阐释了城乡之间分离和对立的客观必然性,着重强调消灭城乡之间对立是一个循序渐进漫长的历史过程,城乡之间的关系最终必然会从分离或对立演变为重新融合与统一。新时代要实现城乡公益文化服务能力提升工程的同步协调推进,政府应协调好相关部门的关系形成公益文化建设的强大合力,以基本公益文化服务的均衡化为着力点,实施"以工促农""以城带乡"互动融合发展策略,不断加大协调与支持的力度,进一步提升对农村公益文化经费的投入力度,优惠或减免农村公益文化活动的有关费用。加大对经济欠发达地区、贫困山区以及革命老区的文化扶贫的力度,通过先进地区帮助指导落后地区实现农村公益文化事业繁荣发展。营造社会力量积极参与文化、投资文化、支持文化的良好氛围,逐步改变区域文化发展不平衡状况,实现整个社会的社区文化建设统筹协调发展;同时,在农村公益文化服务能力提升工程中,应注重农村公益文化服务体系规范化建设,认真贯彻落实各项相关的管理制度与措施,积极出台《农村文化建设考核指标体系与考核办法》,制定《农村文化服务绩效管理体系》,强化乡村公益文化质量考评与考核,完善科学规范的评估细则和办法,引入政府、农民与社会组织等多元评估主体,充分发挥各自的独特优势,加强各主体间的协作互补,

让评估更客观真实并将之纳入各级政府年度工作业绩考核内容之中，将考核结果与评先争优及补助扶持相挂钩，着力改变重建设、轻管理的现状，引领乡村文化中心以群众需求为导向开展各种有益文化活动，大力提升村民的科学知识、文化思想与综合文化水平，使各类文化设施和载体的功能作用充分发挥，确保建设与管理的双重效益得以充分实现，切实推进新时代农村公益文化服务能力提升工程。如近年来湖北省倡导"以农民的文化需求为导向，构建多元文化主体"的农村公益文化建设新模式，河北省大力实施的"民间资本文化"模式，把农村的公益性文化建设作为安民、乐民、助民的有效新载体，鼓励农民自办文化团体。① 进入新的历史时代，我国农村文化建设模式不再是单一的模式，而是逐渐转变为城乡融合发展新形势下的保障农民公益文化发展权的多元模式。

第五节 创新培育机制，为农村公益文化服务能力提升工程提供人才保障

农村公益文化服务能力提升工程不仅要注重基础设施建设，而且相较于城镇更需重视软实力建设。农村公益文化建设人才，在推进乡村振兴战略、繁荣兴盛农村文化中发挥着不可替代的重要作用，农村公益文化活动与服务开展情况如何往往取决于其所拥有的人才质量与数量，基层文化人才队伍是农村公益文化服务能力提升工程的基础力量。由于种种原因，农村的专技人才大多不愿在家乡工作，加之政府在招聘农村基层单位工作人员时大多从当地人员中招考，致使农村优秀文化专技人才流失严重，加之农村现有条件差，工资待遇偏低，这些都不利于吸引优秀人才投身农村公益文化

---

① 吴理财：《当代中国农民文化生活调查》，知识产权出版社2011年版，第62—63页。

事业。创新培育机制，注重人才教育模式改革，采取有力举措，发挥人才在公益文化建设中的主动性与创造性，着力打造正规化、组织化、专业化的农村文化人才队伍，是农村公益文化服务能力提升工程的人才保障。

一 坚持"人才是第一生产力"理念，大力培育农村公益文化服务人才

众所周知，人才是第一生产力，文化人才对提升农村公益文化服务能力至关重要。在具体农村公益文化服务能力建设方案上，对农村文化单位的属性必须做到定位明确清晰，不得随意变更其事业单位的性质，政府应严禁对农村文化单位实行企业化或者变相进行企业化改制，严禁以拍卖或者租赁等形式擅自改变其公益文化设施的用途；通过完善机构编制、学习培训、福利保障等方面的政策措施，配齐、配好乡镇、街道党委的宣传委员、宣传干事以及乡镇文化站的专职人员；吸引、稳定与发展农村文化人才队伍，不断壮大文化志愿者人才队伍，鼓励专业文化者和社会有志人士参与到农村基层文化建设与群众文化活动中，形成专兼相结合的基层文化人才队伍，提升农村公益文化建设人才质量与数量，为农村公益文化服务能力提升工程构建人才队伍的长效机制。

二 建立基层文化专员制，壮大农村公益文化人才队伍

建立基层文化专员制，壮大农村公益文化人才队伍，涉及诸多方面，必须统筹监管。首先要在现有行政编制体系下，明确基层文化站的目标任务、权限职责，完善任职资格、考核标准与晋升条件等相关规范，在尽可能地缓解财政压力与体制内扩编的同时，提升农村公益文化人才的专业性，提高基层文化工作岗位的吸引力，通过公务员的招录和体制内的调岗等方法，实现专职专干，保证基层文化人才队伍的相对稳定性；其次要依据基层文化工作的实际需

要，乡镇文化站的工作人员配备应不少于3—4名，在村（社区）级文化服务中心设置县级政府购买的公益性文化岗位应不少于1—2个；再次要借鉴农村"第一书记"选派和管理办法，明确文化专员的选拔条件、任职年限，制定文化专员的管理制度、工作制度、考核制度、召回制度等实施细则，从机关、学校与公有制文艺团体等组织中选拔经验丰富的文化专业人才，充实乡村文化专员队伍，保持农村公益文化发展人才延续性；最后要积极引导上级文化协会、文艺志愿者协会等各类组织深入农村，开展对农村公益文化事业的结对帮扶与培训指导，借力整合各类社会人才投身乡村文化振兴，依托乡镇文化站、行政村基层文化服务中心，激发农村文化市场潜能，吸引更多的社会文化人才、文艺团体及文化企业等参与农村公益文化事业，逐步实现由"送文化下乡"到"种文化在乡"，为乡村文化振兴注入外部活力。

三　加大文化队伍的教育培训，提升农村文化人才整体素质

习近平总书记在安徽凤阳的小岗村主持召开农村改革会议时指出："中国要强，农业必须强；中国要美，农村必须美；中国要富，农民必须富。"① 在人才队伍的教育培训中，政府要重视从乡村本土中选拔一批素质高的文化干部队伍，将其培养为具有领导组织能力的文化管理"专家"，使其真正发挥在新时代农村公益文化建设中的领导骨干作用；要注重农民主体作用的发挥，要在新型职业农民培训的过程中，优先推行文化培训，培育新时代合格的农民文化骨干，即：遵循以农民为根本的原则，相信并依靠农民、鼓励农民积极参与公益文化活动，发挥好文化能人与民间艺人在丰富农村业余文化、传扬民间传统文化等方面的重要职能，将其自然渗透在对农

---

① 《习近平在安徽凤阳县小岗村主持召开农村改革座谈会并发表重要讲话》，《人民日报》2016年4月29日。

民的"求知、求乐、求美"要求之中，在文化农民培育推进工程中要始终坚持农民主体地位，形成磅礴之力，发挥最大效能；要善于将基层公益文化服务专业人才纳入国民教育培养体系，注重人才合作与培训交流，开办公共文化与管理方向班，为基层文化从业人员培养"懂行实用"专门人才，如四川省乐山市与乐山师范学院共建四川基层公共文化服务研究中心，河南省文化厅与洛阳师范学院共建河南省公共文化研究中心，文化部在对公共文化系统人员开展系列针对性培训的同时，建立与教育部等其他有关部门的联动机制。上述引导各级政府与高等院校合作，定向、委培乡村两级公益文化服务人才就是很好的范式。要建立力量互补、人才互动的机制，通过出台如大学生支援西部的优惠制度，畅通专技人员的流动与交流的渠道，加强对农村公益文化服务工作者的知识与专业培训，严格城市从农村在岗公益文化服务人员中招聘的条件限制，切实从各方面保障公益文化服务人员自由合理流动，鼓励科技文化人才服务乡村文化建设、企业家投资农村文化事业、专家学者参与农村文化建设、律师提供法律文化服务、医生教师参与农村教育医疗工作，引领广大文化工作者和社会文化团体主动坚持"三贴近"的原则，在加强与新时代农村文化工作者交流沟通的基础上，合力锻造文明和谐、健康向上、充满生机的优质文化氛围，切实提升亿万农民的文化参与感、幸福感与获得感。

第七章　社会治理创新提升农村公益文化服务能力的品牌典型案例

　　新时代中国农村的改革发展稳定、基层治理制度化水平与治理能力紧密相关。党的十九大提出要实施乡村振兴战略，强调要努力建设"产业兴旺、生态宜居、乡风文明、治理有效、生活富裕"的新乡村，这为我国新时代农村经济社会发展描绘了清晰的蓝图，提供了行动的基本遵循依据。乡村社会治理创新是实现乡村全面振兴、巩固党在农村的执政之基、满足广大农民美好生活需要的必然要求。随着现代化进程加速推进，传统乡村社会不断从封闭、单一走向开放与多元，在振兴乡村与建设美丽乡村的多重目标背景下，农村文化不仅是培育当代农民思想意识、价值观念的肥沃土壤，而且还影响着人们未来发展观的深刻转变。从一定意义上说，推进乡村文化振兴作为凝心聚魂工程，是指在乡村振兴战略实施中，针对乡镇政府治理能力与农村社区自治力量间不均衡的现状，以深化农村改革推动农村基层治理能力现代化，建构乡镇政府与农村社会制度化之间良性互动，实现乡村社会治理创新与农村公益文化服务能力提升有机融合，在全面加强与改进乡村治理、夯实乡村振兴根基的同时，通过弘扬、发展与繁荣广大农村地区多彩丰富的公共文化事业，满足农民群众的文化精神需求，打造农村文化发展繁荣的软硬件环境，激发乡村传统优秀文化的内生活力，培育适应新时代发展要求的新的乡村公益文化,切实弘扬良好家风、淳朴民风以及文明乡风,使得乡村社会治理水平与居民文明程度得以提升。

新时代要有新理念、新气象、新作为。站在新的时代方位,扎实推进乡村文化振兴不仅是一个宏大的系统建设工程,也是一个文化价值判断与选择的过程,同时还是乡村社会治理创新与重构的过程。加快推进农村文化建设步伐,探索乡村文化振兴的中国路径,不仅是一种战略与策略的重大选择,业已成为影响我国乡村振兴战略可持续发展的重大议题。因此,必须纠正传统的重物不见人、重量不重质、重经济不重文化的单一思维发展理念,从决胜全面建成小康社会、实现农业农村现代化的战略高度,切实推进农村公益文化服务能力建设,既注重物质投入的硬件建设,更重视提高乡村人口素质的软件建设,切实提升农民群众自身素质和能力;应充分整合政府、社会组织、村庄和农民等各方面的力量,激发与发挥各方面的活力和能量,要搭建文化活动平台,营造乡村文化的生成发展空间,为乡村振兴的可持续发展提供源源不断的文化支撑、智力支持和精神动力。全国各地不断创新理念,深化改革,以社会治理创新引领农村公益文化服务能力提升工程,在正确认识与处理乡村文化与城市文化、传统文化与当代文化、物质文化与精神文化的关系中,加快了乡村文化建设步伐,实现了乡村文化振兴,涌现了各具特色的品牌典型案例。

第一节 河北省邱县:用农民漫画解读社会主义核心价值观

"锄杆笔杆一起拿,心怀公益画漫画,喜怒哀乐身边事,小小画里有天下。"这就是河北省邱县人人皆知、流传很广的一首民谣,这首民谣极为形象生动地道出了小漫画里的大作用。河北省邱县是一个人口仅有25万的小县,但以农民群众为创作主体的"青蛙"

漫画却闻名全国。历届邱县县委、县政府都高度重视发挥农民漫画这种富有地方特色的"群众智慧"优势,强化社会公德、个人美德等与社会主义核心价值观思想道德宣传教育一脉相承的相互结合,始终坚持"根扎农村、紧跟时代、政府支持、公益前行"的科学理念,持之以恒长期引导推进,生动展示了"中国精神、中国道路、中国力量"发展中的新政策、新风尚、新变化,取得了非常可喜的成效。

一 政府全力支持助推"公益团队"发展壮大

说起邱县农民的公益漫画,就不得不提起邱县青蛙漫画组。漫笔描绘正能量,画里弘扬新风尚,生动展示了青蛙漫画组的强大影响力。河北省邱县青蛙漫画组作为全国最大规模的农民漫画组织,于1983年成立,它最初是由农民漫画师夫妻陈玉理和李青艾共同创立的,他们发表的作品经常使用自己的笔名"陈与李"。陈玉理虽然左腿残疾,却仍能坚守漫画传播公益的梦想并与妻子李青艾的志向追求不谋而合,两人志同道合,矢志不渝,通过积极开办系列专业培训班,培养了一批又一批学生,并创作了一大批反映社会新风,针砭社会时弊,弘扬社会正能量的漫画作品。

"陈与李"夫妻档对公益漫画的多年坚守,逐步在全国漫画界产生了较大影响,也使"农民漫画"的名字愈发清脆响亮。如何进一步发挥"农民漫画"这种独具特色的文化优势,在培育与践行社会主义核心价值观中发挥作用,邱县县委、县政府和宣传部都一直在坚持研究探索,并在实践中相继推出了一系列有效务实管用的重大举措。河北省邱县县委、县政府审时度势,清醒地认识到,必须积极打造农民自己的漫画品牌,让农民公益漫画作品创作形成群体优势与特色品牌,专门组建了公益漫画创作团队,用自己的行动引领带动更多的人爱漫画、学漫画与画漫画。1983年,邱县宣传部在实践中发现很多群众都喜欢围在街头宣传栏里看漫画,且边看边议论，群众的热情都很高。宣传部门立即把这一情况及时向县委、县政府进行了专题的汇报，认为通过这种群众喜闻乐见的漫画形式开展形势政策宣传，是一种很好的载体形式，一定会收到意想不到的良好效果。在此基础上，邱县县委、县政府从吃紧的财力中，专门拨付活动资金并进行人力扶持引导，期望陈玉理夫妇能发挥好自己的先进带动引领作用，不断培养壮大农民的漫画队伍，把身边的社会可喜变化画出来，引导教育身边的农民群众。在这样的背景下，陈玉理夫妇想尽办法几乎把全县的绘画爱好者都集中起来，专门成立了农民漫画系列培训班，教画漫画。培训班还特意起了一个响亮的名字："青蛙漫画组。"青蛙是农村农民常见的动物，既吃害虫，也唱丰收，这个鲜明特点与漫画的本质十分吻合。在陈玉理夫妇的带领下，农民漫画创作团队"青蛙漫画组"成立后，白天于田间荷锄，夜晚于灯下握笔，他们立足自己的乡土，面向大千世界，以农民自己特有的视觉去体验观察社会，描绘生活，创作出大量漫画公益作品，这些漫画作品主题鲜明，生动有趣，诙谐幽默，歌颂了新风尚，弘扬了正能量，抒发着中国农民自身所独有的真挚情感。

  1984年第六届全国美术作品展，是对党的十一届三中全会后美术界成果的总检阅，其关注程度应该说史无前例。正是在这次全国高规格的美展上，河北省邱县青蛙漫画组报送的《家乡之变》的漫画图组首次登上了美术界的最高检阅台。1985年，漫画组获得了首届河北省文艺振兴奖。农民自己的作品也可进入中国美术界最高殿堂，极大地激励着青蛙漫画组的热情，他们也第一次真实地感受到自己内心蕴蓄的巨大能量，此后，更多学员的漫画作品纷纷在全国各地报刊上广泛刊载，甚至引发了社会的热议。邱县的农民漫画家用自己勤劳的汗水与独特的艺术形式播种艺术和文明，创造了漫画艺术的奇迹。河北省邱县县委、县政府审时度势，不断加大政府对民间自发组织创作团体"青蛙漫画"的扶持力度，加大全县公益文化宣传事业的政策支持与资金投入力度,做大做强邱县"公益漫画文化"特色品牌。为提升公益漫画创作的水平,邱县县委、县政府通过"走出去,请进来"等方式,邀请著名专家前来指导,让"青蛙漫画"这个农民创作团队得到名师大家面对面的授课机会,得到名家的指点,继而不断提高创作水平。如邱县县委专门计划外拨款,派青蛙漫画组成员外出进修学习,见到了著名漫画家华君武先生,从此,"青蛙漫画"与这位漫画界的老前辈结下了不解之缘。为了让"青蛙"们能够更多了解和掌握漫画相关知识,华君武多次给他们寄书,并多次对邱县的公益漫画创作思路进行针对性的指导,有时甚至直接出钱买书从出版社寄来,更是两次亲来邱县为青蛙漫画组义务讲学,帮助其提升创作水平。回想起华君武对邱县公益漫画的支持和帮助,已经从"青蛙漫画"小蝌蚪成长为著名农民漫画家的张爱学颇有感触,他回忆说,有时他创作的一些作品为迎合某些都市报刊的口味,画了一些自己根本不熟悉的都市题材的作品,华君武先生耐心劝告,让他重新调整了自己的创作方向,也使这个"青蛙漫画"农民创作团队更加坚定了以农村题材创作公益漫画的正确发展思路。在邱县县委和县政府的积极引导与大力支持下,继华君武先生之后,方成、徐鹏飞、英韬等全国著名的漫画家也先后纷纷来邱县义务讲学、捐书、点评,为邱县的公益漫画创作指明了前进方向。为扩大漫画公益创作的主阵地,邱县不断加大资金支持的力度,从省市领导,到县委书记、县长、宣传部长等县领导,多次对青蛙漫画的公益创作主题进行专门指导,鼓励大家认真学习研读党的创新理论,以漫画形式宣传阐释社会主义核心价值观,把正能量画进群众心中,专门建成800平方米的"青蛙漫画博物馆",助推"青蛙"漫画的艺术创作攀上国际高峰。

二 漫画作品解读核心价值观,服务农村经济社会的发展

为了让漫画作品能够更好地宣传党和国家的方针政策,切实服务农村经济社会的发展，培育践行社会主义的核心价值观，河北省邱县县委和县政府定期组织漫画创作人员开展政策学习与创作研讨活动，引导漫画创作人员把一些抽象的条文律令、行为规范等有效融入公益漫画的创作之中，使宣传活动更加生动形象。截至目前，河北省邱县已先后出版创作了工商、税务、创先争优、生态文明、党的群众路线教育、善行河北、廉政教育等方面的漫画十多本。为了加大宣传力度，邱县专门在县电视台主要时段播放公益漫画作品，开设了《漫画图解社会新风》的电视专栏，有力地传播了正确的公益理念。在中国·邱县网、邱县政府公众信息网等刊载公益漫画的宣传广告，设置了《漫画文化》专栏；利用政务微博、贴吧论坛、手机彩信等多种形式，发布了漫画公益广告图片，扩大了宣传主体的覆盖面。应该说，通过这些行之有效的漫画公益作品的创作宣传，使党的政策更加通俗化与接地气，使党的创新理论和主流核心价值观以生动活泼的漫画形式进入千家万户，使社会风气更加积极健康文明向上。改革开放40多年来，在邱县县委、县政府的不断引导和大力扶持下，青蛙漫画组先后共创作漫画作品6万余幅，获奖作品720件，其中仅国家级奖项就有210余件，国外获奖与入选大展作品有60余件；先后涌现出中国美术家协会会员5名，河北省美术家协会会员15名，陈玉理作为漫画组创始人获得了漫画界最高奖——中国漫画金猴奖终身成就奖，他本人还当选为河北省第一届漫画艺委会主任。

三 紧跟时代步伐，展现"公益创作"生动新颖特色

伴随着时代发展，邱县组织漫画创作人员紧扣时代，丰富内涵，把培育与践行社会主义核心价值观的具体要求，分解为多个创作小项，确定主题后，逐一针对主题进行创作，不断创新宣传主题，用丰富多彩的内容，独特有趣的视角，让公益漫画作品一次次焕发出新的活力。2008年汶川地震后，青蛙漫画组的数十名骨干成员昼不

休夜不眠，加紧创作出漫画集《汶川，我们与你同在》；围绕"建党90周年""宣传十八大""善行河北"等一系列重大的主题活动，邱县集中组织创作了一大批公益漫画广告作品。在广泛征集素材后，精心选取了200多件优秀作品，积极赴省进京参加系列展出活动，先后有多件参赛作品获得奖项。在全国公益民生漫画大赛中，邱县获奖作者与作品数量占全国的30%，农民出身的漫画家也走上北京的"红地毯"，极大地提高了青蛙漫画品牌的知名度与艺术成就。2013年，在中宣部、中央文明办"讲文明树新风"公益广告宣传活动中，邱县围绕"中国梦"精心创作的《一滴汗一滴粮》《过大年好喜欢》《中国梦 牛精神》《做有"粮"心的人》等作品均入选了全国公益广告的作品库，在《人民日报》《光明日报》等多家主流媒体刊登，并先后在全国127个城市进行系列公益宣传，受到中央文明办的高度评价，同年10月，邱县的漫画家陈玉理、李青艾、任广强、张爱学四人被聘为中国公益广告艺术委员会委员。

（一）廉政公益漫画，闻名全国

在党的十八届三中全会唱响反腐倡廉时代最强音的大背景下，河北省邱县县委县政府及时把廉政文化教育作为培育与践行社会主义核心价值观的重要内容，有效融入公益漫画的作品创作之中。为了加强对公益廉政漫画创作的引导，邱县专门成立了由县纪检、宣传、文化、创作团队负责人等为成员的领导小组，强化工作指导，协调解决相关问题。为了占据理论政策的制高点，领导小组经常组织农民漫画家一起学习六部委《关于加强廉政文化建设的意见》、党的十八大报告、习近平总书记重要讲话等关于廉政文化建设的理论政策，紧跟中央反腐倡廉的新形势新要求。为了集聚优秀的创作人才，创作出更多优秀作品，河北省邱县县委创作小组具体联系有关创作人员，为其提供反腐倡廉最新的动态信息、构思素材及业务知识的支持，确保了廉政漫画工作的顺利开展，收到了很好的效果。一幅幅独有特色的廉政漫画如拂面的清风，把廉洁理念吹入人们的心田，深入头脑，触及灵魂。自发的民间创作团队、得天独厚乡土文化的土壤、鼓励扶持政策的"气候"，形成了适宜廉政漫画成长的良好生态，监察部网站2013年开通邱县廉政漫画专栏，在全国范围内积极推广这种反腐新模式。为营造一种"处处有漫画、漫画皆公益"的良好文化氛围，邱县先后在7个农村乡镇的所在地，建有"社会主义核心价值观漫画长廊"10个，设置"漫画橱窗"70余个；在县城主街道设置漫画公益广告牌50多块、电子漫画显示屏20余个；在县直单位、医院、企业社区、车站等设置"宣传漫画橱窗"500余个、"漫画宣传墙"80余条；在中小学积极开设"公益漫画课"，设计"漫画黑板报"，活化未成年人思想教育新形式。公益漫画，花开城乡。河北省邱县利用青蛙农民公益漫画这一群众基础广泛的有效载体，走出了一条用公益漫画创作发展宣传公益文化的新路子。

（二）注重先进引导，"公益内涵"弘扬新风

河北省邱县在大力创作社会主义主流核心价值观漫画作品中，注重融入身边生动可亲的典型案例，切实增强情感的感染力，让饱含"主体精神"的文化力量不断得以升华。以美好的道德为代表的先进典型事例，正在逐步成为激发乡村民众心中的善之端、真之始、美之源，学善、崇善、行善日益成为农村经济社会发展的主旋律。主要表现在：一是漫画上墙，情动群众。邱县县委、县政府善于用公益漫画提升群众的美德内涵，弘扬社会的正能量。邱县从实际出发，因势利导，将公益漫画作品绘画上墙，以德育人、以文化人，在邱县马头镇的波流固村，白色墙体上漫画墙丰富多样、妙趣横生，这些有孝敬、廉政等多种主题的漫画，放慢了行人的匆匆脚步，不时有村民驻足仔细端详，继而会心一笑。邱县在农村"公益漫画墙"的内容和表现形式上，注重将文化墙的形式美与内容美实现有机结合，形成了形神兼顾；在内容上强调社会主流文化和党政

方针的引领,重点包涵社会主义的核心价值观、中国梦、乡村振兴战略、农村环境整治、道德模范、善行河北、新风新事、基层党建等内容,并根据形势政策变化与群众的思想动态,随时调整好"漫画公益墙"的主题内容,及时把文化墙建成讲文明、树新风与促发展的"引导墙"。邱县已创作出"公益漫画"主题漫画共2000多幅并绘图上墙,美观实用富有教育意义,共建文化墙5200余块2万余平方米,遍布在全县乡村的大街小巷,让群众处处能看到,时时能感受,起到了良好的示范引领作用。二是善行引导,美德入心。为充分发挥"公益漫画"的引导教育作用,邱县培养了一大批基层模范,草根英雄,弘扬凡人善举,凝聚社会发展的正能量,在创作漫画过程中,邱县结合中国梦、社会主义核心价值观、幸福乡村、人文历史等内容,把文化墙画成了引领社会风尚的"正能量墙"。大省庄村75岁的路秀兰是个远近闻名的孝顺儿媳。自婆婆2001年患病以来,她就把自己的铺盖搬到了婆婆的床铺旁边,十余年如一日对婆婆进行精心照料,婆婆虽已90多岁,但仍精神矍铄,幸福快乐。路秀兰的事迹,深深感动了身边的很多人,她也因此被评为"中国好人"。漫画家受到这个故事启发,随机创作了一幅《中间位置》漫画,画中显示儿媳把鱼身送给老人,自己留下鱼尾,生动地体现了敬老孝亲、孝顺老人的生活细节。这幅漫画在农村绘制上墙后,围观的村民纷纷议论,有一户因弟兄分家而让父母发愁的家庭看到后,脸红的大哥主动找到父母,作出了让步,在平息家庭风波的同时,还有力推动村里人们掀起了孝顺老人的新热潮。由此可以看出,河北省邱县公益漫画遵循情感性创作的原则,集中展示了孝老爱亲、敬业诚信、互帮互助、拾金不昧、见义勇为、勤俭廉洁等优秀品质,让这些社会正能量在绘画与赏画中次第相传。

(三)寓教于乐,传播精神文明

为保持公益漫画的持续创新力,河北省邱县针对党的政策变化和农村生活变化,积极组织创作漫画人员定期研讨并交流体会,不断提升作品的创作能力和水平。为提高漫画创作群众的参与度,每幅预选"漫画文化墙"的作品,都充分征求村民的意见,让农民群众对漫画墙进行"品头论足",与此同时,切实把农村现代化作为宣传引导农民的重要内容,不断创新农村文化墙的内容,使其深深根植于农民的内心,使公益漫画真正能够引领农村社会的新风尚。公益漫画通俗易懂,寓教于乐的特点,引发了基层农民群众的情感共鸣,进而在引导文明节俭新风尚中发挥着积极的作用。如一些村民看过系列移风易俗的公益漫画后,自觉抵制索要高额的彩礼、婚丧大操大办等陋习陈规,攒钱创业、节俭办事成为人们的新习性。邱县邱城镇的雨庄村通过村级红白理事会制定了村规民约,红白喜事不上烟酒,人人遵守,相互监督,在全县传为佳话,并被许多村所效仿。公益漫画的宣传引导,让"看漫画、树正气、尚公益、做好事、行善举"在邱县蔚然成风,邱县先后涌现出40年替夫尽孝的"最美农妇"王玉枝、跨市送还巨款"最美大妈"陈九凤、寒冬河水中勇救儿童的"最美农民"贾银堂、坚强撑起不幸家庭的"最美微笑少年"王磊等一大批"道德模范",其中,有多人获得"中国好人""河北雷锋"等荣誉称号。

第二节 吉林省松原市:"种文化"模式推进农村文化建设

吉林省松原市宣传文化部门的"送文化"下乡活动开展得很是热闹,人民群众也很欢迎,但是要想让市县两级剧团与文化馆的演员们走遍全部的1123个行政村,实在不是一件容易的事,有的村屯等了一年时间,才可能等来一两场文化演出,有些地理位置较为偏远的村屯,就根本排不上号,十分有限的精神文化食粮满足不了老百姓的需求。为了让老百姓能够多看几场文化演出,为了让偏远村屯的百姓也能看上好的文艺演出,市里县里两级增加了各级剧团下乡演出的任务，但新的矛盾又显露出来了：剧团需要编排新节目、创新文化精品，还得到外地演出，用团长自己的话说，上台演才子佳人，下台我们也需要吃喝拉撒，得养家糊口挣钱，没办法啊！那到底该怎么办呢？

一 转变思想观念，探索"种文化"工作新思路

有一次，吉林省乾安县原文化局局长马福文来松原市里，就如何开展农村的文化工作进行沟通交流，得到了有益启示。随着经济社会的发展与时代的进步，他发现自己的想法已经很落伍了，跟不上时代的节拍了。到底是思路出了问题，还是举措出了问题？老马百思不解。正好借来市局汇报其他工作的好机会，一是诉诉苦；二是正好寻医问药，找个明白人推心置腹地虚心学习请教，找到开展工作的新思路。马福文面临的问题，在松原四县一区不是个案，而是一个普遍性的问题。作为市文化局专职做文化工作的中层干部，孙科长也听其他县区的文化干部反映过类似的问题，大家共同的感受是，自己铆足了劲干了不少活儿，却总有些不尽如人意的地方，开展的"送文化"活动搞得轰轰烈烈，可老百姓为什么还不能得到满足？在松原市，农村人口占80%以上，是一个非常典型的农业大市。在2006年以前，各级财政对文化事业的经费投入非常有限，致使农村的文化建设基本上处在无场地、无组织、无活动的所谓"三无"状态。政府通过加大财政投入的力度、开展送文化下乡等一系列重大举措，使一些问题得到了相应的改善，但是新的问题接踵而来：农业发展与农民致富，需要文化事业的哺育和支撑，在经济上脱贫的农民，必然要求在文化上也要尽快脱贫，不仅经济上要脱贫，还要想方设法尽快致富。最为重要的是，新时期的农民群众已经不满足在文化上只是做一个被动的接受者与欣赏者，而要积极扮演一个主动的参与者和创造者，他们要努力从台下走到台上，从幕后走到台前来充分表现自己、表现新生活。一般地说，物质生活越好，人

民群众对文化精神的需求也会越高，不仅求好，也要求精，不仅求有，也要求留，这就必然要求党的宣传文化部门不仅要把文化送过来，而且还要留下来、留得住，那就必须学会"种文化"。所谓"种文化"，即是在农村努力培养一批文艺文化骨干，让他们扎根在黑土地上，成为永远不走的一支文艺宣传队。也就是像农民种庄稼似的，要经过育种、播种、萌芽、生长、开花、结果……但先决条件是，必须得有"种子"，也就是热爱文艺、能说会唱的农村文化带头人……"那咱们有啊！"这回，干了半辈子基层文化工作的老马有了自己的答案。"千万别小看农民，农村卧虎藏龙，识文断字的也不少，有的农民更厉害，吹拉弹唱无师自通"。唠到农村的文化人，老马会如数家珍地详细介绍起来，大布苏镇传字村的祖国山，所字镇图字村的张勇、赞字乡王字村的翟荣才……这些人，如果给予他们充分的阳光、水分、营养，已经植于黑土地的这些文化种子就会发芽、开花和结果，成为一支永远不走的农民自办文化队伍。

"种文化"的命题引起相关部门领导的高度重视。很快，以"如何把农村文化做到实处"为题，在市宣传文化部门展开热烈讨论——"授人以鱼"，还是"授人以渔"？鱼吃没了，肚子还饿，而教人怎么捕鱼，鱼即使吃光了还可自己动手、丰衣足食。所以，答案是"授人以鱼"不如"授人以渔"！过了几天，一份关于发展农民自办文化的报告摆在了领导案头。又过了没几天，各县（区）的宣传文化部门接到市里进行文化调研的专题通知，大家捕捉到一些听起来有些陌生的新名词——发展农民自办文化、变"送文化"为"种文化"。虽然只一字之差，但意义却迥然不同。在经过深入调研与认真分析后，吉林省松原市委宣传部将推行"种文化"模式在有良好基础的乾安县进行试点。乾安县大布苏镇传字村的农民祖国山会吹唢呐，每逢农闲时节，他都会亲自组织一些村民在自家院子里扭扭秧歌，后来，秧歌队里的文艺骨干又凑在一起演出了文艺节目，县里就抓住有利时机，因势利导，给他命名为"农民小剧团大院",这样,全县的第一个农村文化大院就诞生了,紧接着又在乾安镇王字村建起全县第一个"农民图书大院",在所字镇灵字村建起了"王丽红剪纸大院",在仙字村建起了"张淑芳刺绣大院"……星星之火可以燎原。其他县区的宣传部长、文化局长们迅速捕捉到了这一信息,农民凑在一起跳舞唱歌扭秧歌的,他们乾安县有,我们这儿也有啊!他们能做试点,我们也可以推行!

二 加强政策支持,完善"种文化"流程

在农村地区"种文化",选好种子是基础、是关键。吉林省松原市宣传文化部门精心选定一批优质文化的"种子",这些农村文化人才的共同点是热情高、能吃苦、热爱生活、思想进步,在村民中有威望和影响力,而且他们的物质生活都较为富裕,能为村民开展各类文化活动提供必要的条件。如乾安县的祖国山是大鹅养殖户,也是村里致富的带头人;张勇在村里开有超市,在组织开展文化活动的同时,也能增加自己商品的销售收入。种子选好了,能不能健康的生长,天时地利人和的生长环境就变得十分重要。为此,吉林省松原市各级文化宣传部门努力在政策支持、资金扶持、提供阵地、专业培训、搭建平台等方面,积极营造有利于乡村文化发展的优质环境。

(一) 出台扶持政策

市文化宣传部门积极争取各级党委和政府的大力支持,充分发挥党委和政府在农民自办文化中的主导作用,变"部门行为"为"政府行为",市委、市政府还下发了《关于加强全市农村文化大院建设的意见》《全市农村文化大院建设规划》,将农民自办文化纳入全市文化工作的一项重要内容。全市结合本地实际,紧紧围绕"文化育民、文化乐民、文化富民"的总体思路,研究制定了符合当地实际的农民自办文化的具体政策和扶持办法,确立了符合农村文化

市场的审批条件，简化审批登记程序，降低了准入门槛。加紧研究制定相关政策，千方百计保证农民自办文化团体与国办文化团体享受同等待遇，准许其参加政府采购等一系列重大的文化活动，允许有实力和水平的农民文化机构和团体，获取农村文化建设专项资金的支持。

（二）多方筹措资金

通过重新整合社会资源和力量，加大资金投入力度，把"文化惠民"工程作为民生投入的重要方向，让人民群众既"富口袋"又"富脑袋"。2009年以来，松原市各级政府累计投入文化建设资金4亿多元，先后建成了图书馆、文化馆、博物馆与文化中心等一系列大型文化基础设施。同时，积极向上级争取农村文化大院补助专项资金300多万元，用于购置农民自办文化设备、开展文化活动、培训文化骨干等支出。支持农民自办文化，不仅是"公家伸出援手"，还有许多社会热心人士也参与其中，松原市农业开发办干部纪希跃就是其中的一个。他每次从县城回到小村都要到小剧团去看看缺啥少啥，帮着出出主意，每次从不空手，这次送去两件演出服，下次带去一面鼓，千八百元的经费资助会让村民们非常感动，纪希跃说："农民有这样的热情很是难得，我们应该给予积极的扶持，能帮就帮一把！"

（三）盘活阵地资源

积极引导各乡镇村充分利用村级组织的活动场所、撤并后闲置的旧校舍、吉林油田的闲置房舍等场所建成文化娱乐阵地。通过建设新农村的宣传栏与农村大戏台等公益性的文化娱乐场所，开辟文化宣传的新阵地，使农民文化娱乐有了自己的新舞台。如乾安县严字乡的君字村文化大院从前排演节目，大家都得挤在团长李国范家的小饭店，市、县两级的相关部门投资800多万元，给村里新建了一个设施齐全的文化综合活动中心，使文化大院焕然一新：二层崭新的小楼，宽敞的排演厅，装备齐全的活动广场。用老李自己的话来说，文化大院升级，变成文化小楼了，幸福的歌声从气派的小楼里飘出来，底气更足了，心里更加敞亮了。宁江区新城乡的农林村，村里投资 300 多万元，建成了两个文化活动中心，融文化演出、体育健身与休闲娱乐于一体。一句话，农村文化基础设施的建设，丰富拓展了农民自办文化服务的阵地，提高了自身的文化品位。

（四）加强教育培训

种子植根于土壤，必须精心灌溉培育，才能发芽开花结果。松原市文化宣传部门充分发挥各级文化馆（站）、图书馆（室）等公益文化单位的职能作用，调动了各级文化宣传干部的积极性与主动性，加大了"业务灌溉"的力度，把对农民自办文化从业人员的教育培训纳入常规性工作。与此同时，市、县（区）也都相应制定出《农村文化人才培养规划》《农村文化人才培养责任制》和《文化大院辅导制度》，积极组织专业人员做好定期辅导与指导工作。全市举办各种形式的培训班共计 150 多场，先后有近 400 名农民文化大院创办人及 4000 多名农村文艺骨干参加了培训。各县（区）文化馆把农村文化人才的培养管理列为一项重要工作，对农村文化人才进行立卷归档，划分了文化馆辅导的责任区，按照分工有计划下乡辅导。乾安县文化馆还采取了"分散式培训"、电话咨询等多种形式，随时随地进行指导与辅导，农民群众排练节目遇到叫不准的，一个电话就能够解决。例如 51 岁的安金平作为严字乡君字村文化大院的文艺骨干，既是主持人又是舞蹈队演员，对于自己的表演水平，她相当自信，"我们接受过县剧团老师专业指导，都是正儿八经的科班出身，还有培训证呢！"

（五）搭建展示平台

松原市各地通过举办系列艺术节、文艺会演等多形式，给农民搭建了展示风采和交流学习的平台载体。如 2012 年的六七月份，全市举办历时两个多月的"松原市首届农民文化艺术节"。开展农民歌手大奖赛、二人转表演、健身秧歌、书画作品以及手工艺品展览等系列文化活动，共有1600多名农民演员参加了各项文艺表演，近5万人次城乡群众先后观看了文艺演出与艺术展览。各县（区）连续多年举办了以农民自办文化为主体的文艺展演和艺术品展览等系列活动，其中仅乾安县就已经举办了七届农民艺术节，真正把农民的自办文化打造成了富有特色的品牌和精品。

三 因地制宜"种文化"，硕果累累惠农家

吉林省松原市通过"政策扶持、资金支持、提供阵地、专业培训、搭建平台"等举措，松原农民自办文化由传统的"送文化"向"送文化"与"种文化"相结合的工作模式转变，走出了一条很有特色的农村文化发展繁荣的新路，取得了显著的成效。用乾安县原文体局局长马福文的话说，凡是有文化大院的村屯，打架斗殴的少了，和睦相处的多了；见利忘义的少了，诚实守信的多了；损人利己的少了，邻里互助的多了；打牌赌博、信迷信的少了，学知识学科技闯致富路的多了。松原市涌现出的农民自办文化模式呈现着四个鲜明特点：

（一）活动场所因陋就简

农村文化大院规模可小可大，灵活多样，有固定的，也有临时的。有的活动在村文化活动中心进行，有的活动则是在田间地头，在农民家中，在婚庆现场，在生日宴、升学宴上进行，可以说到处都是舞台，随时都能演出。不少文化大院在创办之初时，就是在农民家中开展文化活动，南炕是舞台，北炕则是观众席。三月的北方，春寒料峭，扶余县永平乡丰收村的一家农户，十来位农民紧紧围坐在热炕头上，一支唢呐配上两把二胡，唱戏的大娘大嫂涂上红嘴唇、擦成红脸蛋儿，嗓子一亮，演出就开始了。戏迷刘桂芹说："自从有了小剧团，村里人天天吃了晚饭就惦记着来看文艺节目，这屋里南北两铺炕可以挤三四十人，来晚了就没

有地方了……"农舍虽然有些简陋，乐器也有点儿粗糙，表演也许不是很精彩，唱腔也许是不很纯正，但这些农民的心却是热的，感情都是最真挚的。

（二）宣传内容自然朴实

植根于沃野，花绽在农家，文化大院演出的节目大多都是农民自编自导自演的，从文化艺术的角度来看，很可能有些粗糙，但却朴实无华，群众能听懂、能看懂、能接受。大家心往一处想、劲往一处使，潜心创作，注重改革创新，淘汰陈旧落后、无聊庸俗的剧目或者内容，代之以健康向上、弘扬时代主旋律的剧目，浅显易懂、道理深刻。乾安县大布苏镇传字村剧团大院的创办人祖国山说："节目大多都是农民自编自演的，上唱党的政策、下演身边的人和事……国家宣传啥，我们就编啥剧本、演啥节目，跟着共产党走，准没错！"他们自己编排的歌舞《改革开放好》《传字村换新貌》《四大嫂争代表》《批法轮》《八荣八耻》等，都是以身边的人和事为原型创作素材，很受农民群众的普遍欢迎。

（三）文化形式灵活多样

文化大院的活动不仅局限秧歌队、小剧团文艺演出，还有以电影大院、农家书屋、刺绣大院、剪纸大院等为载体的各种文化活动，最为出名的如前郭县查干花镇的"四胡文化大院"、乾安县乾安镇王字村农民翟荣才创办的"农民图书大院"等。还有与自家生产经营相结合的创作，如乾安县所字镇图字村农民张勇创办的"以影养店"的电影大院，体现了"一村一品"的特色。

（四）参与主体具有广泛性

从原来的"政府买单、群众看戏"，到现在的"政府买单、群众演戏看戏"，这是一个重大的历史转折，老百姓也因此实现了由旁观者到参与者再到创造者的华丽转身，农民群众真正成了文化事业的主人。用老百姓非常形象的话来说：打麻将三缺一了，因为大家伙儿都上大院看文艺演出了，有的过去的麻坛老将今天还成了出名的文艺骨干，宣称要金盆洗手、退出江湖了。文化活动场所的灵活多样使文化活动老少皆宜，文化大院也真正成了村民自己的"精神家园"。

2006年12月，中央电视台的"全国新农村建设情况"专题调研组来到乾安县，对农村文化建设情况进行了专题采访报道。2008年6月，吉林省全省农民自办文化现场会暨首届农民自办文化论坛在松原市隆重召开。2011年，松原市推动农民自办文化的"种"文化模式被国家文化部、财政部确定为全国第一批创建国家公共文化服务体系的示范项目，这是吉林省唯一获批的示范项目。截至2012年末，全市村屯创建的小剧团、电影、图书、剪纸、泥塑等各类农民文化大院共有654个、文化专业户近3000个，培养二人转的民间演员450多人，唱歌、小品等文艺表演爱好者2000多人，刺绣、根雕、剪纸、泥塑等传统民间手工艺爱好者共有1000余人，且在偏远的乡村建立了永久的宣传文化思想阵地，培养了一支扎根黑土地的宣传文化思想工作者队伍。

第三节　青岛市城阳区：打造"文化超市"
——提高公共文化服务能力

山东省的青岛市北部城阳区，居民们总是纷纷走出家门，约好三五亲邻或好友，像平时到超市购买日常用品一样，到"文化超市"选购自己喜爱的文艺演出、戏曲、电影以及图书等各类文化产品，唯一与到普通超市购物所不同的是，到"文化超市"购买的文化产品是不用付钱的。这个"文化超市"一经出现就立刻成为广大居民街谈巷议的热门话题，既吸引了广大居民的踊跃参与，也吸引了广大新闻媒体的广泛关注与聚焦。"文化超市"是什么概念？它又为什么如此受到群众的热烈欢迎？

一 超市创建:"网购"信息引发创建灵感

青岛市城阳区在全面推动经济社会发展的同时,将实现全民共享文化发展成果作为高质量发展、加快和谐社会构建的重要举措,始终坚持以人民为中心工作导向,大力推进"文化强区"战略,建立健全了公共文化的服务体系,强化了文化的服务功能,高标准规划设计建设了区、街、社区三级公共文化设施,全区社区文化中心基本实现了全覆盖,覆盖城乡的"十五分钟文化圈"已经基本形成。但在为丰富活跃群众精神文化生活,组织开展形式多样的文化活动中,不少群众对现有的文化服务并不是很买账,个别功能完善的文化活动中心又鲜有人去,下乡配送的文化演出观众寥寥无几,人们对文化服务的参与热情有些低迷,这一时间让文化部门的工作人员有点摸不着头脑,不知为何?

2009 年的下半年,青岛市城阳区组织全体文化战线的工作者深入镇村社区、工厂学校深入开展群众性文化需求的调研,调研的结果给人们解开了疑惑,找到了答案:一是文化活动中心虽然配套较为完善,但利用效率较低,依托文化活动中心开展有影响力的活动较少,群众参与的积极性不是很高;二是文化产品采购经费较少,文化配送数量十分有限,部分地区交通不方便,偏僻或者人群不很集中的地方文化配送不到位,即使能够配送到位,配送的却不一定是现场群众想要的;三是"一刀切"的配送模式"众口难调",不能很好地满足不同年龄、不同层次人群的各种需求;四是随着时代的不断进步,新型农民已不满足做一个被动的文化接受者与欣赏者,他们要从台下走到台上,从幕后走到台前来充分展现自己。

青岛市城阳区总人口 79.2 万人,其中外来人口有 39 万。居民来自五湖四海,四面八方,文化需求多样性特征十分明显:街道、城市组团、社区、企业、学校、部队等单位需求的内容不同;本地居民、外来落户者、务工人员兴趣爱好各不相同;老年人、青年人群、少年儿童的文化需求差异很大。要实现文化服务的全覆盖，使在城阳区内工作、居住、生活的所有人，都能公平地享受公共文化服务，难度是可想而知的。"要是能像'网购'那样提供双向的选择就好了。网络购物可以不分区域、年龄、层次，只有想不到的，没有买不到的，既方便又实惠"。不知谁的一句话引起了大家的热议。一石激起千层浪，随着科技的不断进步与人民生活的不断提高，"网购"早已走进寻常百姓之家，甚至成为一种自认的生活状态。在大家分头对群众征求意见的基础上，将"网购文化"介绍给社会各界，同时邀请专业人士对其可行性和实效性进行全方位探究和论证。综合各方的意见建议，初步确定建立网上"文化超市"实行惠民服务项目，即群众可以通过网站选择所需的文化产品，经由网络登记受理、梳理汇总后，根据需求由政府统一配送。这样群众既可更方便快捷地传递自身的文化需求，相关部门也可在第一时间掌握群众所需所想，按需配"送"，从而实现供需无缝对接的文化服务体系。为使"文化超市"惠民服务项目的服务人群实现全覆盖、服务项目更趋多元化，经过反复琢磨研讨，大家对"文化超市"的服务内容达成一致共识，经过为期一年的筹备，"文化超市"惠民服务项目终于破壳而出了，开始了咿呀学步的探索实践之路。

二 选购货源："草根"百姓走上展示"柜台"

超市架子搭建起来后，配备什么样的商品上架？什么样的商品群众最喜欢"订购"？什么样的商品能激发群众积极参与的热情？一个个非常棘手而又现实的问题摆在了人们面前。"要想真正丰富与活跃群众的文化活动，必须从'卖方市场'转向'买方市场'。""群众不是希望从幕后走向台前吗？那就让他们走上台来，展示他们的才艺与风采。这样不就有'买方'了吗？""对，就这么干。让他们自己表演，吸引自己，同时又能相互交流对比，激发其创作的热情。这样，整个群众的文化不就真的活起来了嘛！"一连串的对话使人们逐渐走出了最初的迷茫。思路决定出路，于是在全区范围内征集专业人才、专业艺团，优秀文艺队伍及优秀文化作品等活动开始启动，与此同时，还专门设立了"群星奖"专项艺术创作资金，在全区范围内组织开展艺术作品创作的评选活动。

（一）一纸招募令引来百花竞艳

征集活动的通知一经发出就受到广大群众的真诚欢迎，全区各类人才队伍及专业艺术团踊跃参加报名，经过评委的认真评定，最终挑选一批具备专业资质、演出经验丰富的文艺团队及优秀文化人才。城阳区文新局邀请各方专家对已成型的文化队伍进行专门的培训指导，对专业团队演出进行高标准、高要求的塑造，对招募征集的优秀文化人才进行整合，打造成为富有特色的文化队伍。他们演出的剧目涵盖舞蹈、综艺、音乐、戏曲以及话剧等十多个类别。同时组建舞蹈、健身、乐器、养生、理论知识等专业辅导培训队，主动走下基层去指导培训，满足人民群众掌握知识、学习技能、增长才干的需求，在这样的背景下，"文化超市"表演团队应运而生。

（二）平台提供机会，机会带来效益

"文化超市"惠民服务项目给全区优秀文化人才、文化作品提供了一个开放交流平台，大大激发起广大文化爱好者的主动参与热情，而他们自身也成为"文化超市"惠民服务的最大受益者。市民曹功先就是受益人之一。他说："一开始我在一家企业当门卫，偶然机会我参加了区里的'文化超市欢乐城阳'文艺人才选拔赛，获得了歌唱类的冠军。冠军拿到后，自己的人生发生了戏剧性的变化。现在我不仅参加区里的演出，还和别人合伙开了个公司，婚庆表演、演唱会的预约络绎不断，收益很多。"群众文化需求的激活，使得当地文艺团体的发展也有了前进动力。城阳区峄阳柳腔剧团"文化超市"开张后，每年财政拿出1000万元请群众看演出，深受群众欢迎的地方戏又回来了。"政府出资请专家对演员进行专业指导培训，提高了演员的整体素质与演出技能，同时文化超市又给演

出团队提供了演出平台,这样一来,在学习、演出中演出团的演出水平不断得以提高,演出订单也开始逐渐增多,剧团也有了丰厚的收益,我们这个剧团火起来了。"城阳区峄阳柳腔剧团团长栾复栋说,仅2013年的9月、10月就演出了50多场,想看文化演出的人越来越多,演员也越来越高兴。同时在区文化局和专业人士的悉心帮助指导下,峄阳柳腔剧团独自创作的剧本《峄阳求学》《胡影寻父》,不仅获得全区文艺创作大赛一等奖,而且在经过多轮巡回演出之后,在当地已经小有名气。

三 经营运作:"菜单式"服务送"货"上门

众所周知,经营"超市"除了有丰富多彩的产品招揽人气之外,价廉质优、贴心服务也是最有效的营销策略。网上"文化超市"不仅产品内容丰富、选购方便,更是零付费享受,连路费都省了。所以"文化超市"一出现,就立刻被群众所关注。打开"文化超市欢乐城阳"网站就可以清晰地看到,网站首页设置了"文化导购""产品陈列""文化套餐""自主配餐"等很多板块。广大群众登录网站后,可根据自己的兴趣自主选择所需要的文化产品,群众可自由选择和搭配单项或者整台文艺节目演出,如果不知节目的演出内容,还可提前观看网站提供的文艺节目的短视频展示与介绍。比如在"自主配餐"的板块,想看一场京剧的表演,那只需轻轻点击下鼠标,将所需的文化节目放入购物车,便可以等待好戏上门了。值得一提的是,网站一般都有专人管理,群众选择的节目经登记受理后,不出半个月就能把文化演出送上门。同时,根据广大群众的实际需求,为不同群体提供多样化的文化服务项目,"文化超市"还专题编制了"文化套餐"总菜单,该套餐包含综合类、话剧类、戏曲类以及培训类四种文化演出形式,每一类又根据演出时间内容设置"子菜单"。如"综合类"分一小时、两小时等演出目录;话剧类分成人类话剧、儿童类话剧目录;戏曲类又分为京剧、柳腔、黄梅戏等戏曲目录；培训类分合唱、舞蹈、器乐等培训目录，较好地丰富与满足了人民群众的多样化的精神文化需求。

"送文化"必须要送到点上，要符合群众的口味。"文化超市"服务惠民项目网上订购的"菜单式"服务模式，不仅符合了群众的口味，解决了文化产品配送的难题，更将美轮美奂的演出、经典剧目的大戏搬到群众的家门口上演，同时也可将教授专家的精彩讲座、将"科班"出身的文艺人才专业辅导和包罗社会万象的流动图书送到群众的身边。老张在企业上班，有一天单位组织"消防知识讲座"，台上老师幽默风趣的案例授课，听得台下心惊胆战，老张感触到"有些无知太可怕，小小的错误不仅救不了自己还会加重灾情，幸亏现在知道还来得及！"经过简单了解，老张回到家上网对"文化超市"进行了详细的研究。因平日工作较忙，很少时间陪孩子，有时孩子找他辅导作业，很多情况下他总是感觉"心有余而力不足"。于是老张就在网上订购中学生学习辅导书流动图书配送服务，没想到的是周末图书流动服务车如约来到了小区，这让老张激动不已。江晓艳作为一名社区文化工作者，在对"文化超市"的满意度调查中，她充满自豪地说："现在有了文化超市，需要什么样的演出，都可以从超市订购。我们自己想要排个什么节目，也可从超市选择课程进行学习，很是方便。""文化超市"惠民服务项目的"菜单式"服务更是给基层文化工作者带来了工作的激情与动力。"以前政府送什么，我们就看什么；他们教什么，我们就学什么。现在是我们想学什么，他们就教什么；我们想看什么，他们就给我们送什么。这样的惠民服务方式，群众非常欢迎，我们文化工作者说话也有底气了。"城阳区流亭街道文化中心主任牛雪峰如是说。

四　商品物流：专职文化管理员架起互通桥梁

"文化超市"项目的实施就像刚学走路的孩子一样，免不了跌跌撞撞。因为初期建立的网站还不是很成熟，项目运作的初期，大家网上订购的各种文化产品，因为配送地点的不统一、配送时间的不一致，留下的联系电话有误差等问题，导致配送工作的难度会加大，对有相同文化需求的人群，无法根据配送地点进行有效的区域划分配送，从而使"文化超市"配送时间相对滞后。群众中也出现了一些质疑的声音。为了解决这一问题，经过反复研究，城阳区政府决定，给每个社区配一名文化专职管理员，群众可以将需求提交给文化专职管理员，由他们根据大多数人的需求在网上订购文化产品，这样网站工作人员在后台收到订单后就可以在第一时间与社区的文化专职管理员取得联系，以便及时配送。文化专职管理员不仅要负责群众文化需求反馈的"订购"，还要负责社区文化活动中心的维护管理，确保社区的文化中心按时免费开放，确保社区的图书室书目按时更新。同时，还有一个重要作用就是联系基层群众与街道、区相关部门进行沟通，真实地了解群众的文化口味，尤其是要对有强烈需求特定人群开"小灶"，吃"小炒"。在流亭街道杨埠寨社区调查中发现，社区居民中老年健康类的书目需求量较大，社区的专职图书管理员立即登录"文化超市"，挑选近百本介绍老年健康的书籍并放入购物车，第二天区图书流动车就将所选书目送到了社区图书室，分发到社区居民的手中。家住城阳区城阳街道北曲西社区的迟秋菊、刘世云，听说社区的很多居民都想听柳腔剧，便主动联系到社区文化专职管理员，及时向其反映了社区居民的实际需求。社区文化专职管理员立即登录"文化超市欢乐城阳"网站，在"超市"中选了居民喜爱的柳腔剧目，并通过网络下了"订单"，区文广新局在收到"订单"之后，就立即在文化惠民配送的演出中，安排了北曲西社区柳腔专场，并联系好演出队伍，很快，一场精彩的柳腔大戏就在北曲西社区的文化广场上演，迟秋菊和她的邻居们都着实过了一把柳腔"戏瘾"。

五　超市成长：长效机制保驾护航助其日益成熟

从最初学步试探发展到今天的渐成规模，四年的实践探索之路有汗水、有泪水，有欣喜、有成就。当然"文化超市"惠民服务模式的成功实践，离不开强有力的长效机制的支撑。

（一）多元化公共文化服务设施的投入机制

2016年以来，青岛市城阳区累计投入资金 6.5 亿元，构建了以百姓乐园、文化馆与图书馆等区级公共文化设施为龙头、以社区文化中心为基础、以街道文化中心为枢纽的三级公共文化服务设施网络，全区社区公共文化中心的建成率达到 100%。在此基础之上，城阳区还设立了"文化超市"服务项目专项资金并列入政府财政预算，并逐年加大投入力度，形成了长效的保障机制。三年来，区财政累计投入资金共计 3000 余万元，为"文化超市"的健康持续发展提供了充足的资金保障。

（二）市场化公共文化服务的产品配送机制

城阳区政府在图书、演出、电影等文化产品的采购上，严格按照政府的招投标程序，确保了政府采购产品的质优价廉。在产品的配送中，注重采取区、街道、社区三级联动运行机制，按照"快速、准确、优质"的基本要求，进行物流式的有效配送。在服务过程中，注重借助第三方力量，全面提升超市运作的能力水平。定期对"文化超市"服务项目的实施情况进行跟踪民意测评与电话问询，用发放问卷调查的方式组织社会各界进行评议打分，全面了解与掌握文化配送和服务质量，以便及时地调整超市配送供货商与产品结构。

（三）科学化公共文化服务的运行管理机制

城阳区政府连续三年把"文化超市"的服务项目列为民生工程的重点实事，专门成立领导小组，研究制定下发了"文化超市"服务项目的实施意见，加大督查的考核力度，并纳入全区绩效（OA）

管理平台进行过程管理。下一步还拟将部分网络后台的操作权限下放基层街道，使其可自主设置本街道辖区的文化设施、文化队伍与文化人才等的货架展示格局，同时也可将街道为基层社区提供的其他文化服务惠民项目上架，不断丰富与完善"文化超市"网站的框架、风格、页面布局以及产品种类。

自"文化超市"惠民的服务项目实施以来，共向基层社区配送文艺演出3000余场，电影5000余场，图书报刊等12万册，文化培训1100余场，受益群众人数100余万人次，最大限度地满足了人民群众多样化的文化精神需求，群众的参与率和满意度正在逐年提升。《中国文化报》《新闻出版报》以及《大众日报》等报纸媒体先后以"基层文化建设的'城阳模式'"以及"文化送什么，百姓说了算"为题目进行了多次报道。该项目在2012年底获得山东省文化厅优秀服务实践项目表彰。在国家文化部2013年初召开的全国文化厅局长会议上，也对"文化超市"的惠民服务项目成功模式提出了表扬。2013年8月该项目又被山东省人民政府评定为首届文化创新奖。在取得一个个荣誉的同时，人民群众对社区公共文化服务的满意度也正在逐年提升，在对青岛市委市政府组织的年度民意测评中，人民群众对文化工作的满意度均达93%以上，城阳区连续多年在青岛市各区排名第一。

第四节　北京市延庆区：宣传文化组织员
——农村文化建设的排头兵

随着时代的快速发展与农村日新月异的变化，土生土长的农民已经不再满足于传统意义上的物质生活的丰富，而是有着更高的文化精神追求。在北京市延庆区，农村地区街头巷尾的大秧歌、广场舞活动中活跃着一支农民自己的"专业艺术指导队伍"。这些"艺术指导"并非正规科班出身的艺术院校的专业老师，而是普普通通的当地农民。别看他们来自原野、散发着浓郁的"乡土气息",但这支队伍是专业的——接受过中专班的系统培训,是"持证上岗"而非是"赤脚医生";多职能的——"十八般武艺样样精通",不仅会开广播、借图书、放电影,也会唱歌跳舞、组织活动、做群众工作;接地气的——来自群众,服务群众,深受群众的欢迎。这支队伍有一个正式而又响亮的称呼——"宣传文化组织员"。北京市延庆区是如何探索出这条乡村文化队伍建设新路的?这支专职队伍又是如何在乡村文化建设中发挥着重要作用的?

一 招兵买马——宣传文化组织员队伍建起来

农村公共文化服务是提升农民生活质量之关键,是推进乡村振兴战略的重要一环,更是助力全面建成小康社会的核心要义。近些年来,我国在乡村基层文化设施的建设上下了很大功夫,基本实现了乡乡有文化站、村村有文化室,初步建成了基层公共文化服务体系网络。但是,到底如何整合基层文化宣传设施,整合文化信息共享资源、农村电影放映、农家书屋等,充分发挥乡村基层公共文化资源的整体效应,始终是摆在基层党委与政府面前的重大课题。位于北京西北部的延庆区,在大力推进公共文化服务建设方面取得了可喜的成绩。在城区,集博物馆、图书馆、文化馆、档案馆、新华书店为一体的延庆文化中心功能完备,成为本地标志性的龙头公共文化服务阵地;在乡镇,有四个重点乡镇综合文体中心已经投入使用,成为辐射周边乡镇公共文化服务的核心阵地;在行政村,文化大院与农村数字影厅综合建设率达到100%,文化信息共享与村级图书室的覆盖率达100%,有205个行政村广播"村村响"、网线户户通,初步形成了公共文化服务设施全覆盖的良好局面。但与此同时,所有行政村大都面临着文化管理人员、服务人员严重匮乏的困境。

"人到了,工作才能开展,再好的设施没有人都是白搭。"延庆区委宣传部相关负责人的一番话直击要害。为突破这一基层文化建设的瓶颈，2009年，延庆区政府经研究决定要建立一支专职文化人才工作队伍，解决公共文化服务体系中的最基层人才缺失问题。队伍要建，人从哪来？初冬的一天，延庆区召开各乡镇文化中心的相关负责同志专题会议，围绕着公共文化人才队伍建设问题进行了热烈讨论。延庆区委宣传部、区文委相关负责同志经过广泛探讨，最后形成两种方案：一种是"外部输入"，由区文委选派文化员与文化志愿者到基层农村充实文化组织员队伍；一种是"内部培养"，从地道的农民中，选拔一批有热情、有服务村民意愿的积极分子进行培训，组建文化宣传组织员队伍，从事公共文化建设工作。经过一个月的走访调研和广泛征集意见之后，延庆最终选择了第二套方案——从当地农民中遴选文化宣传组织员。在当时，这种方式在全国都没有，可以说延庆区是全国的"首创"。延庆区为什么要走这条"不寻常之路"？区文委文化科负责人说出了其中的奥秘："第一种方案，有不少的优势，文化员比较专业，可以不用培训'来之即战'，但这种方案在城区比较管用，在延庆这样的远郊区却不太管用，因地理位置偏僻，文化员很难会'招之即来'。"延庆区面积1993.75平方公里，下辖有15个乡镇，376个行政村，其中山区面积就占72.8%，从城区开车到村子都得一两个小时。文化组织员若从上级下派，人力成本、时间成本都会很大。而从农民本土中选拔自己的文化组织员，不仅节约了人力和时间成本，而且本村人因相互熟悉更易与当地百姓打成一片，组织活动并开展文化宣传。

经过多方比较权衡之后，延庆区决定因地制宜，进行农村文化组织员队伍建设的大胆创新——通过政府购买服务的方式，选拔培训基层文化活动组织工作者，配备到相关的社区和行政村。但农村文化工作多而繁杂，工作要求又比较高，是否能招到人？这个想法会不会是"剃头挑子一头热？"当初谁的心里也没有底。延庆区决定先投石问路，2009年底，延庆区以推行村级文化管理员聘任工作为突破口，在大榆树镇的全部 25 个行政村率先开展了试点工作，招聘 25 个文化组织员岗位。消息一经发出，应者云集，全镇有 100 多人踊跃报名，人数多的村一个岗位有十多个人前来应聘。经过多轮选拔之后，25 个岗位都如期招聘到合适的人选。这些经过选拔的文化组织员爱好文艺、热心群众公益工作，在后来大榆树镇的公共文化建设中发挥了重要作用。高庙屯村村民束忠琴就是其中的一位，他说："大家都觉得干文化工作很有面子，在给群众做好服务工作的同时，还可以提升自己的文化业务水平。"大榆树镇的成功试点经验给区里吃了定心丸。延庆区决定在总结大榆树镇经验的基础上，进一步在全区推广招聘宣传文化组织员的有益做法。2011 年 11 月，招聘宣传文化组织员工作有序展开。为实现文化宣传组织员的全覆盖，延庆区进行了统一部署、统一行动，经过近一个月的全面广泛宣传，全区自愿报名的有 1000 多人，有的大村报名人数达 30 人，有的偏远小村也有 1—2 人报名。12 月，在进行初步筛选和考前统一培训后，904 名候选人进行了笔试。根据笔试成绩的排序，每个行政村成绩前三名的候选人进入面试，通过口头作文、才艺展示、计算机简易操作等多个环节一决高下。区里按照笔试与面试总成绩，对各个乡镇排名第一的人选进行了考察与公示，在确认没有异议的前提下，签订了劳动合同。经过层层遴选，共有 376 名文化宣传组织员最终从近千名的报名者中脱颖而出。从此，延庆区 15 个乡镇的 376 个行政村都有了自己的组织员，实现了宣传文化组织员村村全覆盖的工作目标。

二 行之规矩——宣传文化组织员管理规矩立起来

文化是一个社会精神信仰，全面小康社会与中国梦的实现，离不开农村文化的兴盛强大。唯有良好的管理制度做保障，才能切实带动乡村基层文化的大发展大繁荣。从宣传文化组织员队伍建立之初，延庆区就着手在各个方面建章立制，做好顶层设计，建立了长效机制。

（一）组织管理系统化

延庆区的区、镇、村三级联动，宣传、文化、人事、旅游、财政、审计等部门和乡镇齐抓共管，形成了分工明确、协调有力、监管到位的组织管理体系。其中，宣传部门负责牵头总抓、统筹协调，建立联席会议制度，组织各部门不定期召开会议，研究解决有关宣传文化组织员的重大问题和事项；文化部门负责基础设施建设和相关设备的配备，建立宣传文化组织员日常管理和考核制度，并督促组织员开展一体化的公共服务；财政部门负责组织员的岗位补贴和人员培训等专项费用；组织部门负责整合各类设施开展党员活动，推进基层组织建设，并对乡镇和相关部门进行量化考核；乡镇负责落实属地责任，对宣传文化组织员进行专项管理，开展绩效考核，完成各项工作任务的落实。

（二）履职服务标准化

通过制定《延庆区宣传文化组织员管理办法》，对宣传文化组织员的岗位职责、工作标准与绩效考核等进行了明晰规定，赋予了文化宣传组织员村级公共文化设施管理、党的方针政策宣传和廉政文化宣传、文化活动组织、文艺人才培养等十多项工作职责。在全区每个村级文化大院最显眼的位置都统一悬挂《延庆区村级群众文化组织员工作标准》等规章制度，文化宣传组织员人手一本《宣传文化组织员工作手册》，上面的各项工作内容一目了然，口袋大小的手册便成了他们随身携带的"宝典"。

（三）考核奖惩规范化

延庆区制定奖惩考核细则与标准，考核体系十分严密，对所有组织员的上岗履职情况、履职能力、业务水平、作用发挥、群众评价等进行量化计分考核，并与宣传文化组织员的岗位补贴、奖惩、聘用等相挂钩。相关职能管理部门每半年对文化宣传组织员的工作进行年中考核，每年进行年度考核，每三年进行技能考核。如有一次不合格，即可解除劳动合同。在文化宣传组织员的办公室，可以看到每个人办公桌上都摆放着整齐的七八个文件夹，对每一项工作都有规范详细的工作记录，如每周对文化活动室、数字影厅等场所安全检查的记录，电影放映、图书借阅情况的记录等，这些记录是绩效考核的重要原始依据之一。

（四）资源整合一体化

文化宣传组织员具有一岗多能的特点，它能够有效地将文化娱乐、科技培训、党员教育、会议活动等公共服务职能有机进行整合，使乡村基层文化阵地成为本地的"六个中心"——宣传学习中心、文体娱乐中心、科教信息中心、党员教育中心、农民培训教育中心、思想沟通交流中心。为了保证文化宣传组织员队伍持续稳定服务基层群众，解除其后顾之忧，经多方协调协商，区财政按照700元/月/人的标准对376个行政村的宣传文化组织员给予专项补贴，其中基础补贴400元，绩效补贴300元，具体由乡镇文体中心负责发放。同时，延庆区结合市新闻出版广电局关于农村公益电影放映文件的要求，采取市级财政资金转移支付的方式向每名公益电影放映的宣传文化组织员一次性年终拨付补贴2800元，为进一步调动文化宣传组织员的工作积极性提供了物质保证。

三　厉兵秣马——宣传文化组织员素质强起来

制度立好了，经费有保障了，不少文化宣传组员精神饱满地准备大干一场，可一上场却都傻了眼。虽然经过初步考试，大家都很有热情、也有很大干劲，但却没有具体方法，有劲不会使。"有些自己就不会跳舞唱歌；有些自己虽然会唱一点、跳几下，但不知道怎么去教别人跳舞唱歌；崭新的设备放在那里，就是不会使用，怎么组织文化活动？"八达岭镇大浮坨村文化宣传组织员陈会琴说出了群众文化组织员共同面临的现实困境。

如何能够让扶犁的粗手会弹琴、种地的腰板会跳舞？延庆区相关部门想出了一个妙招——与区教委职教中心进行合作,让文化宣传组织员上中专班。"提升群众文化组织员的综合素质于专业素养,使他们实现'会组织活动、会舞蹈编排、会指挥合唱、会乐器演奏、会计算机技能、会做群众工作'的基本要求,真正承担起村级文化活动的组织工作,引领和指导农民开展相关文化活动。"区文委负责人说出了开办中专班的主要目标。2012年3月,"延庆区群众文化组织员社会文化艺术中专班"作为全国第一个群众文化组织员中专班应运而生,延庆区的15个乡镇每个乡镇组建一个班,开始了为期三年的中专班学习培训。中专班由北京市农广校依照中央农广校的教学计划设置专业课程,由最熟悉农村群众文化需求的延庆职教中心老师任教,确保学员们能够学到真才实学。中专班的课堂教学设在15个乡镇的山水之间、文化大院之内、体育广场之上、农家院落之旁,文化组织员们很方便地就可从家门口到达课堂上。从课程的设置看更是接地气、有底气,声乐、舞蹈、电影放映、图书管理等20多门课程,都是紧紧围绕着农村群众文化活动内容和需求具体设置的。仅仅三年间,群众文化组织员都在不断地发生变化,以前性格内向、不敢当众发言的人,如今变得说话流畅自然、落落大方;以前表演节目生涩扭捏,羞羞答答的,如今变得能歌善舞、表现力很强;以前组织活动手足无措、手忙脚乱的,如今变得有条不紊、驾轻就熟;以前面对数字影厅的"高科技产品"无从下手的,如今变得手到擒来,动作娴熟……中专班学员、旧县镇米粮屯村宣传文化组织员贺五友用自编自演的一段快板书《心里话》道出了自己的巨大变化:"我46岁年纪大,唱歌跳舞基础差——唱歌跑调,跳舞劈叉,组织活动就抓瞎。"可如今,贺五友却大不一样,在文化宣传组织员中专班的汇报演出中,他不仅担任了节目主持人,还表演了快板书,雪白的衬衫映着大红的背景屏,手里的快板还叮当作响,在舞台上46岁的贺五友焕发出独特的魅力。2015年7月9日,延庆区文化宣传组织员社会艺术文化中专班顺利结业,首批的群众文化组织员都拿到了中专毕业证书。通过三年制中专学历班的系统教育培训,他们的综合素质育专业化水平得到了普遍提升,不仅学到了本领、拿到了文凭,他们还信心百倍带领着村民唱歌、跳舞、学知识,使更多的农村居民享受到农村公益文化活动的精彩和魅力。

四 大显身手——宣传文化组织员动起来

在延庆的广大农村地区,很多年轻人外出打工,村里只留下一些老人、妇女和孩子。以前,除了农忙时节,村里人闲的时候,农民们不是聚起来打牌,就是家长里短,农村的公共文化生活极为贫乏,农民的文化精神需求也得不到满足。然而文化宣传组织员就像一名名雕琢悉心的艺术家,把农村公益文化生活这块不曾雕琢的钻石打磨得熠熠闪光。文化宣传组织员的重要职责之一就是组织活动。卢二兰任职王泉营村文化宣传组织员两年多了,在她的带领下,王泉营村的农村公益文化活动搞得有声有色,健身广场从原来死气沉沉到现在热闹非凡,村民们每天晚上跳保健操、跳广场舞、打太极拳、踢花毽,文化活动形式多样,精彩纷呈。"每周三还组织扭秧歌,村里不管老少男女,都愿意出来扭一扭,活动活动自己的筋骨。"看到活动如此受欢迎,卢二兰满脸洋溢着成就感与自豪感。

对文化宣传组织员而言,组织文化活动也考验着他们的素质能力。高庙屯村文化宣传组织员束忠琴,从安徽远嫁过来,和村里人不熟,再加之以前常年在外打工,对村里的情况非常陌生。"一开始让我去挨家挨户做动员,还真是有点发怵",束忠琴说。刚组建舞蹈队特别不容易,弟媳、妯娌都曾是她舞蹈队的成员。后来由于队上只有一名男性,她给舞蹈队起名叫"一枝花"。但在她的努力之下,舞蹈队编排了《欢聚一堂》《腰鼓扇子》《红色娘子军》等近十支舞蹈,在十里八村渐渐有了名气。工作中,文化宣传组织员们坚持把公共文化设施管理、惠民工程一体推进与保护文物等各种职责结合起来,每天都过得十分忙碌而又很充实。吴春有是延庆区井庄镇老银庄村的一名文化宣传组织员,自 2011 年上任起,他始终把踏实工作与服务人民作为自己坚守的信条。他先后带领村民们参加各种文艺中专培训班,他陪着村里的大姐、大妈跟着老师学扭秧歌;村里健身器材少个螺丝,掉了油漆,他就赶紧维修;旱船坏了,他就会在第一时间找电焊机、胶水进行修理;每次外出进行文化表演,他总是帮着大家整理衣服、拿水,为大家录像、拍照,忙得不亦乐乎。"吴哥,我想看看关于种植方面的书籍,您帮我找一下。""这次放的电影挺好,也让咱们村的孩子多了解一些历史。""吴哥,这个旱船坏了,您来帮忙看看……"他几乎每天的生活都是这样,无论事情大小,吴春有都热情地为村民服务。

文化宣传组织员在为村民做好文化服务的同时,还扮演着"开导员"的角色,积极做好群众的思想教育工作。"束忠琴现在可是村里的熟脸子,谁家有事,都愿意找她聊,让她帮忙解决。"延庆区大榆树镇文化站站长亲眼见证了村里文化组织员的巨大变化,很多文化组织员从原来村里的"外来人"变成群众的"贴心人"和村里的"调解员"。在这个队伍中,每天都会上演舍小家、顾大家的事迹,以及兢兢业业、默默奉献的感人故事。坐落在长城脚下的东曹营村,大部分村里人都在旅游区上班,很多人都是在下班以后借书、看书。文化宣传组织员温秀平为了给村民们提供便利,就开启了"夜间工作模式"——不管多晚,只要村民有需要,她就马上放下家中的活儿,赶去图书室。有一次正是果树剪枝的季节,科技果园的几名工作人员到图书室查阅资料到深夜十一点多。"我帮他们一起查阅,不知不觉就很晚了,回到家时,看到丈夫和女儿还在等我一起吃饭。"说到这些,温秀平的眼圈似乎有些红润。文化宣传组织员们用自己的辛勤汗水、精心耕耘换来了乡村文化的枝繁叶茂——旧县镇群众文化宣传组织员打造的音诗画节目《盆窑记忆》,

用朗诵、舞蹈和多媒体演绎了旧县盆窑无穷的魅力;八达岭创意时装秀《创意飞扬》让人们领略到如今的京郊农村农民对美、对时尚的独到见解和不懈追求;大庄科乡慈母川村组建的"慈孝情"演出队,三年连续参加北京市少数民族健身操大赛并获奖;司家营村的文化宣传组织员组织村内广场舞、健身秧歌登上了延庆电视台的"百姓大舞台"节目,广受百姓的欢迎……除了本村的文化活动之外,文化宣传组织员还积极投身于乡镇基层的文化活动之中,切实成为农村文化活动的经营者、管理者与组织者。他们打造排练的刘斌堡乡《妫水河上戏旱船》、旧县镇《好一个花鼓灯》等近百个展示本乡镇特色、文化和魅力的文艺节目;他们为星火工程队排练打造节目36个,组织员建立星火工程队6个,为全区基层文化演出输送文化人才;他们先后还参与策划、组织乡镇文化活动200余场……在他们的共同努力下,延庆镇的《星光大道》、大榆树镇的《读书益民杯诵读比赛》、旧县闫庄的《焰火节晚会》、沈家营前吕庄的《春节晚会》等多样文化活动逐渐成为家喻户晓、群众喜闻乐见的文化特色品牌,有力带动了村镇公共文化事业的繁荣与发展。

五 硕果累累——农村文化阵地建设火起来

自从文化宣传组织员队伍建立后,村里的文化工作就有了"管家",农村文化阵地建设也取得了可喜的成就。农村的村民文艺宣传队、体育健身队等各种文化团体如雨后春笋般地大量涌现,快板书、广场舞、京东大鼓等丰富多样的文化艺术形式在村巷里红红火火,农村基层的文化设施从过去的"没人用"到"抢着用",乡村基层文化活动从"无人管"到"专人管",乡村基层群众文化生活越来越丰富多彩。

(一)推动农村公共文化服务的综合化

延庆加大协调统筹工作力度,努力推进公共文化设施功能的一体化,使村级的文化活动室成为集电影放映、文艺排练与演出、会议、培训、文化信息共享等多功能一体化的综合服务设施，开展常年的文艺演出、体育健身、主题宣传、教育培训等丰富多彩的文化文艺活动，使公共文化设施既成为深受群众喜爱的精神文化阵地，也成为村里科普宣传的重要阵地、党员教育阵地与核心价值观宣传弘扬的坚强阵地。长期存在的乡村基层公共文化设施闲置、利用率不高的局面迅速得以改观，许多原来冷冷清清的村文化大院变得红红火火、人气很旺；信息共享的需求非常旺盛，应接不暇；数字电影放映佳片不断，观影踊跃……沉寂的小乡村不仅活起来，而且火起来。

（二）实现公益文化的无盲区

文化宣传组织员制度极大地增强了基层文化的自我发展能力，以组织员为中坚力量，每年全区培训文艺骨干 3 万人次以上，还建立了自我娱乐与自我教育的相应组织，有效推动了公共文化从"送文化"到"种文化"的深刻转变。在延庆区的 31.7 万人口中，目前农民文艺团队有 31 支、花会队伍 300 多支，文艺爱好者 2 万多人，每个乡镇都有百人以上的合唱团队，半数以上的行政村都有舞蹈队或健身队，每年组织的星火演出等达 2000 余场，放映电影 1.7 万多场，初步形成了公共文化设施全覆盖、公益文化服务无盲区的大好局面。

（三）促进乡风文明与社会和谐发展

在文化宣传组织员的带动下，村民们自信地登上了自己的舞台，表演自己创作的作品，歌颂自己的美好生活，共建自己的精神家园，培养了村民的社会认同感与主人翁责任感，有力促进了乡风文明与社会的和谐。大榆树镇下屯村常年开展群众合唱活动，他们在陶冶情操的同时，也愉悦了自己的身心，促进了干群的团结。随着新型农村产业的转型，千家店镇长寿岭村兴起了围棋热，村民纷纷从牌桌走到了棋桌，为新兴的民俗旅游村注入了几分高雅与宁静，也吸引大量游客慕名而来，有力地促进了本村产业的高质量发展。

八达岭镇东曹营村的文化宣传组织员温秀萍谈到这几年村里的巨大变化，十分欣慰和高兴："以前我们村去八达岭景区摆摊的人较多，大家回来躺下就睡。现在大家回家扒拉两口饭就急忙过来排练节目，热情很高。不仅节目水平提高了，客观上也促进了邻里的团结和谐。如张三和李四拌了点儿嘴，从前可能一周内谁也不搭理谁，现在就大不一样了，当天就会在一起跳舞，很快就把那点小的矛盾淡忘了。"

（四）提升区域文化宣传影响力

延庆区以文化宣传组织员为基本力量，相继建立延庆旱船、八达岭长城传说、永宁南关竹马等非物质文化遗产项目的传承基地，成立了百人旱船队、百人龙狮队、百人竹马队、百人大鼓队等非遗传承队伍，编辑出版了《延庆文化文物志》等历史文化系列丛书，推进了文物修缮保护工程，使区域的优秀文化遗产得到很好的传承与保护。延庆区以文化宣传组织员为骨干，拓展了公共微信微博的应用，成为宣传党的声音、联系群众特别是凝聚年轻人的新路径，为乡镇重要信息的下行和村级信息的上达通畅了途径，有效地促进了上下联动、覆盖所有人的大宣传格局形成。在延庆区宣传、体育、文化、旅游等部门的协同推进下，先后打造乡村欢乐节、群众合唱节、戏曲艺术节、群众舞蹈大赛等一批喜闻乐见的文化品牌，以及端午文化节、元宵节花会、自行车骑游等具有影响力的区域文旅品牌，使区域文化宣传的影响不断得以扩大。

延庆文化宣传组织员队伍的建立运行，使得农村公共文化活动从自发成长到品牌推进，区域文化从自然的发展到自觉的传承，群众从文化单纯的受益者到文化的管理者、创造者，核心价值观从常规宣传到积极践行。2013 年，延庆文化宣传组织员项目获得第二批国家公共文化服务体系示范项目的创建资格，成为全国典型示范的公共文化服务体系建设项目。2015 年 10 月，时任中宣部部长刘奇葆同志到延庆进行专题调研，对文化宣传组织员工作给予了高度评价,并要求向全国各地进行经验推广。北京市委宣传部认真贯彻中宣部指示精神,按照相关意见要求,配齐配强乡镇(街道)党委专职宣传委员和村(社区)宣传文化单位人员,要求每个乡镇综合文化站(中心)至少配备编制人员1—2人,每个行政村(社区)设有不少于1个政府购买的文化宣传公益岗位。同时,北京市委宣传部通过深入调查研究,要求各区根据基层自身的实际,建立健全激励回馈相关机制,改善文化宣传组织员薪酬待遇和工作条件,确保人员到位、专岗专责,鼓励文化宣传组织员扎根在基层、建功在基层。在全市开展的"基层千名文化组织员培训工程"中,注重开设音乐、戏曲、舞蹈班等业务培训班,2015年上半年培训乡镇(街道)、村(社区)的基层文化宣传组织员500余名。通过规范制定的"六会"标准(会做群众工作、会指挥合唱、会组织活动、会乐器演奏、会舞蹈编排、会计算机技能),加快培养基层专职文化组织员队伍与文化志愿者队伍。截至2016年2月,在北京市的6515个社区和行政村,共有组织员7319人(社区2823个,文化组织员3479人;行政村3692个,文化组织员3840人)。按照每个社区(村)至少配备1名组织员的基本要求,已经实现了全覆盖,延庆文化宣传组织员的"星星之火"正在形成"燎原之势"。

第五节 海南省屯昌县:让农民成为农村文化建设的主角

长期以来,海南省贫困县——屯昌县文化基础比较落后,仅靠单向的、暂时的"送文化"无法满足农民日益增长的文化生活需求。屯昌县委县政府坚持以"小县城大文化"为理念,深度挖掘本土民间文化特色,搭建平台,联村帮扶,先后组织了农民合唱、舞蹈、快板、独唱、书法、小品、油画等民间文化系列活动,丰富了乡村业余文化生活,改变了乡村精神面貌,促进了农民经济增收,展现了屯昌县新时代农民开放、包容、创新、竞争的新形象与新面貌。

一 让农民从"看客"成为"主角"

屯昌县位于海南岛中部偏北,是中部地区的北大门,素有"中部门户"之称,全县辖8个镇,总人口31万人,面积1232平方公里,其中农业人口20万,是一个典型的传统农业小县。随着屯昌县的经济快速发展,广大农民的生活水平不断改善,但农民的精神文化生活仍比较单调贫乏,村民们一到晚上就无所事事,致使赌博与封建迷信等滋生暗流,严重影响了社会风气。

为了让健康文化积极占领农村阵地,丰富农民文化生活,屯昌着力在全县开展文化下乡,也取得了一定的效果,但县里有关部门很快就发现,文化下乡在一阵锣鼓喧天、几番欢声笑语之后,虽说确实给农民带来了一时的精神享受,但这种在各种节庆时点送来的文化大餐,总给人一种风一样地来,又风一样地去的遗憾。文化下乡,文化部门不可能天天去送,人家也不可能天天来看。因此,农村的文化建设,就根本而言是要靠农民自身的文化参与来支撑。基于此,屯昌县县委宣传部决定创建"农民艺术团",让农民成为农村文化建设的主角,建设一支留得住、永不走的文化"三下乡"队伍。2008年8月,屯昌县委宣传部以屯城镇大同村委会逢田村作为一个试点,组建了全县第一支农民艺术团。大同村委会书记陈江从县委宣传部接到任务后,在逢田村发动了好几天,好不容易才凑了10来人,为教他们唱歌跳舞,县委宣传部甚至还把县红旗中学的音乐老师也邀请了过来。

四年多前瞬间产生那份激动的回忆,屯昌县屯城镇逢田村村民黄鲜英至今仍然刻骨铭心。2008年8月的一个傍晚,大喇叭播放的歌声传遍了整个村子。黄鲜英立即放下手里的家务活,跑出去看热闹。只见在村头的百年大榕树下,县红旗中学的音乐老师正带着几名"村姑"在边歌边舞。姑娘们脚步笨拙，招来旁边的男女老少一直在笑。"来，一起唱。"黄鲜英正思忖间，那名音乐老师一把将她拉入了队伍之中。黄鲜英口里虽说推辞着，但一双脚却不听使唤地迈向前去。她羞涩地低着头，唱歌的声音像蚊子一样小。但在老师的耐心鼓励下，她的声音很快就越来越响亮，双腿也在激扬的歌声中迈出了坚实的第一步舞。这一步，让黄鲜英顺利迈进了一种崭新的生活，也自然成为屯昌"农民艺术团"最早的一批团员。

起初的时候，这第一批团员天天晚上的唱歌跳舞并未得到其他村民，甚至得不到亲人的理解与支持。有人说，农村人干个农活还差不多，还能唱歌跳舞？也有人说，天天唱歌跳舞，家务活还干不干了，影响家庭和谐，甚至还讽刺说"都半老徐娘的人了，天天晚上还凑一起屁股扭来扭去的，像什么话"。但是，一种全新的健康生活方式与快乐的心情，让他们毅然决然地坚持了下来。而且，心情的愉悦、邻里关系间的和谐，也使得他们把田间的生产、家务活干得更加有声有色，并且融乐趣于其中。"她挑着担子还要扭几下练习老师昨晚教的舞步呢""你还不是干着干着就哼出两句歌来"，村民们聊天时还经常互相打趣着说。黄鲜英的丈夫深受妻子的影响，也加入其中。她的婆婆看到夫妻俩参加艺术团后不再因为打麻将赌博输钱等琐碎事情吵架闹矛盾，也更愿意帮着带孩子，然后坐旁边乐呵呵地看着他们唱歌跳舞。有了第一批村民的欢乐生活作为榜样，村民们观望一段时间后，也被深深地感染了，胆子也大了，陆续参加到艺术团里面来的人越来越多。屯昌县委宣传部给艺术团成员也量身定做了统一的表演服装，村民们穿上表演服装后有了团体的归属感，积极性更高，更乐意参加了，艺术团的成员很快就增加到了100多人。

二　让文化与欢乐之花在乡村绽放

"邻村的艺术团来'PK'啦！"消息一经传开，坡心镇石桥村的广场上就出现人头攒动的景象，成为村民们的"快乐大本营"。你来一首《十送红军》，我应一段《走进新时代》，你跳起健身舞，我展示小品……双方各出节目，两村对擂，演出持续了一个多小时，两村的男女老少一齐出动，为自己的亲友捧场，一人上台，全家助阵，现场氛围比看城里来的明星演出还热烈……"以前石桥村的夜晚可从不像今天这般热闹。那时天一黑，桌一放，围成一圈搓麻将。自从有了艺术团，每天晚上都载歌载舞，村里再也听不到哗啦啦的麻将声，还经常与邻村的艺术团之间开展巡演、擂台赛。那阵势就像过节一样。"石桥村村干部吴召坤说。"起初参加的人少，看热闹的人多。"退居二线后多次到村里指导农民表演的县农业局干部李孝儒说，"后来，看热闹的人都站不住了，也都加入了我们的队伍。再后来，大家都争着上啦！"短短两个月，屯昌县第一支农民艺术团的成员就很快发展到120多人，年龄最大的75岁，最小的只有6岁。

"一村唱，响一点；村村唱，响一片。"为了让艺术团在全县推广，在县委宣传部的精心组织下，各个镇带着农民都包车到逢田村参观艺术团。"逢田村的人能唱，我们凭啥不能唱？"许多乡镇的"文艺骨干"在参观完逢田村之后，便开始在政府的扶持下纷纷组建农民艺术团。"参加歌舞排练，让我心情变好了，干活更起劲了，走路连腰板都比以前直了。白天哼着歌儿做农活，晚上唱歌跳舞，每天像过年一样快乐。"南吕镇里家村村民蔡小玉说。在她的影响下，爱打麻将的丈夫和婆家的老人、姑娌都先后加入了合唱表演队伍之中，这是文化力量的牵引，人们一直以来揣怀的陋习凡俗、封建迷信皆因艺术团活动而发生改变。例如屯城镇大同村委会的残疾农民徐益自幼失去了双臂，自卑曾压得他长期喘不过气来，自他参加村里的农民艺术团，他越唱越想唱、越唱越起劲。他认为，参加艺术团让他有一种从未有过的自豪感，也找到人生的快乐和自信，不由感叹：生命如此强大，艺术如此美妙，没理由不活个精彩出来。

在许多村庄,村民们学歌练舞往往到夜深都不愿离去。经过老师的认真指点,村民们从先前的五音不全、不敢张口到韵味十足,开口就唱,发生了质的转变。农民的参与热情让县委宣传部领导也欣喜不已,决定以"打擂台"为抓手,助推全县艺术团"火上浇油"。2008年12月,县里在屯城镇逢田村举办了屯昌县第一届文明生态村农民合唱比赛,8个乡镇的代表团共1000多人参加演出。台上争输赢,台下再较劲。各村纷纷排练精品节目,到其他村"比拼"或巡回演出,其他村也拿出拿手节目来进行回应,农民的"文化之火"越烧越旺。

四年来,全县有200多个农民艺术团如雨后春笋般地涌现,屯昌县2万多名农民正像黄鲜英一样因高声唱出了第一支歌、跳出了第一支舞而汇聚在一起,展示在一起,分享欢乐在一起。从"观众"到"演员",从"要我演"到"我要演"——屯昌县农民用握惯锄头的粗手,播种出姹紫嫣红的文化之花,体验着前所未有的快乐。农民的节目,农民演来农民看。这是农村群众文化工作者最希望看到的场景,也是意想不到结果。从事乡村文化工作的屯城镇文化站站长这样说:"多年来,由于种种原因,乡镇文化站长期处于有阵地、没活力的困境。而农民艺术团切中了农民的现实文化需求,农民既是观众又是演员,既是文化产品的生产者,又是文化产品的享受者,因而充分调动了农民参与公益文化建设的积极性。农民艺术团做到了我们乡镇文化站想做却没有办法做到的事情。"

三 让歌声把文明撒向百里山乡

文化在乡村振兴中具有其他社会要素无法取代的重要作用。成立农民艺术团,是新农村建设中文化"软实力"建设的重要组成部分,不仅会对农村基础设施、经济发展等"硬建设"起到积极促进作用,而且对于全县改善投资环境、树立良好形象、建设美丽乡村都具有重要的现实意义。在屯昌县,农民艺术团被农民称为"和谐的使者",唱到哪,欢乐在哪,唱到哪,和谐在哪。

屯昌县的南吕镇,有一个"烂仔村"变成"文明村"的故事。该镇的古史村以前烂仔横行,经常向商户收取保护费,外地人都不敢到这里做生意。2010年村里成立艺术团之后,许多平时爱滋事的青年在歌舞中都得到了全新的改变,以往在村里滋事的是出了名的迷途青年,经人介绍参加艺术团后,生活融入了集体之中。和谐融洽的邻里关系、老师指导的教育还有文化的陶冶,使他们逐渐懂得了与人友善,勤劳致富的道理,不但不再参与打架斗殴,而且通过养猪、种橡胶,走上了致富之路,盖起了三层小洋楼。该村的烂仔越来越少了,村里的客商变得越来越多了,村镇的经济社会发展也变得日益火红起来。据介绍,全镇已有15个村(居)委会先后成立了农民艺术团。有了歌舞的熏陶,屯昌农村发生口角打架的现象少了,文明团结的景象多了;赌博的少了,助人为乐的多了;搞封建迷信的少了,靠科技致富的多了……每年三月,是南吕镇郭石村所谓的"公期",往年的"公期"村里人都会聚众赌博,迷信盛行,大吃大喝。而自从有了农民艺术团之后,这里的"公期"有了全新的内容。村里的艺术团给村民上演了一场场精彩的节目,别村的艺术团也会来交流演出,使农民告别陋习,享受快乐。自从有了艺术团,大家在一块唱歌跳舞交流情感,婆媳吵架都没有了,邻里关系融洽了,以前因土地、林权问题引发的纠纷现在都平息了。

人们清晰地记得,送科技下乡县里要发补贴,农民们才会来。而如今利用艺术团演唱前20分钟的时间,可以普及种植养殖、法律、科技卫生等知识,也成为集中农民下乡便民活动的有效创举。艺术团把农民们的心都拢聚起来了,农民对党和政府的向心力日益增强了,镇委镇政府开展工作也顺手多了。带来快乐,促进和谐,宣传政策,聚拢人心,展示形象,吸引投资……艺术团的多重效应越来越明显。屯昌县通过"政府搭台、农民唱戏",让农民们唱出了新民风、新风貌，消除了陋习，增强了村民之间的团结、互助与友爱，展示了新时代新农村和谐家庭、和谐邻里、和谐农村的新风貌和屯昌广大农民朝气蓬勃、健康向上的崭新形象。屯昌县已组建农民艺术团 220 个，有 2 万多名农民以村为单位报名参加了艺术团。各村农民无论男女老少都积极主动地参加到艺术团活动之中，其中年龄最大的有 78 岁，最小的仅 7 岁。农民文化艺术的形式多样，内容丰富，甚至当地群众喜闻乐见的海南八音、广场舞、盅盘舞、体育舞蹈、民族舞、独唱、合唱、快板、小品、书法、油画等民间艺术都融入其中。如今屯昌县的农村"村村有个艺术团""村村有个舞蹈团"，每当夜幕降临，乡村男女老少都聚集在村头的灯光球场、休闲场地载歌载舞，传出阵阵欢声笑语，充满了快乐祥和的乡村活力气息。特别是每逢重大节日或村中有喜事，村民都会邀请临近村庄的农民艺术团前来开展交流会演，屯昌县宣传文化部门也利用农闲季节组织农民开展太极拳、秧歌、扇子舞、舞剑等形式多样的健身活动，丰富了群众文体生活。同时利用春节、元旦、元宵等重大节日，开展"文明公期""农民乐"和"农民技能大赛"等系列丰富多彩的节庆文化活动，并组织全县农民娱乐团体进行交流学习，开展农民艺术 PK 活动，提高农民文化艺术水平，增进了乡里乡亲的感情。

四 让乡土文化登上大雅之堂

海南省屯昌县的农民艺术团成立后，在县文艺工作者的具体指导下，有了自编内容与自创节目，有的艺术团还根据屯昌特色自编歌舞节目《快乐小黑猪》《脸谱》等，不但幽默诙谐，还有力地宣传了家乡的物产；有的艺术团甚至在田间地头为农民群众演出，把村民的家事以歌的形式唱了出来，让农民群众乐得前仰后合；有的艺术团还巧妙地利用海南八音来为舞蹈伴奏，收到了奇特的艺术效果。八字步、猫儿步、秧歌步，一位位"村姑"尽情扭动着美妙的身姿;犁、锄头斗笠,一件件农家物品走上了"T"形台;插秧、挑担收割,一个个农活变成了时尚的艺术。农民艺术家赵本山在他的小品《红高粱模特队》中说过,"我认为劳动者是最美的"。这就是农村文化的真实写照。

农民艺术团的节目变得越来越丰富,除了歌舞、快板、话剧、小品、模特秀外,一些新的文化艺术形式和手段,也被纷纷"引进"农村来。与此同时,一批文艺骨干也健康成长起来。农民创作表演的《傻子上学》等大量小品很受当地老百姓喜欢,被村民们称作"屯昌赵本山"。在农民艺术团的演出节目中,"农民时装秀"一出场便引来掌声雷动。从最初学唱红歌和跳集体舞,到自编自创"时装秀",短短两年多的时间,屯昌县农民的文化创造力喷薄而出,不断挖掘出"原生态"的许多元素,并吸收了现代文化、时尚文化,推陈出新,汇聚了乡土文化发展的正能量。

农民艺术团不仅在农村演出,县城里的一些公司的庆典等也请艺术团来"助兴"。2009年5月,县农民艺术团曾赴海口参加"庆祝海南解放60周年合唱演出"活动,他们的精彩演出赢得了全场雷鸣般的掌声。农民们非常高兴地说,以往是城里的文化下乡,现在是农民的歌到城里唱。"农村文化土得掉渣,却美得惊人。"海南爱乐女子乐团的指导老师斯琴高娃教授激动地说。这位年近七旬的老人,近两年来多次到屯昌农村亲自为农民指导合唱,为县农民艺术团的组建发展立下了汗马功劳。

一个以高雅艺术著称的省级文艺团体的教授为何愿与乡土文化结缘?斯琴高娃说:"农村需要文化,文化也需要农村。农村有取之不尽的艺术之源泉,城里的艺术工作者下乡,能够丰富自己的生活积累,从而使自己的作品变得鲜活而富于大地的气息。给农民一块田地,他们就能种饱满金黄的水稻;给农民一个展示才艺的平台,他们就能让文化之花春色满园。"县委宣传部领导说,"我们在农民艺术团的基础上,不断'升级'农村文化事业,不断发展文化产业，让文化大放异彩"。

从合唱表演"升级"为农民欢乐节。利用合唱活动带来的欢乐效应，2009年7月该县成功举办了第一届农民欢乐节，包括合唱表演、琼剧表演、艺术舞蹈比赛、卡拉OK比赛。长达三天的活动，给农民带来了真正的欢乐。2010年5月，屯昌县枫木村农民艺术团参加"庆祝海南解放60周年合唱演出"活动，成为该演出活动的六个艺术团体中唯一的农民艺术团，也成为全省农民新形象的代表，他们的精彩演出获得了全省一致好评。2012年1月，屯昌以"欢乐乡村·欢乐农民"为主题举办了一场"农民乐"农村文化艺术选秀的活动，各村农民都踊跃积极参与，共有193支农村队伍参赛，融入了农民生活生产实际，主动展示出农民歌舞和民间技能，得到广大群众的热烈赞誉。《人民日报》《海南日报》和海南电视台等媒体也先后对县农民艺术团进行了深入跟踪报道，增强了农民的信心，扩大了艺术团的影响，得到海南省委、省政府主要领导的高度评价。

从零散演出"升级"为万人的大合唱。2012年国庆节，晚霞绚烂，红旗漫卷，锣鼓喧天，人海人山，屯昌县万名农民红歌颂祖国广场大合唱，在三个分会场，通过电视传输，三地同声歌唱祖国，祝福新中国63周年华诞，产生了强烈的轰动效应，提升了屯昌的知名度。从农民艺术团的一枝独秀"升级"为全县文化事业、文化产业的全面发展，屯昌县委县政府共投入1580万元，建成文明生态村群众文体设施篮排球场151个，乒乓球台200多张，休闲场地96个。与此同时，屯昌县还举办了全国山地自行车的冠军赛、泛北部湾跨国体育舞蹈大赛暨海南体育舞蹈锦标赛等。还打造首个海南油画村，油画产品远销欧洲市场……

思路创新、载体创新于组织方式创新，使得屯昌县农民艺术团赢得了农民的真诚欢迎，展现出无穷的文化生命活力，并有效带动了全县文化事业与文化产业的健康发展。应该说，乡土文化也能登上大雅之堂，穷县小县也可以办出大文化，屯昌县农民艺术团的生动实践，昭示着农村公益文化发展繁荣的春天已经到来。

第六节 大理州基层宣讲团：让党的创新理论"飞入寻常百姓家"

坚持不懈地用习近平新时代中国特色社会主义思想武装全党、教育人民、推动工作，进而推动当代中国的马克思主义、21世纪的马克思主义深入人心、落地生根，是新时代做好统一思想、凝聚力量的文化宣传工作的首要使命与任务。党的十八大以来，云南大理白族自治州根据民族聚居区的干部群众特点，不断探索创新文化传播手段与话语方式，通过唱响大理"大本曲"和剑川"白曲"，运用祥云播火先锋宣讲团"讲好政策理论事、讲好农业农村事、讲好红色传承事"，贴近广大少数民族的干部群众，用少数民族干部群众喜闻乐见与易于接受的方式，持续深入宣传阐释习近平新时代中国特色社会主义思想，让党的创新理论真正"飞入寻常百姓之家"。

一 唱响"大本曲"①：让"苍山歌声"永不落

如何运用人民群众自己熟悉的语言、喜爱的艺术方式阐释与宣传党的创新理论和路线方针政策，使抽象的政治理论变成言之有物的实话、言之有据的真话、言之有理的新话，是党的理论宣讲工作急需解决的现实问题。云南大理当地的大本曲演唱是白族民间独有、白族人民喜闻乐见的一种古老的艺术形式，至今已有600多年的历史，主要流行于云南大理洱海地区的白族村寨，具有"有说有

---

① 白族大本曲是流使于中国境内的一种白族民间独有的演唱艺术，白族大本曲也叫"唱大本子曲""大本子"，有长篇故事的含义，故唱大曲可以解释为唱长篇故事的曲子。

唱，有诗有对"的鲜明艺术特点，深受广大农村基层群众的喜爱。

(一) 融合创新抓宣讲

2016年3月，云南大理州和大理市在海东镇向阳非遗文化传承演唱团调研时发现，大本曲艺术运用民族语言、曲调演唱，风格独具特色，形式生动活泼，农民群众十分喜闻乐见，就立即决定把理论宣讲与大本曲演唱有机融合起来，正式组建"大理大本曲理论宣讲团"。大理市海东镇文化站负责人曾深有感触地说："用大本曲演唱形式进行理论宣讲，人民群众喜欢听、听得懂、用得上、记得牢，让新时代党的理论宣讲在传承保护优秀民族文化中找到很好的契合之点，是马克思主义大众化在大理的一次成功创新与实践。"经过三年多的深入探索实践，大本曲宣讲取得了良好效果，正逐渐成为大理地区白族群众用科学理论武装头脑的新亮点。2016年以来，云南大理大本曲宣讲团共创作演出曲目50多个，深入全州农村、企业、学校、社区宣讲240多场次，观众达10万多人次。

(二) 创作曲本抓宣讲

云南大理大本曲宣讲以习近平新时代中国特色社会主义思想和党十九大精神及习近平总书记考察云南考察大理重要指示精神等为主要内容，大力弘扬社会正能量，传播惠民好声音。宣讲团先后组织创作《清清洱海水》《习总书记到我家》《打赢保护洱海攻坚战》《十九大精神闪金光》等一大批优秀的主题宣讲曲目，及时把党的创新理论传递到农民群众的生产生活之中。如新编大本曲节目《"两学一做"开新花》，用大本曲说唱党章，使基层党员干部对党章党规有了新的认识与理解，使理论宣讲达到"润物细无声"的良好效果。

(三) 强化保障抓宣讲

云南大理州专门制定出台了《关于组建大理大本曲理论宣讲团并组织开展宣讲演出活动的实施意见》，明确提出"有组织领导、有活动场地、有宣讲人员、有精神内涵、有活动记录"的总体要求,加大宣讲团的组织领导、设施设备、曲目创作、经费投入等工作的保障力度,有力地确保了大本曲宣讲团宣讲演出工作有效推进。特别值得一提的是,宣讲团注重在理论成果的转化上下功夫,宣讲团队把注意力放在生产一线,主动走进农家小院与田间地头,较好地实现了分众化传播,满足了不同人群的理论学习需求,用农民群众易于接受的风格、新颖的形式、大众的语言来宣讲党的创新理论,从根本上摆脱了抽象理论概念化、程式化的约束,通过"人对人"的宣讲,把科学理论"送上门",把"大道理"讲明白,使党的创新理论成果转化为观之有形、触之有感、用之有力的具体实践,增强了宣讲的吸引力、感染力和凝聚力。

二 唱响剑川"白曲"[①]:让"阿鹏故里"感党恩

众所周知,理论只有被群众掌握运用,才能焕发出巨大的力量。剑川县是电影《五朵金花》男主角阿鹏的故乡,也是云南大理州白族文化分布最集中、积淀最深厚、传承最古老、特点最鲜明的地区,白族人口占全县总人口的90%左右,长期以来,广大农民群众保持着说白族话、唱白族调的传统习惯,白曲深受广大白族群众的喜爱。剑川县在推进理论大众化通俗化的实践探索中,专门组建"剑川白曲宣讲团",探索出了用方言来宣讲、用鲜活事例来阐述理论、用民间艺术来解说政策的理论宣讲的一条新路子。

(一)白曲传唱感党恩

为了切实解决好"讲什么""怎么讲"的问题,说百姓话、谈百姓事,在心贴心、面对面的互动交流中把政策理论讲透讲实,让党的最新政策理论与基层群众"零距离"接触,剑川县结合自身的实际成立"白曲宣讲团",用通俗易懂、群众乐于接受的方式宣讲

---

① 剑川白曲是流使于云南剑川一带的传统音乐,2014年经国务院批准列入第四批国家级非物质文化遗产名录。

党的理论政策，把党的声音传递到脱贫攻坚一线、贫困群众家中，取得了良好的效果。剑川县沙溪镇石龙村72岁的老人听了白曲弹唱节目《白乡颂歌十九大》后说："看报纸不识字，看电视也听不懂，可白曲唱的调子我完全听得懂，感谢党的好政策让我们过上了好日子！"

（二）扶志扶智增信心

云南大理州以"扶贫先扶智"为导向，在脱贫攻坚宣传领域开展"行业扶贫"暨群众文明素质提升系列宣讲活动，先后创作了《移风易俗能增收》《实现脱贫致富梦》《自力更生来脱贫》《扶贫教咱走致富路》《脱贫攻坚奔致富 自强诚信感党恩》《懒汉脱贫》等一大批白曲宣讲曲目，运用白曲弹唱、白语小品、民族歌舞剧等多种文艺形式，宣讲党的重大决策部署、党的惠民政策以及当地新成就新变化，变"单一宣讲"为"生动说唱"，让群众在欢声笑语之中有所感、有所思、有所悟，在潜移默化中增强了理论宣讲的实际效果。如剑川县白曲宣讲团创编的白曲《十件惠民暖人心》，以医疗、教育、就业等事关群众切身利益的民生热点事件为切入点，把2018年该县两会提出的十件惠民实事唱到了群众的心坎上。"剑川白曲宣讲团"已开展各类宣讲200余场，受惠农民群众达1万多人次。

三 讲好"三件事"：让革命老区"播火种"

做好做强马克思主义的宣传教育工作，特别是在学懂弄通做实习近平新时代中国特色社会主义思想上下功夫，切实让理论下基层、进万家，是党的理论宣讲的重要使命与任务。云南祥云县是马克思主义播火先驱、"北京大学马克思学说研究会"发起人之一王复生和中国共产党早期党员、中共云南省委第一任书记王德三烈士的故乡。为进一步传承优秀革命传统，探索马克思主义大众化的科学路径，2013年祥云县在被省委宣传部确定为全省"马克思主义大众化宣讲活动示范点"的基础上,又成立了"祥云播火先锋宣讲团",成为云南大理州新时代大众化理论传播的"新火种"。

(一) 讲好"政策理论"事

效果好不好,关键看队伍。为了着力提升宣讲员的政策理论水平与宣讲工作效果,"祥云播火先锋宣讲团"培养了一支由"五老"(退休老干部、老战士、老科技工作者、老教师、老劳模)和"四干"(中青年理论骨干、在职领导干部、基层农村干部、民间文艺骨干)等40多人组成的宣讲骨干,注重师资队伍建设,注重提升宣讲员的党性修养、思想觉悟、道德水平,着力在稳定师资队伍上下功夫,用"心对心"宣讲增强感召力。宣讲团队员结合实际,制定完善学习培训、集体备课、调查研究信息反馈、协调联系、经费补助、评比奖励及文档管理等工作制度。宣讲团联系各乡镇各单位开展党的政策理论宣讲,让党的创新理论宣讲工作覆盖到全县10多个乡镇。四年来,"祥云播火先锋宣讲团"组织习近平新时代中国特色社会主义思想和党的十八大、十九大精神等重大专题活动宣讲810场次,接受宣讲的农民群众达62000余人次。

(二) 讲好"农业农村"事

"进千家门,说百姓话"是宣讲团的基本日常工作。为了打通农业农村宣讲工作的"最后一公里",把党的最新声音传递到农村基层第一线,让农村基层群众、少数民族群众听得懂、真相信,云南祥云县选派少数民族的宣讲员到边远山区,用通俗易懂的方言、少数民族语言向基层群众宣讲了党的强农富农惠农政策,宣讲队员有效融入群众之中,不仅"零距离"接触群众,也有效增进了党员干部与群众之间的"鱼水情谊"。祥云县存德傈僳族自然村村民谷桂香说:"过去我对农村低保、危房改造、易地扶贫搬迁这些政策不是很清楚,听了宣讲员的傈僳语讲解,我全听懂了,知道这些都是中央的好政策。只要跟着共产党走,我们傈僳族群众的日子一定会越来越好。"基层理论宣讲之所以在群众中具有强大的生命力,就在于群众能够面对面参与到宣讲中，变"要我听"为"我要听"，在创新方式方法、提升群众参与度、提高感染力和吸引力上下工夫的结果。

（三）讲好"红色传承"事

王复生、王德三烈士故居是全省爱国主义教育基地、省社会科学普及示范基地和祥云县"红色传承"教学基地，祥云县以基地为基本依托，通过系列宣讲活动，积极传播先烈事迹与革命精神，加强对党员干部群众的理想信念教育。2014年10月以来，云南祥云县"红色传承"教学基地先后接待全国各地干部群众20多万人次，丰富的史料与精彩的现场讲解，让大家深深感悟到先烈为革命献出年轻生命背后伟大的信仰力量，激励着大家为未来美好幸福生活而不懈奋斗。如祥云县老促会每年定期走进机关、学校、农村开展"讲好老区故事，弘扬老区精神，让红色基因代代相传"的系列宣讲活动，充分展示了在革命先进文化的激励下，老区经济社会日新月异的喜人变化。如烈士故居纪念馆组织开展的"革命英烈，一门三杰"宣传进校园系列活动，把生动爱国主义教育的课堂搬进校园，通过生动的图片展览、讲解和故事分享活动，向学校师生宣传革命英烈的感人事迹。正是由于宣讲团持之以恒地坚持开展马克思主义大众化系列宣讲，在创新宣讲手段上下工夫，积极深入基层、深入实际、深入群众，"心对心"向群众讲好身边的感人故事，"面对面"宣讲增强吸引力，将理论知识有机融入真实故事中，拉近与群众的距离，传递了正能量，凝聚了人心，切实让党的政策理论深入人心，引起基层群众的强烈共鸣，让群众感觉到党的政策理论就在身边，赢得基层干部群众的好评，得到了广泛认可，同时也取得了良好的社会效应。2014年9月，"祥云播火先锋宣讲团"被省委宣传部表彰为全省"理论宣讲先进集体"。

附录一 2008—2015 年我国农村文化站和文艺馆数量

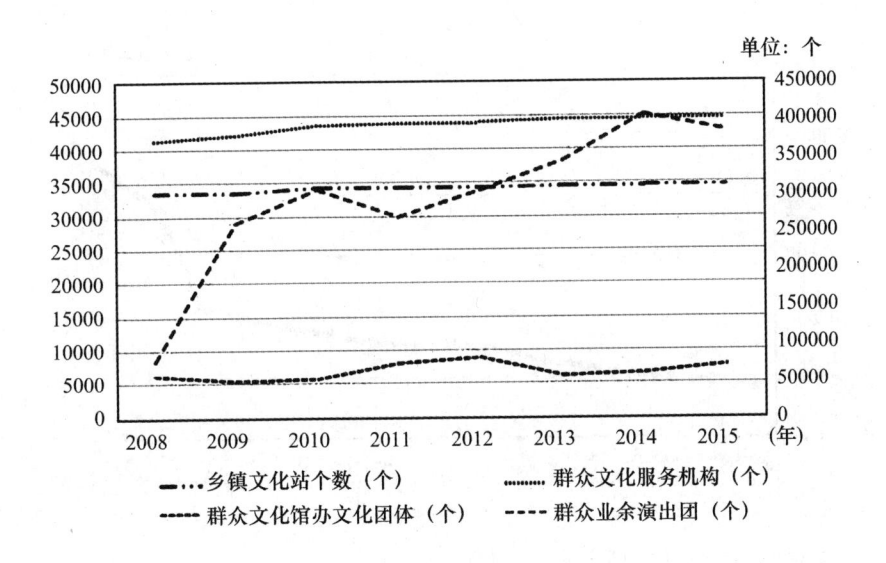

数据来源：根据历年《中国农村统计年鉴》数据整理获得。

附录二 1999—2015年我国农村居民文教娱乐支出变量

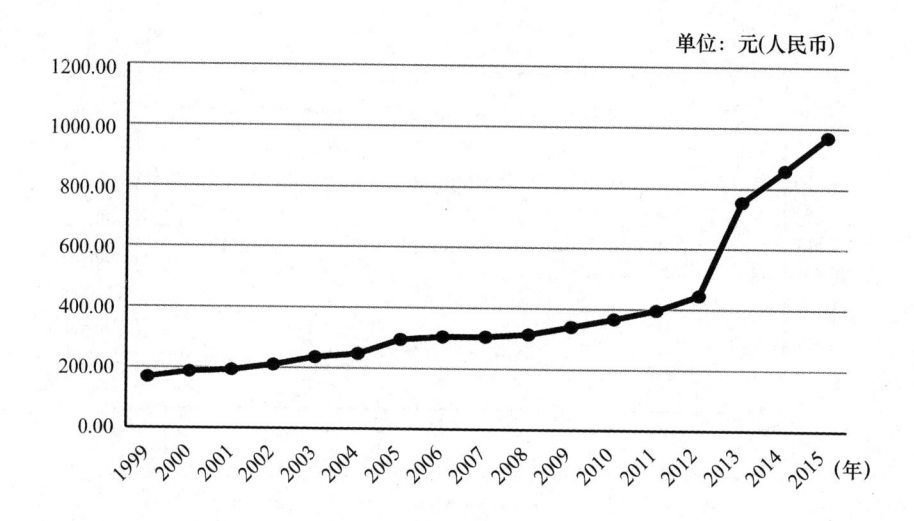

单位：元(人民币)

数据来源：《中国农村统计年鉴》数据汇总。

附录三　1999—2015年我国农村居民生活消费支出比重

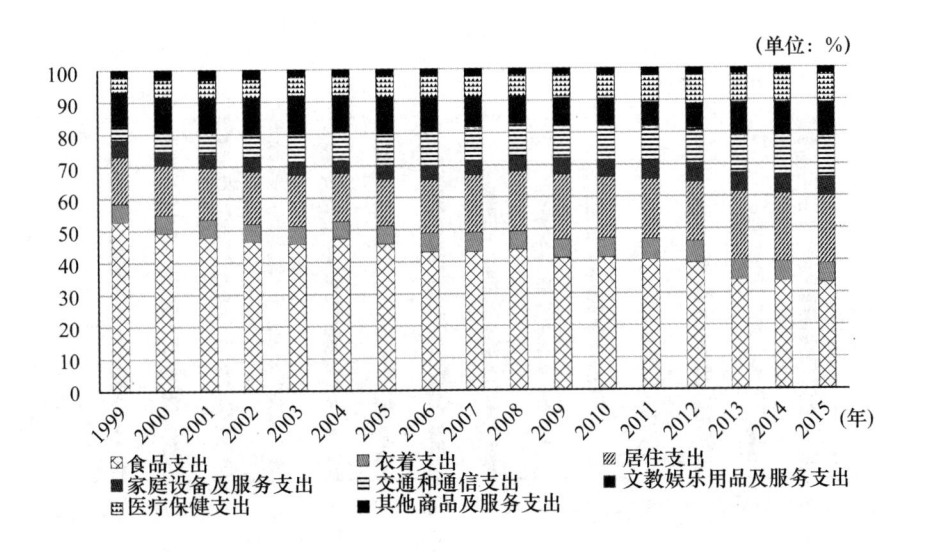

(单位：%)

图例：
- 食品支出
- 衣着支出
- 居住支出
- 家庭设备及服务支出
- 交通和通信支出
- 文教娱乐用品及服务支出
- 医疗保健支出
- 其他商品及服务支出

数据来源：《中国农村统计年鉴》数据汇总。

附录四 1999—2012 年我国有高中及高中以上文化程度的农民比重

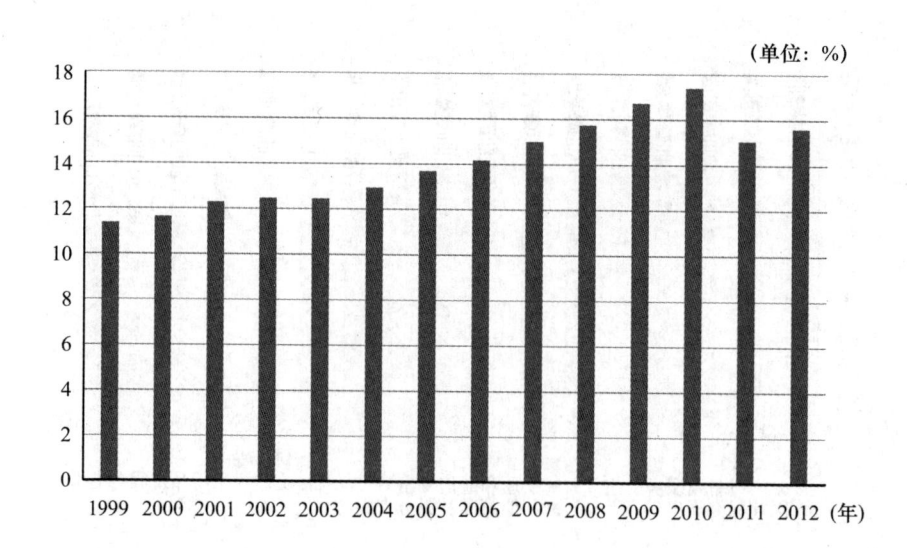

(单位:%)

年份	比重
1999	11.4
2000	11.7
2001	12.3
2002	12.5
2003	12.5
2004	12.9
2005	13.6
2006	14.1
2007	14.8
2008	15.6
2009	16.5
2010	17.2
2011	14.8
2012	15.4

数据来源:《中国农村统计年鉴》数据汇总。

附录五 2009—2014年农村文化建设费占文化建设费的比重变动趋势

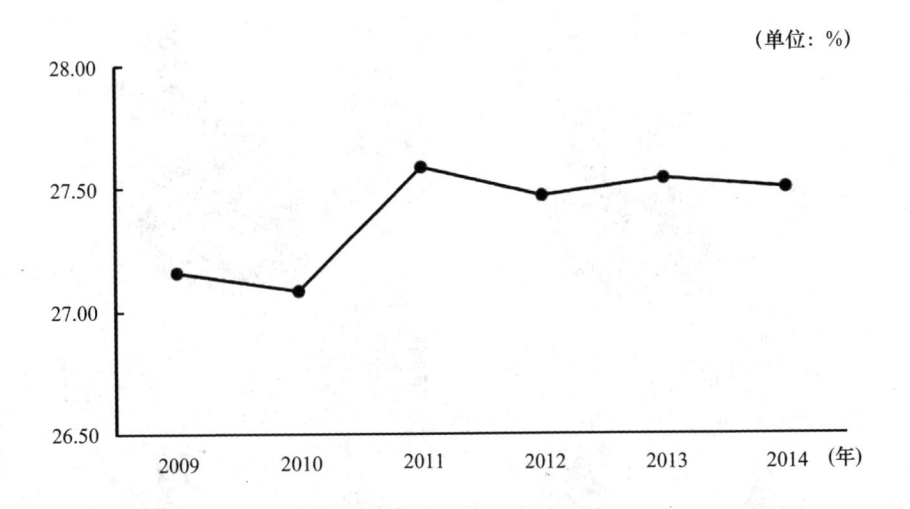

(单位：%)

数据来源：历年《中国农村统计年鉴》数据汇总。

附录六 2005—2014年中国农村文化建设费的空间分布情况

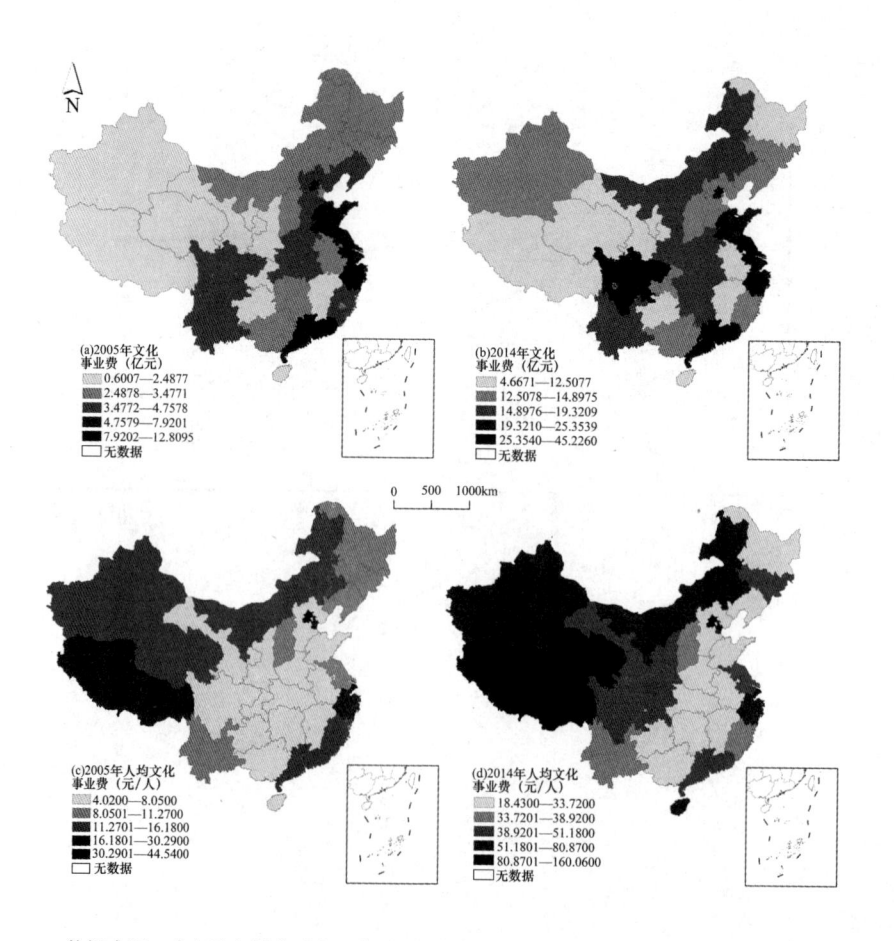

数据来源：《中国农村统计年鉴》数据汇总。

参考文献

《马克思恩格斯文集》第 1 卷，人民出版社 2009 年版。

《马克思恩格斯文集》第 2 卷，人民出版社 2009 年版。

《马克思恩格斯文集》第 8 卷，人民出版社 2009 年版。

《马克思恩格斯文集》第 10 卷，人民出版社 2009 年版。

《列宁选集》第 1 卷，人民出版社 2012 年版。

《列宁选集》第 3 卷，人民出版社 2012 年版。

《毛泽东选集》第 2 卷，人民出版社 1991 年版。

习近平：《决胜全面建成小康社会 夺取新时代中国特色社会主义伟大胜利——在中国共产党第十九次全国代表大会上的报告》，人民出版社 2017 年版。

《十九大报告辅导读本》，人民出版社 2017 年版。

《习近平在全国宣传思想工作会议上强调 举旗帜聚民心育新人兴文化展形象 更好完成新形势下宣传思想工作使命任务》，《人民日报》2018 年 8 月 23 日。

《习近平在中共中央政治局第十三次集体学习时强调把培育和弘扬社会主义核心价值观 作为凝魂聚气强基固本的基础工程》，《人民日报》2014 年 2 月 26 日。

《习近平在山东考察时强调 认真贯彻党的十八届三中全会精神 汇聚起全面深化改革的强大正能量》，《人民日报》2013 年 11 月 29 日。

安世禄：《提升农村公共文化服务效率的制度设计》，中国社会科学院研究生院，博士学位论文，2010年。

曹爱军、杨平：《公共文化服务的理论与实践》，科学出版社2011年版。

陈坚良：《新农村建设中公共文化服务的若干思考》，《科学社会主义》2007年第1期。

陈立旭：《公共文化发展模式：市场经济条件下的重构》，《江苏行政学院学报》2010年第3期。

陈书奇：《地方政府在城镇化中的角色紧张及优化策略》，《郑州大学学报》（哲学社会科学版）2015年第4期。

陈瑶：《公共文化服务：制度与模式》，浙江大学出版社2012年版。

陈元婕：《浅谈新农村文化建设》，《科学大众》2008年第11期。

陈振华：《新型农村社区建设：空间布局与建设模式》，《规划师》2014年第3期。

崔海兴、郑风田：《"三农"视角下的农村文化建设：问题与出路》，《现代农业科学》2009年第2期。

崔震彪：《现阶段我国农村群众文化活动的困境与出路研究》，山东大学，硕士学位论文，2017年。

单立栋：《我国重大文化项目绩效评估与改进》，浙江大学，硕士学位论文，2016年。

邓小平：《邓小平文选》第3卷，人民出版社1993年版。

杜方：《财政支持公益文化设施的现状、问题及对策》，《河北大学学报》（哲学社会科学版）2009年第3期。

房爱坤：《日韩探索农村建设新思路》，《当代世界》2006年第12期。

付伟、焦长权：《"协调型"政权：项目制运作下的乡镇政府》，

《社会学研究》2015年第2期。

朱天义：《个体化或集体经营：精准扶贫中基层政府的行动取向分析》，《马克思主义与现实》2017年第16期。

龚政文：《大力发展公益性文化事业》，《新湘评论》2009年第2期。

程又中、胡宗山：《国外农村建设的经验教训》，《当代世界与社会主义》2007年第2期。

韩小威：《中国农村基本公共服务供给的制度模式探析》，中国社会科学出版社2012年版。

贺雪峰：《乡村建设重在文化建设》，《小城镇建设》2005年第10期。

贺雪峰：《新乡土中国》，北京大学出版社2013年版。

胡成君：《多元主体参与社区治理研究》，西北师范大学，硕士学位论文，2018年。

胡惠林：《文化经济学》，上海文艺出版社2003年版。

《胡锦涛在全国宣传思想工作会议上的讲话》，《人民日报》2008年11月4日。

《互联网+时代：群众工作话语体系构建的价值、困境及路径》，《毛泽东思想研究》2017年第6期。

季卫兵：《国家治理的价值取向及其培育研究》，南京理工大学，博士学位论文，2016年。

江必新：《国家治理现代化与社会治理》，中国法制出版社2016年版。

江泽民：《在庆祝中国共产党成立七十周年大会上的讲话》，人民出版社2005年版。

姜春民：《"负文化"现象解析》，《理论界》2007年第4期。

朱天义：《精准扶贫中乡村治理精英对国家与社会的衔接研究——江西省XS县的实践分析》，《社会主义研究》2016年第

5 期。

朱天义：《科层制逻辑与政党适应性：农村基层党组织行动逻辑的组织机制分析》，《青海社会科学》2017 年第 5 期。

赖晓飞、胡荣：《论社会资本与农村社区文化建设——基于 CGSS2005 调查数据的分析和思考》，《西南政法大学学报》2008 年第 6 期。

兰勇、陈忠祥：《论我国城市化过程中的城乡文化整合》，《人文地理》2006 年第 6 期。

李博：《项目制扶贫的运作逻辑与地方性实践——以精准扶贫视角看 A 县竞争性扶贫项目》，《北京社会科学》2016 年第 3 期。

李丰春：《农村文化扶贫的若干问题研究》，《安徽农业科学》2008 年第 25 期。

李国泉：《习近平文化建设思想论纲》，《理论导刊》2016 年第 1 期。

李康化、许中平：《论公益性文化事业的发展战略》，《思想战线》2008 年第 1 期。

李娜：《枢纽型社会组织参与社会治理研究》，沈阳师范大学，硕士学位论文，2018 年。

李群峰：《权力结构视域下村庄层面精准扶贫瞄准偏离机制研究》，《河南师范大学学报》（哲学社会科学版）2016 年第 2 期。

李晟赟：《乡土社区文化——中国现代社区文化建设之根》，《石河子大学学报》2009 年第 3 期。

李文政：《论当前新农村建设中提高农民素质的重要性》，《黑河学刊》2006 年第 7 期。

李现阁：《山东省农村公共文化服务供给中的问题及对策研究》，东北大学，硕士学位论文，2012 年。

李云、张顺畅：《乡村文化建设体制性制约及对策》，《邵阳学院学报》（社会科学版）2006 年第 6 期。

李祖佩：《项目下乡、乡镇政府"自利"与基层治理困境——

基于某国家级贫困县的涉农项目运作的实证分析》,《南京农业大学学报》(社会科学版) 2014 年第 5 期。

李祖佩:《项目制基层实践困境及其解释——国家自主性的视角》,《政治学研究》2015 年第 5 期。

林明灯:《协同治理视域下地方政府的权力行使及边界》,《江海学刊》2015 年第 6 期。

蔺光:《公益性文化事业建设的探索与思考》,《理论界》2008 年第 4 期。

刘本荣:《城市文化建设应注意与城乡统筹发展战略接轨》,《决策导刊》2009 年第 9 期。

刘春田、马运军:《习近平文化建设思想初探》,《求实》2015 年第 3 期。

刘凤珍:《农村公共文化供给:制度路径与机制创新》,华东政法大学,硕士学位论文,2013 年。

刘开君、刘太刚:《创新社会治理的三重维度:理念、制度和政策》,《天津行政学院学报》2019 年第 1 期。

刘伟、王梓:《河北省农村公益性文化事业发展对策探析》,《经济研究导刊》2010 年第 23 期。

刘秀艳:《新农村公共服务体系建设》,知识产权出版社 2011 年版。

马晨辉:《浅谈新时期农村文化工作存在的问题及对策》,《黑河学刊》2005 年第 3 期。

苗迪:《论传统与现代碰撞下的农村社区文化建设》,《中共青岛市委党校学报》2008 年第 12 期。

南刚志:《韩国"新村运动"对我国新农村建设的启示》,《理论前沿》2008 年第 10 期。

潘娟:《基于农民需求为导向的农村公共文化服务供给研究:以湖北省 J 县为个案》,华中师范大学,硕士学位论文,2014 年。

潘泽泉、卞冬梅：《我国新农村社区公共文化的缺失与重建》，《郑州航空工业管理学院学报》2008年第4期。

乔天祥：《农村社区文化建设的经验与启示——基于"都昌实践"的探析》，《中共福建省委党校学报》2008年第9期。

邱家洪：《城乡统筹进程中的文化冲突与融合》，《农业现代化研究》2009年第3期。

任军利、朱晓锋：《我国新农村建设与韩国新村运动的比较》，《求实》2008年第7期。

沈宣办：《浙江加强农村公共文化服务》，《今日浙江》2007年第21期。

石斌：《对提高农民素质的思考》，《甘肃农业》2007年第11期。

石嘉兴：《加快公益性文化事业发展 切实保障人民群众基本文化权益》，《学理论》2008年第7期。

石扬令：《试论二元结构对农村经济的影响》，《思想理论教育导刊》2004年第7期。

石子伟：《新型城镇化进程中农民权益保障制度研究》，华中师范大学，博士学位论文，2015年。

陈杰：《试析中国共产党群众工作话语体系的建构》，《西南交通大学学报》（社会科学版）2017年第6期。

宋瑞霞：《我国农村公共文化服务政府供给问题研究》，郑州大学，硕士学位论文，2013年。

宋一：《社会主义和谐文化建设视野中的公共文化服务体系》，《陕西理工学院学报》（社会科学版）2008年第2期。

孙斌：《论胡锦涛的文化建设思想》，《求实》2012年第4期。

孙浩：《农村公共文化服务有效供给的体制性障碍研究》，《甘肃行政学院学报》2011年第6期。

唐金培、蔡万进：《社会主义新农村文化建设的思考》，《实事求是》2006年第2期。

陶林：《论国外社会治理的模式及借鉴》，《哈尔滨学院学报》2017年第8期。

王芳：《统筹城乡发展是改变城乡二元经济结构的重大战略思想》，《理论导刊》2005年第3期。

王富军：《农村公共文化服务体系建设研究》，福建师范大学，博士学位论文，2012年。

王秋爽：《农村公共文化供给问题研究——以山东省为例》，山东经济学院，硕士学位论文，2011年。

王文龙：《中国包村运动的异化与扶贫体制转型》，《江西财经大学学报》2015年第2期。

王瑛、姜美珍、赖增李：《区域特色下的文化构建——广东新农村社区文化建设探讨》，《华南农业大学学报》（社会科学版）2006年第3期。

王云骏：《"人民至上"理念与社会治理创新——南京市建邺区"五微社区"基层党建模式的启示》，《唯实》2019年第2期。

吴超：《需求导向的农村公共文化政策研究》，浙江大学，硕士学位论文，2014年。

吴俊杰、张红等：《中国构建和谐社会问题报告》，中国方正出版社2005年版。

吴理财：《公共性的消解与重建》，知识产权出版社2013年版。

吴理财、夏国锋：《农民的文化生活：兴衰与重建——以安徽省为例》，《中国农村观察》2007年第2期。

《习近平谈治国理政》第2卷，外文出版社2017年版。

《习近平谈治国理政》第1卷，外文出版社2014年版。

习近平：《在安徽凤阳县小岗村主持召开农村改革座谈会并发表重要讲话》，《人民日报》2016年4月29日。

习近平：《在纪念孔子诞辰2565周年国际学术研讨会暨国际儒

学联合会第五届会员大会开幕会上的讲话》,《人民日报》2014 年 9 月 25 日。

席键民:《云南省基本公共文化服务均等化研究》,云南大学,硕士学位论文,2016 年。

夏国锋:《农民的生活伦理与公共精神及其对新农村文化建设的政策启示基于 5 省 20 村的调查》,《农业经济问题》2011 年第 12 期。

程李华:《现代国家治理体系视阈下的政府职能转变》,中共中央党校,博士学位论文,2014 年。

肖尧中:《从城乡统筹看川渝文化产业的合作发展》,《成都大学学报》(社会科学版) 2010 年第 5 期。

谢晶莹:《发展公益性文化事业:保障公民文化权益的有效途径》,《中共福州市委党校学报》2009 年第 1 期。

徐平:《社会主义新农村的文化建设》,《科学社会主义》2006 年第 1 期。

徐显明:《法治发展与社会管理创新》,法律出版社 2012 年版。

徐学庆:《试析农村文化机构的健全》,《中共郑州市委党校学报》2010 年第 2 期。

徐杨杰:《家族制度与前期封建社会》,湖北人民出版社 1999 年版。

朱天义:《选择性治理:精准扶贫中乡镇政权行动逻辑的组织分析》,《西南民族大学学报》(人文社科版) 2017 年第 1 期。

杨茜:《发展公益性文化的基本内涵》,《学术论丛》2008 年第 12 期。

杨喜璐:《中国特色社会主义法治与社会治理的互动关系研究》,兰州理工大学,硕士学位论文,2017 年。

姚迈新:《以习近平社会治理观为指导 创新社会治理理论与实践》,《行政与法》2019 年第 7 期。

叶中锋：《对西部地区农村文化建设的几点思考》，《兰州商学院学报》2004 年第 8 期。

于安龙、刘文佳：《胡锦涛文化建设思想述略》，《湖湘论坛》2013 年第 2 期。

于文俊：《党的三代领导核心对文化建设战略的探索和发展》，《科学社会主义》2003 年第 6 期。

于毓蓝：《农村基层民主的政治文化分析——苏南模式》，社会科学文献出版社 2006 年版。

余君萍：《公共治理视野下我国农村公共文化服务绩效评估研究》，兰州大学，硕士学位论文，2010 年。

俞可平：《治理与善治》，社会科学文献出版社 2000 年版。

远翠平：《全面建设小康社会中农村文化建设研究》，哈尔滨理工大学，硕士学位论文，2007 年。

张良：《城市社区文化认同建设对农村社区文化认同建设的启示》，《华中师范大学研究生学报》2009 年第 1 期。

张文平、聂照星：《社会主义核心价值体系与中国特色文化产业》，《中共贵州省委党校学报》2008 年第 4 期。

赵省：《新农村建设背景下农村公共文化建设研究》，新疆大学，硕士学位论文，2014 年。

赵双冰：《农村现代公共文化服务体系建设研究》，重庆大学，硕士学位论文，2015 年。

郑萍：《需求导向的农村公共文化服务供给体系研究》，《产业与科技论坛》2013 年第 21 期。

郑万军：《农村人口空心化下民族地区精准扶贫：项目扶贫 VS 主体培育》，《青海社会科学》2016 年第 3 期。

郑晓燕：《中国公共服务供给主体多元化发展研究》，上海人民出版社 2012 年版。

中共中央办公厅、国务院办公厅：《关于加快构建现代公共文化服务体系的意见》,《人民日报》2015年1月14日。

《中共中央关于推进农村改革发展若干重大问题的决定》,《人民日报》2008年10月12日。

《中华人民共和国公共文化服务保障法》,《人民日报》2017年3月1日。

周定财:《基层社会管理创新中的协同治理研究》,苏州大学,博士学位论文,2017年。

周正刚:《论文化力的构成及其在综合国力中的地位和作用》,《常德师范学院学报》(社会科学版)2003年第3期。

朱天义:《社会资本:理论边界、局限及适用性》,《青海社会科学》2015年第3期。

卓越:《省级公共文化服务水平指标体系构建与实证研究》,浙江大学,硕士学位论文,2016年。

[美]莱斯特·M.萨拉蒙:《公共服务中的伙伴:现代福利国家中政府与非政府组织的关系》,商务印书馆2008年版。

[美]罗伯特·B.登哈特、[美]珍妮特·V.登哈特:《新公共服务:服务,而不是掌舵》,中国人民大学出版社2010年版。

[美]托宾·詹姆斯:《十年来的新经济学》,商务印书馆1980年版。

Weiying KONG, Li SUN, Social Organizations' Path to Participate in Social Governance Based on the Perspective of Systematic Theory, *Canadian Social Science*, 2015 (5).

Nirmala Pillay, The Rule of Law and the New Egyptian Constitution, *Liverpool Law Review*, 2014 (2).

Dan Dumbrell, Robert Steele, Social Media Technologies for Achieving Knowledge Management Amongst Older Adult Communities, *Procedia-Social and Behavioral Sciences*, 2014.

Laura Broccardo, Francesca Culasso, Sara Giovanna Mauro, Smart

City Governance: Exploring the Institutional Work of Multiple Actors towards Collaboration, *International Journal of Public Sector Management*, 2019, 32 (4).

后　　记

笔者从事农村公益文化问题研究始于2010年，本书是由国家社科基金项目"社会治理创新与农村公益文化服务能力提升研究"（16BKS045）的最终成果和河南省高等学校哲学社会科学应用研究重大项目"新时代农村公益文化服务能力提升策略研究"（2020-YYZD-11）的阶段性成果修改完善而成，也是我对近年来学术与相关研究工作的一个学理表达。在项目研究论证的过程中，课题组发现，国内外已有相关研究成果存在理论深度挖掘不足、关联性不够、操作性不强等诸多缺憾，从社会学、经济学、管理学、统计学、历史学、教育学等多角度阐述社会治理创新与农村公益文化服务能力提升问题，其难度远大于过去从单一角度进行研究。这需要我们研读马克思主义经典著作和新时代党的文化建设创新理论，进行深入调研，运用系统分析与层次分析相结合的方法，从历史与现实、静态与动态、个体与社会等多视角进行综合考察，深入分析我国农村公益文化服务能力建设中存在的突出问题，确立农村公益文化服务能力提升的战略原则，建构社会治理与公益文化服务能力之间良性互动的逻辑关系，探寻社会治理创新与农村公益文化服务能力提升的科学路径。

随着公共服务型政府建设的提出，如何创新社会治理，提升农村公益文化服务能力显得尤为迫切。以往学者对农村公益文化建设研究偏重于经验研究与定性分析，缺乏对社会治理创新与农村公益文化服务能力提升的关联性研究，忽视相关制度的耦合问题。基于此，课题组尝试性地运用社会治理创新理论研究我国农村公益文化服务能力建设问题，用社会科学多视野、多角度的综合研究方法，将提升农村公益文化服务能力置于社会治理创新视野下进行系统研究。课题组成员以马克思主义社会治理理论为指导，以实施乡村振兴战略为背景，按照"提出问题""分析问题""解决问题"的理路，在解读社会治理创新对于农村公益文化能力提升重要价值的基础上，通过梳理新中国成立以来几个不同重要历史时期党的文化建设理论的探索与发展，深入分析我国农村公益文化服务能力建设中存在的突出问题，确立农村公益文化服务能力提升的战略原则，从创新发展理念、服务意识、投入机制、政策扶持机制、人才培育机制以及城乡统筹机制等方面探究社会治理创新与农村公益文化服务能力提升的政策建议。

实事求是地讲，尽管我与课题组的同人们进行了深入探讨，在资料收集、走访调研和撰写成果的过程中做了大量工作，尽了最大努力，但研究成果还不能尽如人意，尚存在一些薄弱环节和疏漏之处。社会治理创新与农村公益文化服务能力提升是一个宏大的系统工程，学科综合性和融合性强，加之国内外此类问题的专题性研究不是很多，因而研究具有一定的挑战性。由于知识和学科背景的原因，本研究对有些理论的界定以及专业术语的表述上可能还存在诸多不足，农村公益文化服务能力提升等方面的研究也还有待深化。如对当前乡村振兴背景下农村公益文化服务能力提升工程建设存在问题的调查研究的范围不够广泛；对更多微观的农村公益文化形式没有进行多方位的定量定性研究；对具体的社会治理创新与农村公益文化服务能力提升工程建设环境分析不够深入，上所不足之处，正是需要深入探讨的问题。课题组接下来将沿着已经确立的思路继续做后续研究，在此也敬请各位专家、学者批评指正。

本书是在我的主持下由课题组集体完成的，我承担了书稿的框架设计、修改和通稿工作。感谢中央党校（国家行政学院）许耀桐教授、中国社科院邓纯东教授、中国人民大学刘建军教授、南京师范大学者王永贵教授、华中师范大学秦在东教授、天津师范大学余金城教授、信阳师范学院李俊教授、信阳师范学院杨云善教授对书稿进行悉心指导并提出了中肯意见。信阳师范学院杨勇、贾义保，人民教育出版社门若煜，信阳农林学院韩智，信阳师范学院研究生张瑞霞、赵琳娜、邬荣静、张蕊等参与了本书的资料整理工作。

  本书撰写过程中，我和课题组成员参考、吸收、借鉴了许多专家学者的相关研究成果和文献统计资料，从中汲取了大量有价值的思想和观点。相关著作、论文和调研统计资料大都在注释中标明并列入参考书目，但由于篇幅所限、时间仓促，有的成果未能在参考文献中一一列出，在此一并表示衷心感谢！

  本书的出版还得到了国家社科基金（16BKS045）、河南省高等学校哲学社会科学应用研究重大项目基金（2020-YYZD-11）、信阳师范学院学术著作出版基金、信阳师范学院当代马克思主义研究所的资助，在此表示深挚的谢意。此外，本书的撰写和出版也离不开我单位的老师同事的大力支持，特别是离不开我家人的理解、支持和帮助，他们为了让我潜心研究，默默扛起了家庭全部重担，也是牵引我前行的不竭动力，在此一并感谢！

门献敏

2019 年 11 月 10 日